MUJERES
EN LAS SERIES

Redbook

© 2019, Anabel Vélez Vargas
© 2019, Redbook Ediciones, s. l., Barcelona

Diseño de cubierta: Regina Richling
Diseño de interior: Eva Alonso
Fotografías interiores: APG imágenes

Todas las imágenes son © de sus respectivos propietarios y se han incluido a modo de complemento para ilustrar el contenido del texto y/o situarlo en su contexto histórico o artístico. Aunque se ha realizado un trabajo exhaustivo para obtener el permiso de cada autor antes de su publicación, el editor quiere pedir disculpas en el caso de que no se hubiera obtenido alguna fuente y se compromete a corregir cualquier omisión en futuras ediciones.

ISBN: 978-84-948268-8-7
Depósito legal: B-18.336-2019
Impreso por Sagrafic, Passatge Carsi 6, 08025 Barcelona

Impreso en España - *Printed in Spain*

MUJERES
EN LAS SERIES

ANABEL VÉLEZ

ÍNDICE

INTRODUCCIÓN

No todos los días tiene una el placer de trabajar viendo series de televisión hasta que le salen por los ojos. Así que no voy a decir que este libro me ha costado mucho escribirlo, porque aunque me ha llevado su tiempo, he tenido que dedicarle muchas horas a ver series y eso lo he disfrutado. La excusa perfecta para estar durante horas delante de la televisión o el ordenador, ahora que prácticamente es el deporte nacional, ¿no os parece?

Ha sido interesante ver la evolución de los personajes femeninos desde los inicios de la televisión. Hemos pasado de ser las novias, hijas, esposas, amantes de los personajes masculinos a ser las protagonistas por derecho propio. En unos años en los que las mujeres protagonizan innumerables series, no está de más recordar cómo hemos llegado aquí. No siempre ha sido un camino de rosas. Al contrario. Hemos tenido que luchar y pelear por nuestro sitio, con uñas y dientes, para evitar que nos cortaran la ropa hasta dejarnos en bragas, para evitar que nos violaran o nos mataran y nos convirtieran siempre en víctimas, para dejar de ser solo madres y esposas... Hemos roto barreras impensables que unos cuantos habían montado para decirnos qué pensar, cómo actuar, cómo sentir. Ahora somos luchadoras, guerreras, policías, espías, empresarias, juezas y un sinfín de profesiones más. Aunque queda mucho por luchar.

¿No habéis tenido la horrible sensación de ver una serie que de niña o niño os encantaba y que ahora os parece un espanto? Si te pones a analizar el papel de la mujer, muchas veces te sangran los ojos. La mayoría de series de televisión han sido escritas y dirigidas por hombres, así que durante décadas hemos visto la versión de un hombre sobre lo que es ser mujer. Nos han mostrado, a millones de personas, cómo somos, sin dar voz a las propias mujeres y eso ha marcado el ideario de generaciones enteras. Es hora de cambiarlo. Por suerte, grandes series que se están estrenando están haciendo eso posible. Dar voz a las mujeres. Por fin.

En este libro hago un recorrido por la evolución de los personajes femeninos en las series de televisión. Las he separado en capítulos por temáticas y dentro de cada capítulo se analizan en orden cronológico para que se pueda apreciar, por ejemplo, cómo han evolucionado los personajes dentro del género policíaco desde los años cincuenta hasta la actualidad.

No están todas las que son, ya me gustaría, pero no hay ni tiempo ni espacio posibles. Me he centrado solo en series protagonizadas por mujeres, salvo alguna excepción de alguna más coral pero que he creído que tenía su importancia. Quiero destacar especialmente los capítulos dedicados a la policíaca y la ciencia ficción y lo sobrenatural, porque creo que es donde los personajes femeninos han tenido más libertad y han podido desarrollarse más. Es a los que les he dedicado más espacio. Espero que este libro os ayude a ver estas series con otros ojos.

Agradecer como siempre la ayuda inestimable de Georgina López y Sílvia Subirana por su apoyo y sus comentarios siempre acertados. A mis compañeras de trabajo en la BFC que me han prestado el título de "¿Sabías qué?" que incluye cada capítulo. Y sobre todo, a mis padres que siempre me han dado el tiempo y el espacio para poder dedicarme a lo que me gusta.

¡ALTO, POLICÍA!
Las mujeres en las series policíacas

ENTRANDO EN MATERIA

La evolución de los personajes femeninos en las series de televisión policíacas tiene su miga. Las mujeres pasaron de simples secretarias a comisarias, pero no fue un proceso precisamente rápido.

El géncro policíaco cs uno dc los más populares en la televisión. Desde los inicios del medio televisivo, las series protagonizadas por policías o detectives proliferaron como setas. Evidentemente, los primeros personajes protagonistas fueron hombres. En los sesenta tuvimos a Colombo o Ironside, mientras las mujeres desempeñaban papeles secundarios, sobre todo como víctimas o secretarias. Pero a principios de los setenta, cuando las mujeres empezaron a tener un papel más activo en la sociedad, más allá del rol de esposa y ama de casa, acabaron por tener más presencia en el género. En la realidad, las mujeres luchaban por su sitio y en la televisión hacían lo mismo, intentando escalar posiciones en un mundo completamente dominado por los hombres y el machismo generalizado.

Si la imagen que de la mujer se tenía era la de una persona dulce y no agresiva, ser policía evidentemente no entraba en los esquemas que la sociedad reservaba a las mujeres. Y si lo eras, te quedabas en la comisaría haciendo papeleo. Allí no podrías convertirte en un peligro para tus compañeros que evidentemente tendrían que salvarte el pellejo cada dos por tres si estabas en la calle. El aumento de mujeres policías en los Estados Unidos tuvo mucho que ver con la lucha feminista, las leyes contra la discriminación sexual en el trabajo y la necesidad de aumentar las plantillas policiales, tocadas y hundidas por unos escándalos de corrupción y violencia física que estaban a la orden del día.

Por supuesto, las primeras mujeres policías se topaban con la animadversión de sus compañeros y de sus superiores, que no les ponían las cosas fáciles precisamente. Algo que queda claro dado el poco número de series protagonizadas por mujeres policías o con personajes femeninos integrando el *casting*. Un buen ejemplo de los problemas a los que se tenían que enfrentar fue *Principal sospechoso*, magníficamente interpretada por Helen Mirren a finales de los noventa. Ella abrió una puerta que otras mujeres traspasaron después.

Pero en los ochenta, tras las luchas feministas, las cosas siguieron igual. Era difícil abrirse paso en un mundo tan masculinizado. La única puerta que encontraron las mujeres fue en el campo de las detectives no al uso. Es curioso que las dos series protagonizadas por mujeres en los ochenta

10

tuvieran a señoras mayores como heroínas: *Se ha escrito un crimen* y *Miss Marple*. Dos mujeres entradas en edad que no suponían ningún peligro, primero porque no querían ser policías o detectives, se encontraban con el crimen sin comerlo ni beberlo y segundo, porque su atractivo físico no lastraba las tramas que protagonizaban. Pero también tuvimos las primeras series sobre mujeres policías como *Cagney & Lacey*, *Juliet Bravo* y *The Gentle Touch*. Aunque eran un oasis en un mar de testosterona policial. Pero a medida que las mujeres conseguían pasar de policías de calle a detectives en la vida real, la televisión también mostró el cambio.

Con el aumento de las series de televisión con mujeres policías o detectives privados como protagonistas, también aumentó la aparición de temas feministas o de justicia social en sus tramas. Se trataban temas como la clase, la raza o la orientación sexual. Con la llegada del nuevo milenio y el postfeminismo tuvimos más protagonistas, dando la sensación de que realmente había una igualdad, que ya todo estaba conseguido y no hacía falta luchar por ello. Pero no era cierto.

Sobre todo, cuando la ficción televisiva tiende a mostrar a víctimas femeninas y regodearse en los cuerpos de las mismas y la violencia que sufren. Los personajes femeninos se acercaban cada vez más al modelo masculino, abandonaban el tratamiento de los temas que afectaban a las mujeres para volverse igual que ellos y perpetuar los tópicos del género: solitarias, alcohólicas y con problemas.

Las detectives privados lo han tenido más difícil aún, la testosterona y masculinidad que muestran sus protagonistas dejaban poco espacio para la mujer, si no era asesinada, seducida o ambas cosas a la vez. A no ser que fueras una yayita adorable a la que le gusta fisgonear. Eso sí, por supuesto sin título de detective, no le fuese a quitar el puesto a un hombre.

Casos como el de *Veronica Mars* y *Top of the Lake* han cambiado el panorama actual, por suerte. Igual que las series venidas desde el norte como *Forbrydelsen* (aquí *The Killing: Crónica de un asesinato*) o *Bron* (*El puente*) han ayudado a transformar por completo la percepción de las mujeres policías y de paso, a renovar el género. Hoy en día tenemos numerosas series protagonizadas por mujeres, ya no solo policías o detectives sino comisarias con un poder que antes las mujeres no tenían, *The Closer* o *Major Crimes* son un buen ejemplo de ello. Pero empecemos por el principio.

POLICÍA FEMENINA

Intérpretes: Beverly Garland, Frank Campanella, Joseph Sullivan | 1 temporada
Cadena: Sindicación | 1957-1959 | 39 episodios

LA PRIMERA PROTAGONISTA

Aunque se piensa en Angie Dickinson y su *La mujer policía* como la primera protagonista de una serie policíaca, lo cierto es que ya hubo una precursora en *Decoy: Police Woman*. El "decoy" original, señuelo en inglés, se refiere a su trabajo encubierto. Protagonizada por Beverly Garland, dio el pistoletazo de salida a las mujeres de uniforme azul.

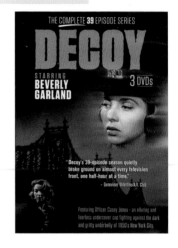

Tras la fanfarria inicial, la serie empieza con una leyenda: "Dedicada a la Oficina de Mujeres Policías del Departamento de Policía de Nueva York". *Policía femenina* marcó un hito histórico en la televisión, ya que fue la primera en tener una mujer como protagonista. Inspirada en *Dragnet* con protagonista masculino, *Policía femenina* usó un formato parecido trasladando la acción a Nueva York. Patricia "Casey" Jones repite los esquemas de su predecesora, es una policía dura cuya vida es su trabajo. Jones tenía que trabajar encubierta en los barrios más peligrosos de la ciudad, muchas veces haciéndose pasar por cabaretera, prostituta o actriz, oficios poco recomendables pero que justificaban la presencia de una mujer sola en esos entornos.

Casey Jones tenía un don para hacer perfiles psicológicos de los criminales que perseguía. Muchos de los episodios de la serie se centraban en las víctimas femeninas. Jones acaba siendo igual de dura que sus compañeros masculinos, adoptando sus maneras incluso, pero sin perder su femineidad. Es curioso que en 1957 una serie como esta pudiera llevarse a cabo. El poco éxito de la misma, dejaba claro que la sociedad no estaba preparada para una mujer que ante la perspectiva de trabajar encubierta dentro de una cárcel, afirmaba categóricamente: "Es mi trabajo". Pero a pesar de demostrar su dureza como policía encubierta, Casey solía trabajar siempre en casos en los que su sexo era condicionante: con víctimas mujeres o niños. La serie no mostraba las dificultades a las que las mujeres se tenían que enfrentar como policías, sino que su papel nunca era puesto en duda, en eso era casi ciencia ficción. Viendo otras series de la época en las que las mujeres eran amas de casas, mamás o secretarias, chocaba un papel como el de Casey Jones.

Esta primera incursión femenina en la ficción policíaca, abrió una puerta que tras ella se cerró casi durante veinte años. *La mujer policía* no se estrenaría hasta 1974. Al final del episodio piloto de la serie, Beverly Garland se dirige a la cámara para explicarnos el trabajo de las mujeres policías así:

"Hoy, mañana, la próxima semana, hacemos de anfitrionas, chicas de sociedad, modelos, cualquier cosa y todo lo que el departamento nos pida que seamos. Somos 249 en el departamento. Llevamos dos cosas en común donde sea que vayamos. Una placa llamada potsie y un revólver del 32. Somos las mejores de Nueva York. Somos mujeres policía". Ahí es nada. Es una lástima que nadie se acuerde de este primer paso para la mujer en la ficción criminal.

¿SABÍAS QUÉ?

Se inspiró en la serie *Dragnet*, en la que el sargento Joe Friday, un policía de Los Ángeles, resuelve crímenes en los barrios menos recomendables de la ciudad. También fue la primera grabada en Nueva York. Aunque gran parte estaba rodada en interiores, los exteriores que mostraban la ciudad son un testimonio visual de la Gran Manzana en aquella época.

UNA RUBIA EXPLOSIVA

Intérpretes: Anne Francis, John Ericson, Irene Hervey
1 Temporada | **Cadena:** ABC | 1965-1966 | 30 episodios

LA PRIMERA DETECTIVE PRIVADO

Honey West fue la primera mujer detective privado con serie propia. Traducida como *Una rubia explosiva*, nada que ver con el original. West es la protagonista de las novelas del matrimonio Fickling que firmaba sus libros a finales de los cincuenta como G.G. Fickling. Según Gloria, Forrest escribía la mayor parte de las novelas. Él afirmaba que su mujer hacía creíble a Honey aportando su punto de vista. Forrest pensó en Marilyn Monroe y Mike Hammer como inspiración, los puso en una coctelera y así nació Honey West. Con esos elementos, ya os podéis imaginar el resultado.

West es hija de un detective privado asesinado que decide tomar las riendas del negocio paterno. Apareció por primera vez en el episodio 30 de la segunda temporada de *La ley de Burke*. Pronto tuvo su *spin-off*. Honey es dura pero atractiva y sexy, conduce un deportivo, es experta en artes marciales y su mascota es un ocelote llamado Bruce. La serie rebajó el tono explosivo de las novelas, en las que perdía la ropa a las primeras de cambio. Anne Francis encarnaba a West junto a su socio Sam Bolt. Una mujer sola era demasiado para la época. Aunque en realidad, ella era la dueña de la agencia de detectives. No, no eran pareja. En los libros, Honey tenía numerosos amantes, ¿quizás demasiado para la América de 1965?

Evidentemente, el atractivo físico de West era uno de los alicientes de la serie. Francis lucía modelitos sexys, una melena rubia perfectamente peinada y un revólver del 32 cargado y dispuesto para disparar. Pero también tenía sus propios gadgets, como una polvera con radio incorporada, cinturones convertibles en máscaras de gas o pendientes explosivos. De hecho, el productor, Aaron Spelling quiso copiar a Emma Peel de *Los vengadores*. Para los trabajos más sigilosos, Honey lleva un traje de malla de cuerpo entero, casi un calco del de Peel.

En el primer episodio, Honey despliega sus encantos para desenmascarar a un hombre que chantajea a las mujeres que seduce. Ella será el cebo. Llega al hotel del criminal con un abrigo de piel de

leopardo. Mientras los botones la llevan a su habitación, varios hombres le silban. Toma una bebida exótica vestida con un bikini con estampado animal mientras hace ojitos al malo. El anzuelo está echado y el pez ha picado. Música seductora, modelitos elegantes pero sexys y una mujer capaz de deslizarse desde un tejado, lanzar pendientes explosivos y dar patadas de judo como si no hubiese un mañana.

La dulce Honey puede que no fuese la primera detective feminista, pero sí la primera que empezó a valerse por sí misma en un mundo plagado de hombres con la testosterona disparada. La serie fue cancelada tras la primera temporada, les salía más barato importar *Los vengadores*. Una lástima que la primera detective no tuviera mejores argumentos o que fuera básicamente una fantasía masculina hecha realidad televisiva. El doble masculino con peluca rubia de West, seguramente, tampoco ayudó.

¿SABÍAS QUÉ?

En las novelas, la protagonista no se sabía cómo pero siempre, siempre acababa sin ropa. Desde un vestido que se rompía casualmente hasta un strip-poker que perdía tras ganar innumerables manos y dejar a sus contrincantes casi desnudos. La razón: la única mano que perdió le obligó a quitarse el vestido de una pieza que lucía. La imaginación de Mr. Flicking era apabullante.

LA MUJER POLICÍA

Intérpretes: Angie Dickinson, Earl Holliman, Charles Dierkop, Ed Bernard
4 temporadas | **Cadena:** NBC | 1974-1978 | 91 episodios

EL SALTO A LA FAMA DE ANGIE DICKINSON

La mujer policía fue sin duda, una revolución dentro de la televisión. Nació como un episodio de la serie *Police Story*. Dado su éxito, la cadena decidió crear una serie con el personaje que Angie Dickinson interpretaba. Aunque la actriz sugirió cambiar el nombre de Lisa Beaumont, al más atractivo Pepper Anderson. Habían pasado 20 años desde que Beverly Gardland se convirtiera en la primera policía protagonista de su propia serie. *La mujer policía* fue el trampolín de Dickinson a la fama. En aquel momento, se la conocía más por ser la señora de Burt Bacharach. Tenía 43 años. Una edad madura para triunfar, según los estándares televisivos.

La sargento Suzanne "Pepper" Anderson trabaja encubierta en la unidad criminal de la Policía de Los Ángeles. Forma parte de un equipo mayoritariamente integrado por hombres. Pepper suele hacerse pasar por todo tipo de personajes para investigar casos de asesinato, violación, robo o tráfico de drogas. Normalmente era prostituta, profesora, azafata, enfermera, bailarina o camarera, trabajos típicamente femeninos.

Aunque era la protagonista de la serie y todo un hito televisivo, lo cierto es que su principal ocupación era verse mona y atractiva. Siempre vestida de manera provocativa y enseñando hombro a la menor ocasión. Los momentos de acción están prohibidos para la estrella, que suele quedarse agachada esquivando balas o socorriendo a un compañero herido. Dándole consuelo, que para eso sirven las mujeres. Eso sí, luce estupendamente. Cuesta imaginarse a Colombo dándole la mano a un compañero caído y que este en sus últimos estertores diga: "¿Podrías abrazarme por favor?". A Pepper Anderson le pasó.

Por supuesto, la violencia y la acción la aportan sus compañeros, duros policías capaces de todo. Angie Dickinson y su guapura, sin embargo, servían de cebo a violadores y quinquis en general, cri-

minales que se veían irresistiblemente atraídos por su belleza. Dickinson se ha quejado en numerosas entrevistas de cómo se la cosificó en la serie. Fue la policía más famosa de la televisión, pero se sintió explotada. Se preguntaba cómo era posible que tuviera que hacer tantas escenas de ducha. ¿Os imagináis a Kojak enjabonándose la calva de forma sexy? Impensable. Aunque evidentemente, la sexualidad de su protagonista atrajo al público, la serie también trató temas que afectaban a las mujeres y que anteriormente no se veían en televisión.

La polémica llegó con el episodio "Flowers of Evil", donde Anderson investiga a un trío de lesbianas dueñas de una residencia de ancianos que asesinan a sus residentes para quedarse con sus pertenencias. Un caso basado en hechos reales. Grupos de gays y lesbianas criticaron duramente el retrato negativo y estereotipado del colectivo. Consiguieron que no se volviera a emitir. Pero *La mujer policía* también demostró que una mujer podía llevar el peso de una serie de éxito. Con esto, abrió la puerta a otras protagonistas como *La mujer biónica, Los ángeles de Charlie* o *Cagney y Lacey*.

¿SABÍAS QUÉ?

La mujer policía aumentó sustancialmente las solicitudes de ingreso de mujeres en la policía en todo EE.UU. En febrero de 1976, el presidente Ford cambió la hora de su conferencia de prensa de los martes porque coincidía con la emisión de la serie, su favorita. En 1987, el departamento de policía de Los Ángeles nombró doctorada honoraria a Angie Dickinson.

LOS ÁNGELES DE CHARLIE

Intérpretes: Kate Jackson, Farrah Fawcett, Jaclyn Smith, David Doyle, John Forsythe, Cheryl Ladd, Shelley Hack, Tanya Roberts | 5 Temporadas | **Cadena:** ABC | 1976-1981 | 115 episodios

MODELITOS Y CARDADOS

En los setenta, las mujeres entraban en la policía, un mundo dominado por los hombres, y en la tele eran protagonistas de series de éxito. La segunda oleada del feminismo estaba en pleno auge y la lucha de las mujeres por sus derechos conseguía grandes avances. *Los ángeles de Charlie* llegaron en un buen momento, pero no precisamente para bien. Aunque las protagonistas eran tres mujeres independientes que luchaban contra el crimen, tras el visionado de la serie, queda claro que estos ángeles estaban ahí para lucir modelito más que para otra cosa.

Los títulos de crédito ponen en situación. Oímos una voz en off masculina: "Érase una vez tres jovencitas (*little girls* en inglés, mujeres es demasiado, mejor infantilizarlas) que fueron a la academia de policía". Sabrina Duncan (Kate Jackson), Jill Munroe (Farrah Fawcett) y Kelly Garrett (Jaclyn Smith) acaban de graduarse en la academia de policía de Los Ángeles. A pesar de sus capacidades, son relegadas a tareas puramente administrativas: hacer papeleo, poner multas o controlar el tráfico en las escuelas. Cansadas de ser tratadas así, son reclutadas por la agencia de detectives del misterioso mi-

llonario Charles Townsend. Esto, explicado en apenas segundos, prometía grandes heroínas de acción. Pero en cuanto las atractivas ángeles empiezan a trabajar con Charlie, todo se reduce a lo que los críticos de la época llamaron "Jiggle tv", o sea, mujeres atractivas y ligeras de ropa corriendo de un lado a otro. De hecho, nunca más volveremos a saber de esas dificultades que vivieron como policías.

A los productores Aaron Spelling y Leonard Goldberg poco les importaba incluir la lucha del feminismo en esta ecuación. Su intención era crear una serie que sirviera de escape y entretenimiento puro y duro, con tres protagonistas femeninas: una rubia, una morena y otra pelirroja. Aunque al final fueron dos morenas y una rubia, gracias a la química de las actrices en el *casting*. La idea original de la serie se titulaba *The Alley Cats*, glups, sobre tres mujeres que vivían en callejones y usaban látigos y cadenas para luchar contra el crimen. ¿En serio? Por suerte, Kate Jackson sugirió el nombre de "ángeles", con ella contaron desde el principio del proyecto.

El misterioso Charlie es un playboy ricachón, que se debe aburrir tanto, que dedica su dinero a luchar contra el crimen. Nunca le vemos, solamente escuchamos su voz a través de un altavoz. A veces aparece de espaldas en su gran sillón, pero también sujetando el teléfono, mientras se baña en una piscina acompañado de atractivas jóvenes en bikini. Ah, el bikini, ese fetiche imprescindible de la serie. Pero ojo, cuando no es el bikini, nunca falta un buen escote, unas ropas ajustadas o una falda minúscula. Las tres estaban preparadas para luchar contra los malos, por supuesto, pero también iban siempre a la última moda y con kilos de laca. Estos elementos juntos, tres mujeres atractivas y poca ropa, hicieron de la serie un hit comercial. *Los ángeles de Charlie* estaba protagonizada por tres mujeres estupendas pero dirigida a un público masculino, creado por productores y guionistas hombres. Al final, son empleadas de un hombre que está por encima de ellas, aunque nunca esté físicamente presente. El jefe es un micrófono en un teléfono puesto en manos libres y un cheque a fin de mes.

ABC estaba preocupada por como recibiría la audiencia una serie con tres protagonistas, sin ayuda masculina (¡pero habrase visto tremenda osadía, enfrentarse al crimen sin ningún hombre que las salve! ¡Sacrilegio!), así que entró Bosley en acción. Antes hubo otro personaje que se quedó en el piloto, Scott Woodville las ayudaba y las salvaba. La damisela en apuros volvía a hacer acto de presencia. Aunque fue eliminado de la serie y Bosley se quedó. David Doyle, el actor que lo interpretaba, fue el único junto a Jaclyn Smith que participó en todos los episodios. El resto de ángeles cambiaron a lo largo de las cinco temporadas.

A pesar de la interesante idea de comunidad femenina, de hermandad de mujeres que se ayudan unas a otras (es evidente la química entre las tres protagonistas, incluso se hicieron muy amigas fuera de cámara), todo ello queda reducido a polvo cuando los personajes acaban dependiendo de un hombre que les da las instrucciones desde la distante vida de un diletante millonario. Como en *Policía femenina* o *La mujer policía*, nuestros ángeles trabajan encubiertos, lo que significa que las vemos en numerosas ocasiones haciéndose pasar por camareras, patinadoras, en concursos de belleza, como conejitos de Playboy o evidentemente, prisioneras en una cárcel femenina (episodio que nunca debe faltar en una serie de mujeres encubiertas). La cámara adora sus cuerpos y los de todas las mujeres que pueblan la serie.

En el episodio "Ángeles encadenadas" hay una escena de ducha, en las que son forzadas a desnudarse y ducharse. Todo ante la atenta y lasciva mirada del oficial que las detuvo ilegalmente y luego de su carcelera. ¡Esto ya en el episodio 4 de la primera temporada! Ver a Farrah Fawcett hacer de rubia tonta para engatusar a los criminales tampoco tiene desperdicio. En "Lady Killer", Fawcett se tiene que infiltrar en el Feline Club donde las camareras lucen palmito vestidas escuetamente como gatitas, como conejitas de Playboy. Para decidir cual de las tres será el cebo felino, lo echan a suertes con la pajita más corta. Le toca a la rubia explosiva, por supuesto. Cuando Charlie les dice que trabajarán encubiertas, Jill afirma ingenua: "That's not undercover, that's not any cover at all". Tremendo.

Aunque la serie mostraba a tres mujeres independientes, cabe preguntarse, ¿es la visión de tres mujeres reales o la que un productor televisivo tiene de lo que tres mujeres atractivas pueden conseguir respecto a la audiencia? Apostaría por lo segundo. Eso sí, como muestrario de la moda de la época, la serie es todo un descubrimiento, si te limitas a verla y no escuchas los diálogos, claro.

¿SABÍAS QUÉ?

John Forsythe fue la voz del famoso Charlie. Aunque nunca rodó con ellas en el set. De hecho, ni siquiera fue la primera opción. Cuando el actor original se presentó borracho a la primera grabación, Spelling llamó a Forsythe desesperado. Era de noche y llegó desde su casa directamente. Grabó las primeras líneas en pijama. ABC intentó crear también un *spin-off* de la serie en 1980 llamado *Toni's Boys*. Barbara Stanwyck era Antonia "Toni" Blake, una mujer rica y viuda amiga de Charlie que también poseía su propia agencia de detectives masculinos, jóvenes y atractivos. Se quedó en un piloto. Afortunadamente.

CAGNEY Y LACEY

Intérpretes: Tyne Daly, Sharon Gless, Al Waxman, Carl Lumbly, Martin Kove | 7 temporadas
Cadena: CBS | 1982-1988 | 140 episodios y 4 TV Movies

LA PRIMERA GRAN SERIE CON MUJERES POLICÍAS

Cagney y Lacey fue una serie en la que se combinaban historias policíacas al uso con temáticas sociales que afectaban a las mujeres. Por primera vez, las mujeres eran retratadas de una forma realista en su papel de agentes de la ley. Aunque ya hubo un par de precedentes ingleses, primero en *The Gentle Touch* (1980-1984) en la que seguimos la carrera de la detective de policía Maggie Forbes en una comisaría de Londres. Conocemos su vida personal pero también los problemas que como mujer se encuentra en su camino. O *Juliet Bravo* (1980–1985), sobre la inspectora Jean Darblay, que ve como al ser ascendida a inspectora y hacerse cargo de la comisaría de Hartley, en Lancashire, tendrá que enfrentarse al escepticismo de sus compañeros. Algo que también les pasará a Chris Cagney y Mary Beth Lacey, dos policías que trabajan juntas en Nueva York.

Cagney está totalmente centrada en su carrera mientras Lacey tiene que hacer equilibrios entre su trabajo y su familia. Dos tipos de mujer de los ochenta que luchan por su sitio en un mundo to-

talmente dominado por los hombres. *Cagney y Lacey* ganó numerosos premios Emmy, fue una serie rompedora desde el principio, pero también tuvo que luchar por su subsistencia constantemente: desde el deseo de los productores de hacer a los personajes más típicos y tópicos hasta la cancelación que consiguieron revocar gracias al apoyo de sus seguidores. La serie probablemente ha sido una de las más discutidas de la historia de la televisión, desde sus inicios se enfrentó a los prejuicios sobre las mujeres en el mundo televisivo.

En principio, iba a ser una película, creada por las guionistas y productoras Barbara Corday y Barbara Avedon en 1974. Fue difícil de vender, ¿una historia escrita y producida por mujeres en la que las protagonistas eran mujeres en un mundo dominado por los hombres? Eso demuestra las dificultades a las que las mujeres se tenían que enfrentar en aquellos años. Ante la imposibilidad de vender la idea como película, en 1981 crearon una TV movie que produjeron junto a Barney Rosenzweig, marido de

Corday. El éxito de la misma hizo que la serie despegase. Rosenzweig orquestó una verdadera campaña para convertir la serie en un éxito y venderla como un verdadero hito feminista, incluso consiguió que fuese portada de la revista feminista *Ms*. Dio sus frutos, la serie fue un completo éxito.

Christine Cagney estaba interpretada por Loretta Swit, en la TV movie y Mary Beth Lacey por Tyne Daly. Swit estaba atada por contrato con la serie *M*A*S*H*, así que Meg Foster tuvo que sustituirla. Entonces, empezaron los problemas. De repente CBS empezó a temer por el posible tono lésbico que podría traslucir la relación de las protagonistas. Foster acababa de interpretar a una lesbiana en otra serie y se la veía demasiado masculina y agresiva para el papel. Recordad que las mujeres tienen que ser dulces, aunque luchen contra el crimen. Ese es el ideal que nos han intentado vender durante siglos. CBS amenazó con cancelar la serie, Foster saltó de la misma y en 1982 entró en escena Sharon Gless, como la Cagney definitiva. Un personaje más femenino que contrastaba con la más dura Lacey. Demasiada mujer fuerte junta.

Evidentemente, se discutía y criticaba cómo vestían, su apariencia física o su peinado, porque eso era lo importante, no el contenido. Igual pasaba con las tramas. Una serie como esta, uno de sus éxitos también, trataba temáticas importantes para la mujer que siempre solían causar controversia. Desde violaciones, abortos o cáncer de mama. Temas que nunca antes habían sido tratados desde un punto de vista femenino. A pesar de todo, los ejecutivos de CBS cancelaron la serie en 1983. Entonces empezó una campaña increíble de apoyo por parte de sus fans, pero también de la National Organization for Women e incluso de la prensa. La serie ganaba numerosos premios, incluidos los de mejores actrices para sus protagonistas. En 1984 CBS tuvo que rendirse a la evidencia y *Cagney y Lacey* volvió a la pequeña pantalla.

Muchos episodios describían las dificultades que como mujeres debían lidiar las protagonistas. No solo en su lugar de trabajo, sino en su vida personal. Algo a lo que millones de mujeres se enfrentaban cada día. Por fin, alguien mostraba lo que vivían, reflejaban su realidad. Con esto, el género policíaco empezaba a adaptarse y a cambiar. Un género que se veía obligado a transformar sus tics típicamente masculinos. En estas series, la visión de la violencia y el crimen era siempre la del hombre, mientras la mujer permanecía en el papel de víctima. Ahora llegaba la hora de dar una perspectiva diferente de lo mismo, una en la que se incluye a la mujer no como simple espectadora o víctima que sufre la trama sino como participante activa que resuelve y se enfrenta a los problemas que la vida le presenta. Con ellas como espectadores, veíamos como esa visión que siempre nos habían dado cambiaba y nos obligaba a replantearnos esquemas que habían permanecido anquilosados durante años.

Con *Cagney y Lacey* vivimos la vida de estas dos policías durante años. Los episodios no eran simples crímenes que se resolvían y cerraban en cada capítulo, sino que cada cosa que pasaba, formaba parte de la historia de las protagonistas. Vemos como Cagney lucha contra sus problemas de alcoholismo heredados de su familia o como las dificultades en el matrimonio de Lacey causan tensiones en el trabajo y con su compañera.

La serie acabó en 1988 aunque tuvo varios retornos, entre ellos una TV movie en 1994 en la que las protagonistas tuvieron que enfrentarse también a la edad y al envejecimiento o a la menopausia (¿cuántas series habéis visto que traten un tema tan crucial para las mujeres como ese?). Ambas han perdido el contacto, Cagney es teniente pero se dedica más al papeleo y la burocracia que a pisar las calles. Mientras que Lacey ha dejado el cuerpo para cuidar a su hija. Juntas de nuevo, investigarán la desaparición de una partida de armas.

¿SABÍAS QUÉ?

Los ejecutivos de la CBS necesitaban desesperadamente que Christine fuera un poco más de clase alta. Así que presionaron a los guionistas para que dejara de ser una simple mujer de clase trabajadora y se convirtiera en hija de una familia de buena posición. Se crió en el barrio bien de Westchester pero sus padres se divorciaron cuando era niña. Su madre murió cuando ella tenía 19 años y con su hermano no se trataba desde entonces. Todo esto lo conocíamos en el primer episodio de la tercera temporada de la serie.

REMINGTON STEELE

Intérpretes: Stephanie Zimbalist, Pierce Brosnan, Doris Roberts
5 Temporadas | **Cadena:** NBC | 1982-1987 | 94 episodios

LA MUJER DETRÁS DEL DETECTIVE

Laura Holt revertió los estándares de la ficción televisiva detectivesca a principios de los ochenta y sirvió de influencia para series como *Luz de luna* o más actuales como *Castle* o *El mentalista*. Las series con pareja hombre y mujer han proliferado en la televisión. La tensión sexual no resuelta entre ambos es uno de los alicientes de series de este tipo, algo que cuando se resolvía muchas veces propiciaba la falta de interés en las tramas. Pero *Remington Steele* tenía además algo de reivindicación del papel de la mujer independiente y con una carrera que normalmente se asocia a la masculinidad, la de detective privado.

Holt es dueña de una agencia de detectives, pero para lograr ser aceptada necesita inventarse a un hombre que pase por su jefe, el Remington Steele que da nombre a su agencia. Un hombre que los clientes nunca verán aunque pensarán que es el que lleva el cotarro. Con esta argucia, Laura les dará una seguridad que como mujer, ampliamente cualificada, no les da. Hasta que necesita que ese hombre sea de carne y

hueso y contrata a un ladrón para que se haga pasar por él. La cosa se complica cuando Steele, del que nunca conocemos el verdadero nombre, quiere seguir jugando a los detectives. Empieza entonces una lucha de géneros en la que ambos se disputan el liderazgo y en la que el romance pronto hace acto de presencia.

Originalmente, Steele era el personaje cómico mientras Laura sería la gran protagonista. Pero el carisma de Brosnan y la química entre ambos acabó comiéndose la trama. El director Robert Butler tuvo la idea para la serie en 1969. Pero al llevársela al jefe de MTM, Grant Tinker, le pareció demasiado avanzada para su tiempo y que no se entendería. Tras el éxito de varias series protagonizadas por mujeres como *Cagney y Lacey*, decidió tirarla adelante a principios de los ochenta.

Que Laura necesite un hombre para que los clientes confíen en ella, dice mucho del papel de la mujer en la sociedad. Tanto Holt, interpretada por Stephanie Zimbalist como Remington Steele, un recién llegado Pierce Brosnan que saltó al estrellato, lucharán por ver quién resuelve antes el misterio que investigan. La eterna lucha de sexos en plena acción.

La primera temporada fue la buena. La que mostraba algo inaudito, el trabajo de detective desde el punto de vista de una mujer. Pero a medida que las temporadas avanzaban, también el éxito, Steele tenía más importancia y Laura se veía relegada a un papel más secundario. El añadido al equipo de la ex agente del FBI Mildred Krebs (Doris Roberts) acabó por romper la dinámica entre ambos y la gracia de la serie. Krebs socavaba la autoridad de Laura constantemente y mostraba siempre sus preferencias por el atractivo Steele antes que por la persona que pagaba sus facturas. Muy lógico. ¿No os parece?

¿SABÍAS QUÉ?

A Zimbalist le dijeron que el personaje de Steele sería imaginario. Zimbalist y Brosnan no se tragaban. Fuera del *set* había bastante tensión aunque dejaban de lado sus diferencias. Esa tensión parecía favorecer la química entre los personajes. Cuando la primera temporada de la serie se lanzó en DVD en 2005, 20th Century Fox la vendió como una serie de Pierce Brosnan, Stephanie Zimbalist ni siquiera aparecía en la portada. Posteriormente añadieron una pegatina que ponía "también protagonizada por Stephanie Zimbalist". Patético.

SE HA ESCRITO UN CRIMEN

Intérpretes: Angela Lansbury, William Windom,
Tom Bosley, Michael Horton | 12 Temporadas
Cadena: CBS | 1984-1996 | 264 episodios + 4 TV movies

JESSICA FLETCHER, EL AZOTE DE LOS ASESINOS

Para sorpresa de todos, Angela Lansbury incluida, *Se ha escrito un crimen* se convirtió tras su estreno en una de las series más exitosas de la televisión americana. Y lo hizo además dando un retrato totalmente inusual de una mujer mayor como protagonista. Una mujer que no era la típica abuelita que la televisión acostumbraba a mostrar, sino una mujer independiente, profesora y, más tarde, autora de éxito. Inaudito. La gente mayor básicamente suele estar vetada en la televisión o caricaturizada de forma bastante triste y la imagen que Jessica Fletcher daba era la de una mujer normal y corriente, una mujer de verdad. Lansbury tenía 58 años cuando se estrenó la serie. Fue la primera mujer mayor protagonista, luego vendrían otras, no muchas por cierto. Angela Lansbury demostró que una mujer mayor con clase, independiente y totalmente válida por sí misma podía atraer a las audiencias de forma masiva. A pesar de lo que pensaban todos.

Se ha escrito un crimen es una serie clásica en su formato. Un misterioso asesinato, pistas y un asesino al que descubrir. El muerto siempre es una persona despreciable a la que todos odian. Alguien que lo conoce y es, por supuesto, inocente, lo amenaza públicamente. Si es pariente o amigo de Jessica, mejor que mejor. Acto seguido el malvado de turno aparece muerto o muerta en extrañas circunstancias. Vemos cómo es asesinado pero nunca por quién. Y ahí empieza el misterio. Evidentemente, las autoridades siempre echarán la culpa al inocente basándose en pruebas meramente circunstanciales. Y Jessica se verá obligada a defenderlo o defenderla ante tremenda injusticia, eliminando sospechosos hasta encontrar al culpable. Normalmente, al final del episodio, Jessica se enfrenta en solitario al asesino que acaba confesando y es detenido por la poco eficiente policía.

Aunque en la misma línea que *Colombo* y otras series de misterio parecidas, lo que la hacía diferente era el hecho de tener a una mujer como protagonista y ser un éxito, más teniendo en cuenta su edad. La mayoría de series hasta entonces habían mostrado a mujeres jóvenes y sexys como *Honey West*, *La mujer policía* o *Los ángeles de Charlie*. Muchas de ellas tenían un hombre o varios detrás que solían salvarlas del peligro. Jessica no.

La señora Fletcher se valía por sí misma para salir de los fregados en los que se metía. También es verdad que la adorable localidad en la que vivía, Cabot Cove, debía tener el más alto índice de homicidios del mundo entero, pero eso era lo de menos. Allá donde Jessica presentaba un libro, alguien acababa muerto y un/a sobrino/a, ahijado/a o amigo/a era el principal sospechoso. Ser amigo de Jessica tenía sus riesgos. Aun así, la serie era redonda en su formulación y su presentación. Tanto que 12 temporadas la avalaron.

Fue creada por Richard Levinson, Peter S. Fischer y William Link, las cabezas pensantes detrás del exitoso *Colombo* de principios de los setenta. Levinson tuvo la idea mientras veía *The Caribbean Mystery*, una TV movie protagonizada por Helen Hayes como la Ms. Marple de Agatha Christie. Él y Link decidieron crear al personaje de una escritora de misterio en la línea de la propia Christie, mujer aventurera donde las haya, escritora que resuelve crímenes. Fue todo un éxito. Jessica Fletcher, al contrario que Ms. Marple, tiene una carrera y una vida activa más allá de su jardín, aunque la han comparado con ella en innumerables ocasiones. Tampoco hay tantas protagonistas de edad en las series y menos en las policíacas. Jessica es una amateur, no es detective profesional, no es policía, aun así es lo suficientemente inteligente como para resolver los crímenes por su cuenta.

A lo largo de las 12 temporadas vemos la evolución del personaje de Jessica Fletcher. En las primeras es una mujer viuda que disfruta de agradables paseos en bicicleta por Cabot Cove, va a pescar con un amigo y escribe en su antigua máquina de escribir. Su primera novela se convierte en un éxito cuando un sobrino envía el manuscrito, sin decírselo a ella, a una editorial. Pero el personaje fue evolucionando, pasándose al ordenador, añadiendo un apartamento en Manhattan, volviéndose más sofisticada y viajera. Una escritora de éxito ya no se conformaba con dar paseos en bicicleta por su pueblo, ni con ir a pescar, necesitaba más acción y aventura para crear sus novelas. Pero para ello, Lansbury tuvo que luchar contra varios obstáculos. El primero, que quisieran ponerle a un compañero de aventuras, algo que restaría magia a la independencia del personaje. El segundo, negarse a que el personaje tuviera un romance serio. Algo que el canal quería, por supuesto. Mujer y romance

siempre van de la mano, ¿verdad? Por suerte, Lansbury se negó en redondo. La gracia de Jessica Fletcher era su independencia total.

Su sobrino Grady, interpretado por Michael Horton, el que envió el manuscrito a la editorial, ha sido acusado de asesinato en múltiples ocasiones. Como decía, ser familiar o amigo de Jessica tiene un precio. Jessica siempre resuelve los crímenes, sin necesidad de abogados, policías o jueces. Además tiene la facilidad de estar siempre en el sitio adecuado en el momento oportuno, pasando a visitar al policía que se encarga del caso y descubriendo pistas imprescindibles para resolver el crimen casi por casualidad. Es una mujer inteligente, sabia, resuelta, activa y emprendedora que es capaz de salvar de un crimen a cualquiera que se cruce en su camino. Y lo hace a una edad, en la que la televisión directamente te manda al asilo. Bravo por ella.

¿SABÍAS QUÉ?

El papel de Jessica Fletcher le fue ofrecido a la actriz Jean Stapleton, pero no le gustó el guion del piloto. Angela Lansbury en aquella época era una estrella en Broadway con varios premios Tony y un Oscar. Le habían propuesto protagonizar series antes pero hasta que conoció a Jessica Fletcher no se decidió. Poder interpretar a una mujer corriente la atrajo. Normalmente Lansbury interpretaba a verdaderas arpías en el cine o en Broadway como la Mrs. Lovett de *Sweeney Todd* que se divertía haciendo pasteles con las víctimas del famoso barbero satánico de *Fleet Street*. Jessica Fletcher siempre fue comparada con Miss Marple. Curiosamente, Lansbury la interpretó en 1980 en la adaptación cinematográfica de *El espejo roto*. En 2014 la cadena NBC intentó hacer un *remake* de la serie con Olivia Spencer como una administrativa de hospital aficionada a las investigaciones criminales. Lansbury afirmó en una entrevista que un *remake* sería un error. Al poco, la cadena anunciaba que el proyecto no se llevaría a cabo.

MISS MARPLE

Intérpretes: Joan Hickson, David Horovitch, Ian Brimble, John Castle | 3 Temporadas | **Cadena:** BBC One | 1984- 1992 12 episodios/tv movies

LA DETECTIVE SOLTERONA

La gran reina del misterio creó a esta detective solterona, como se la ha definido en innumerables ocasiones. Una, en apariencia, abuelita que parece que no se entera de nada pero que en realidad es una de las grandes mentes detectivescas de todos los tiempos. Agatha Christie nos

brindó a Miss Marple sobre el papel, pero el personaje ha tenido diversas encarnaciones en la televisión y en el cine. Margareth Rutherford la llevó a la gran pantalla. Pero no hay otra Miss Marple como Joan Hickson. Entre 1984 y 1992, la BBC produjo 12 adaptaciones televisivas de los libros de Christie que Hickson protagonizó. Empezó a encarnarla con 78 años. Ahí es nada. Otra mujer entrada en edad que protagoniza con éxito una serie de televisión. Al contrario que Jessica Fletcher, que es viuda, Miss Marple es soltera y eso a su edad la convierte en una solterona entrometida. No nos engañemos, los hombres solteros de 78 años no son nunca solterones, con la connotación negativa que la palabra tiene. Son vividores, casanovas, hombres que han querido disfrutar de la soltería, bla, bla, bla. Las mujeres solteronas lo eran no por elección, sino porque nadie había querido casarse con ellas. Aunque me parece a mí que ningún hombre lograría estar a la altura de una mente como la de Miss Marple. Fue sabia al quedarse soltera.

En la bucólica localidad de St. Mary Mead, un asesinato es perpetrado sin que sepamos cómo. Un cadáver es descubierto y, sin comerlo ni beberlo, Miss Marple tendrá que descubrir al culpable gracias a su "intuición forense desarrollada hasta el punto de la genialidad", como el Coronel Melchett la describe en *Un cadáver en la biblioteca*. Muchas veces Miss Marple logra resolver el misterio gracias a pistas que ella solamente conoce o sin pistas, para qué negarlo. La ambientación de la serie es excelente, recuperando una Inglaterra del pasado que siempre fue mejor, por supuesto. Un pasado rural, de pueblos idílicos, mansiones, coches suntuosos, trajes y decoraciones elegantes. Un lugar perfecto mancillado siempre por un asesinato.

La serie de televisión además es fiel a las novelas de Christie con todo lo que ello conlleva. Jane Marple no es un dechado de acción, no persigue a los malos para atraparlos. Eso se lo deja a los ineptos policías. Es una adorable ancianita de aspecto normal, educada y correcta hasta la saciedad. ¡Por Dios, es inglesa! ¿Qué esperabais? Eso sí, peca de un pequeño defectillo, es una cotilla. O eso nos intenta vender la historia. Al final las mujeres curiosas, intuitivas y que resuelven misterios lo son porque son cotillas. El cotilleo, eso que se ha asociado tanto a la mujer, se convierte en su mejor arma. Algo que hay que destacar es que la serie, a pesar de los asesinatos que la pueblan, no es sórdida ni oscura. No hay grandes crímenes, no hay sangre a borbotones, no hay mujeres de mala vida ni criminales terribles. Los asesinatos son casi pulcros, todo hecho con una elegancia y un decoro típico inglés.

Pero el verdadero gran atractivo de la serie es su protagonista. Hickson interpretó otro de los personajes de Christie en la película *El tren de las 4:50* en 1961, en la que Margaret Rutherford encarnaba a Miss Marple. Fue nominada a los BAFTA como mejor actriz de televisión en 1987 y 1988 por su interpretación de Miss Marple. Joan Hickson encaja tan bien en el personaje, que a pesar de haber habido otras Miss Marple, ninguna otra interpretación ha perdurado tanto en el imaginario colectivo.

Su aparente fragilidad contrasta con su audacia. Algo que pasa muchas veces totalmente desapercibido, porque, ¿cómo es posible que esta entrañable ancianita pueda tener una mente privilegiada como la que tiene? La policía, los criminales, los sospechosos la ven como alguien totalmente inofensivo y ahí está su error. Mientras los policías usan sus burdos métodos policiales para intentar, sin éxito, resolver el caso, Miss Marple usa su astucia y descubre al criminal sin violencia, una de las armas principales de la policía interpretada por personajes masculinos. Para sonsacar información hay que zurrar de lo lindo, amenazar, violentar y lo que haga falta. Miss Marple sonríe y les hace confesar sin ni siquiera despeinarse y descubre al criminal casi casi mientras hace un poco de punto para relajarse. Miss Marple ha visto de todo en su entrañable villa inglesa, todo tipo de individuos y personas, los ha observado detenidamente y con ello ha conseguido hacer perfiles psicológicos tan precisos, que ríete tú de los métodos del FBI que usan los protagonistas de *Mentes criminales*.

¿SABÍAS QUÉ?

Jane Marple está basada en la abuela de Agatha Christie y sus amigas. La propia escritora vio a Joan Hickson encima del escenario interpretando a Miss Pryce en la adaptación de su novela *Cita con la muerte* en 1946 y le envió una nota en la que le decía que esperaba que algún día interpretase a su Miss Marple. Su sueño se hizo realidad unas cuantas décadas después, aunque Christie no pudo verlo, murió en 1976. En 2004 se estrenó un *remake* de la serie protagonizado por Geraldin McEwan que a pesar del éxito, tuvo bastantes críticas. Las adaptaciones eran muy libres, se introducían asesinas lesbianas en varios capítulos (¿recordáis el episodio de *La mujer policía* de los setenta que os comentaba?) y por supuesto, nos contaba un pasado romántico de Miss Marple impensable para Agatha Christie. McEwan era más vitalista, le dio un aire moderno, pero en el intento de revitalizar el personaje, los guionistas incluso cambiaban la identidad del asesino. ¡Sacrilegio!

LUZ DE LUNA

Intérpretes: Cybill Shepherd, Bruce Willis, Allyce Beasley, Curtis Armstrong | 5 Temporadas
Cadena: ABC | 1985-1989 | 66 episodios

LA GUERRA DE SEXOS

Luz de luna fue la primera serie de televisión calificada como comedia dramática, una mezcla exitosa entre ambos géneros. Fue nominada por primera vez en cincuenta años de historia de la televisión como mejor drama y mejor comedia por la Directors Guild of America. La innovación y la importancia de esta serie reside precisamente en la mezcla única de elementos característicos tanto del drama como de la comedia. Aunque ahora estamos acostumbrados a este tipo de ardides televisivos, en aquella época fue toda una revolución. Totalmente autorreferencial, los actores solían romper la cuarta barrera y hablar directamente a cámara. Cuando Maddie le recriminaba al salvaje David que no podía entrar por la fuerza en determinado edificio o casa, él le contestaba: "¿Ah sí? Díselo a los guionistas". Y se quedaba tan ancho. En eso la serie fue un descubrimiento y un éxito.

Luz de luna nos cuenta la historia de Maddie Hayes, una modelo de alta costura que pierde su fortuna por culpa de un contable estafador. Lo único que le queda es una casa y la agencia de detectives dirigida por David Addison. El negocio se ha montado básicamente para desgravar y ni el afanoso detective hace nada por investigar ni su secretaria Agnes Dipesto por contestar el teléfono. David convence a Maddie para que sigan juntos con el negocio. A la agencia la llamaran Blue Moon por el nombre del champú que anunciaba ella y por el que se hizo conocida. La tensión sexual entre la nueva jefa que quiere dirigir la agencia y el detective mujeriego que prefiere pasar de todo fue evidente desde el principio. Cybill Shepherd se interpretaba a sí misma, ya que era modelo de alta costura, mientras un desconocido Bruce Willis se convertía en su eterno papel de caradura mujeriego que tan bien ha interpretado durante años.

Glenn Gordon Caron fue el creador de la serie, había sido guionista de *Remington Steele* y aquí continuaba con la triquiñuela de los detectives amateurs: a uno porque realmente le importaba un pimiento investigar y a la otra porque nunca antes se había dedicado a ello. Dos detectives aficionados que cuesta creer que lograran resolver tantos casos. Maddie y David son dos polos opuestos y no precisamente que se atraen, los actores se peleaban dentro y fuera del set. Parecía que solo se ponían de acuerdo en que estaban siempre en desacuerdo. Ellos marcaron la tónica de innumerables

series que vendrían después, como *Castle* o *El mentalista*, por poner dos ejemplos. Series policíacas en las que los protagonistas son siempre un hombre y una mujer totalmente contrarios. Aunque es cierto que al final parece que proliferan más las series con protagonistas masculinos y donde la mujer, a pesar de ser la policía de la ecuación, es la secundaria. Aunque vaya ganando peso a medida que las series avanzan. Siempre es el protagonista un hombre inexperto que se mete en el terreno policial para acabar siendo pieza clave a la hora de resolver los crímenes.

Luz de luna se cuestionaba a menudo los roles de género y las relaciones entre hombres y mujeres en el trabajo. Las constantes discusiones de Maddie y David sobre el sexismo y la política sexual estaban a la orden del día. Quizás vistas ahora puedan parecer un poco pasadas de moda, pero en una serie de los ochenta eran verdaderamente innovadoras. Uno de los episodios más interesantes respecto a esto es el cuarto de la segunda temporada titulado "The Dream Sequence Always Rings Twice", en el que Maddie y David tienen el mismo sueño desde puntos de vista diferentes y que pone de relieve los roles de género. Ambos investigan un caso de infidelidad, les ha contratado el posible comprador de un local que quiere divorciarse de su mujer para que busquen trapos sucios. Aquel local tiene una historia de pasión y asesinato detrás que cada uno de los personajes vivirá de una manera diferente y en blanco y negro en secuencias planificadas al estilo cine *noir*.

El sueño de ambos reproduce el asesinato de uno de los músicos del club en los años cuarenta a manos de la mujer del mismo, la cantante del local y su amante, el trompetista de la banda. Aunque los dos fueron a la silla eléctrica clamando que había sido el otro, nunca se supo a ciencia cierta quién fue el verdadero culpable. Pero cada personaje tiene su propio sueño y su propio final para la historia. Evidentemente, David se pone del lado del amante, fue ella la que lo sedujo, la mala pécora que quería librarse de su marido. Maddie se pone del lado de la esposa, inocente y seducida por un granuja. Antes del sueño, conducen de vuelta a la oficina discutiendo. Él la llama sexista y luego en la oficina "la sexista más sexy que conoce". Ella le llama animal. La lucha de sexos continúa. A través de estas dos historias soñadas se tratan los tópicos que el cine negro suele aplicar a la mujer, la buena esposa o la vampiresa, pero también a los hombres. En el sueño de Maddie ella canta un dulce e inocente "Blue

Moon" mientras en el de David, canta un descarado y sexy "I Told Ya I Loved Ya, Get Out!". Aunque la historia de Maddie es más clásica, la de David es la que juega más con el humor y los tópicos de la masculinidad y la hombría propios de los personajes de cine negro, riéndose de ellos y ridiculizándolos.

La serie fue también un pozo de referencias literarias, televisivas o cinematográficas, haciendo guiños en sus títulos a poetas, escritores, películas, novelas y un sinfín de referencias culturales. Esto era alta televisión. La serie tenía un punto artístico que otras de la época no tenían y demandaba un público más exigente televisivamente hablando. Tanto que en el último episodio, la cuarta pared desaparecía cuando unos obreros desmontaban el set y un ejecutivo de la ABC venía a explicarles a unos incrédulos Maddie y David que los habían, literalmente, cancelado. Espectacular para una serie que rompió moldes.

¿SABÍAS QUÉ?

Orson Welles grabó una introducción al episodio "The Dream Sequence Always Rings Twice". Fue su última aparición televisiva, murió pocos días antes de emitirse. Esta introducción fue cosa de la cadena ABC que temía el rechazo de los espectadores al blanco y negro y pidió un aviso antes de empezar. En el episodio siete de la tercera temporada, "Atomic Shakespeare", los personajes recitan los diálogos del bardo inglés como los escribía, en pentámetro yámbico. Y el episodio empieza con un niño obligado por su madre a hacer los deberes sobre Shakespeare en vez de ver la serie. La madre lo define como "ese espectáculo de detectives que discuten todo el tiempo y que lo único que quieren hacer es acostarse el uno con el otro". Algo que le parecía basura y poco adecuado para su hijo.

PRINCIPAL SOSPECHOSO

Intérpretes: Helen Mirren, John Benfield, Tom Bell. Richard Hawley
7 Temporadas | **Cadena:** ITV | 1991-2006 | 15 episodios

HELEN MIRREN CONTRA EL SEXISMO EN SCOTLAND YARD

Principal sospechoso fue la primera serie que abordó el sexismo en el trabajo directamente en un sector tan masculinizado como el de la policía. Cambió la ficción televisiva inglesa, sobre todo en lo que al género policíaco se refiere. Fue la primera también en colocar a una mujer como jefa y líder en una investigación de homicidio, rompiendo así numerosas barreras de género. La serie mostraba cómo las mujeres accedían a puestos de trabajo a los que antes estaban vetadas. Reflejaba con ello el cambio de una realidad en la propia organización policial que la televisión nunca había mostrado. Pero también el día a día de muchas mujeres en aquellos años.

La inspectora jefe Jane Tennison no era bienvenida por sus compañeros, el comportamiento sexista de sus colegas entorpecía el trabajo policial. Lynda La Plante, creadora de la serie, basó el personaje en una inspectora jefe de la Policía Metropolitana de Londres a la que había entrevistado en los ochenta. Hasta aquel momento, las mujeres policías como Juliet Bravo o Cagney y Lacey, se acercaban a los crímenes desde una perspectiva femenina, no feminista. Vivían una realidad paralela en la que las mujeres eran completamente aceptadas. Algo que no era cierto. Además, la agresividad y la dureza era patrimonio macho. Las mujeres eran policías buenas, primero eran mujeres y después policías. En cambio Tennison era primero policía y después mujer. Al menos, eso era lo que la sociedad tendría que valorar de ella, su trabajo y no el sexo con el que nació. *Principal sospechoso* mostraba una realidad a la que se enfrentaban las mujeres en las comisarías de policía de todo el mundo, reflejando mucho más el mundo real que sus antecesoras.

Helen Mirren es la inspectora jefe Jane Tennison. En el primer episodio vemos como a pesar de estar perfectamente cualificada se le ha denegado dirigir investigaciones una y otra vez, simplemente por ser mujer. Solo cuando un colega muere repentinamente se le permite tomar el mando. Pero no será un camino fácil, sufrirá la discriminación y el desprecio de sus compañeros, pero también de sus jefes, sus subordinados e incluso de aquellos a los que debe proteger. A pesar de ello, logrará resolver el caso a su manera y ganarse el respeto de sus compañeros.

Tennison tiene que aguantar los comentarios sexistas de sus compañeros antes y después de convertirse en jefa. Hombres por aquí, hombres por allá, hombres que hacen cosas. Y las mujeres, en un segundo plano. Como dice Tennison a uno de sus subordinados: "No me llames señora, no soy la maldita reina". Sus subordinados viven su presencia entre el desprecio y el respeto que deben a su superior, pero no dudan en entorpecer su trabajo para fastidiarla. Incluso el padre de una víctima se niega a dirigirse a una mujer. Todo esto además, mientras vemos como su vida de pareja se desmorona. Tiene que ser la mujer perfecta, de hecho, lo es. Hasta que su trabajo le exige demasiado, según él, y ya no le interesa porque no está siempre disponible para satisfacerlo.

La serie mostraba temas importantes a nivel social, no solamente sexismo, sino racismo, homofobia, abusos sexuales, rechazo a la inmigración,... *Principal sospechoso* permitió además que el personaje creciese y tuviera una carrera longeva, hasta su retiro. Y con ello logró mostrar la problemática que una mujer podría encontrarse a lo largo de toda su carrera en un entorno dominado por los hombres. Lamentablemente, La Plante solo fue artífice de los tres primeros episodios y con la marcha de la misma, el personaje derivó hacia un final típico masculino: el policía solitario y alcoholizado a la deriva.

Otra de las novedades de la serie fue cómo mostró la violencia contra las víctimas de forma más realista. La ciencia forense tomaba protagonismo pero también aumentaba el efecto que la violencia machista tenía sobre el cuerpo de la mujer. Tennison se encargaba de tratarlas con respeto, algo que sus compañeros masculinos no hacían. El investigador hasta entonces no había sentido empatía por las víctimas. Para hacer justicia a las mismas, Tennison desafiaba el propio funcionamiento de la policía, pero siempre desde dentro del sistema. Las mujeres solían ser cuerpos desmadejados, objetos encima del suelo frío, cubiertos de sangre y de golpes o puñaladas. Ahora una mujer estaba al otro lado luchando por resolver el crimen y devolver la dignidad a las víctimas. Por fin, las mujeres ya no eran simplemente víctimas y los hombres los expertos que resolvían crímenes.

Pero a medida que la serie avanzaba, el personaje también cambió. Se volvió más amarga y solitaria. Dejando de lado su vida personal y poniendo por delante su carrera, Tennison acabó convirtiéndose en el cliché del policía masculino.

La trama se centraba en el papel que hombres y mujeres tienen en la policía y cómo Tennison los desafiaba. La masculinidad es activa y la femineidad es totalmente pasiva. Una mujer que quiere ver el cuerpo en el escenario del crimen en toda su crudeza o que asiste a una autopsia era algo inaudito. El cambio llegó con la marcha de La Plante, en el episodio 3, Tennison descubrirá que está embarazada. Su decisión de abortar en el siguiente episodio marcará el devenir del personaje que antepone claramente su carrera profesional a su vida personal. La recompensa: será promovida a superintendente. En el último episodio, Tennison a punto de retirarse, alcohólica y sola, siente envidia de sus subordinadas que disfrutan de una libertad que ella no tuvo. Aunque logra triunfar en su carrera, lo hace a un alto precio: el de dejar su vida personal por el camino. Cumpliendo el mensaje clásico y revenido de que las mujeres no lo pueden tener todo y para conseguir una carrera tienen que renunciar a la maternidad o a tener una pareja estable. O sea, tienen que quedarse solas.

¿SABÍAS QUÉ?

Principal sospechoso fue una serie tremendamente popular y multipremiada cn los BAFTA, Emmy y Globos de Oro. El personaje de Kyra Sedwick en *The Closer* está inspirado en el de Helen Mirren. En Estados Unidos se adaptó la serie con Maria Bello como protagonista, sin alcanzar el éxito de la original. Bello solía vestir sombrero fedora, a lo Humphrey Bogart, que nada tenía que ver con el personaje. *Prime Suspect: Tennison*, es la precuela de la serie, protagonizada por Stefanie Martini como una joven Tennison, está llena de los clichés que precisamente la serie original quería evitar.

LEY Y ORDEN: UNIDAD DE VÍCTIMAS ESPECIALES

Intépretes: Mariska Hargitay, Christopher Meloni, Ice-T
20 Temporadas | **Cadena:** NBC | 1999 - hasta la actualidad | 434 episodios

LAS VÍCTIMAS EN PRIMER PLANO

Esta serie nació como un *spin-off* de *Ley y orden* y es el único de la franquicia que sigue en activo. En 2018 se confirmaba la renovación de la temporada 20 acercándose al récord de serie dramática con más temporadas en antena. Sus episodios se basan en crímenes sexuales como violaciones, pedofilia o violencia de género, así como casos en los que hay niños, personas mayores o con necesidades especiales.

El éxito de la *Ley y Orden: UVE* reside en varios aspectos. Está basada en la Unidad de Delitos Sexuales de la Fiscalía de Manhattan, creada en 1976 y dirigida durante casi treinta años por Linda Fairnstein. Modelo en el que Dick Wolf, creador de la serie, se fijó para crearla. Fairnstein alabó la serie, porque ponía en *prime time* y con éxito crímenes que normalmente son obviados por la ficción pero que están a la orden del día, como la violencia contra las mujeres.

Ley y Orden mezclaba el proceso policial y el judicial, algo que otras series no hacían. Con un montaje en constante ebullición, frenético y sin compasión, la serie bucea en los crímenes de los que nadie parece acordarse. Pero sus historias son reales, aterradoras y duras. Muchos parecían dudar del éxito de una serie que tratase delitos tan concretos y que normalmente sufren los más desfavorecidos, las minorías o las mujeres. Pero además de unos guiones sólidos y unas historias reales como la vida misma, la serie basaba su éxito en sus protagonistas. Policías sólidos y comprometidos con su trabajo que han evolucionado a lo largo de 19 temporadas. Su fe ha sido puesta a prueba a todos los niveles. Sobre todo, los dos protagonistas principales Olivia Benson (Mariska Hargitay) y Elliot Stabler (Christopher Meloni). La marcha de este último, tras 14 temporadas, ha demostrado el carisma de su verdadera protagonista, Mariska Hargitay, que se ha convertido también en productora ejecutiva. Jueces, abogados, fiscales, policías y detectives van y vienen pero ella se ha mantenido al pie del cañón y con ella una serie que trata aspectos de la criminalidad que hasta entonces no habían tenido la relevancia que se merecían. Las estadísticas de abusos sexuales y violaciones en EE.UU. son espeluznantes, pero de eso nadie parece hablar. La propia Olivia Benson se hizo policía porque fue fruto de una violación.

La serie es un referente de éxito pero también da visibilidad a una problemática estigmatizada y muchas veces obviada. El entretenimiento no solamente es entretenimiento, sino también una puerta que puede servir para cambiar la cultura de la violación y el abuso, dando una imagen menos estereotipada, creando conciencia con cada episodio. Hargitay fundó Joyful Heart para ayudar a víctimas de la violencia doméstica, violaciones y abuso infantil. Recibía tantas cartas de víctimas que decidió que tenía que hacer algo más que darles voz en la televisión.

¿SABÍAS QUÉ?

Se iba a llamar *Ley y Orden: Delitos sexuales*, pero la cadena prefirió un título menos agresivo. Los hijos del creador de la serie se llaman Olivia y Elliot. Iba a ser un solo capítulo de *Ley y orden* sobre Robert Chambers "el asesino guapo" que mató a su novia Jennifer Levin en 1986, que conmocionó a la opinión pública y recibió gran atención mediática. (Quizás porque eran de familia bien. Ya sabéis: si eres pobre y te matan, no interesa a nadie.)

VERONICA MARS

Intérpretes: Kristen Bell, Percy Daggs III, Enrico Colantoni, Francis Capra, Tina Majorino
3 Temporadas | **Cadena:** UPN (2004–2006) / The CW (2006–2007) | 2004-2007 | 64 episodios

TEEN NOIR

Kristen Bell es la protagonista de *Veronica Mars*, una detective adolescente que investiga la muerte de su mejor amiga. Su vida dio un giro total desde entonces, pero no solamente por eso, sino por como su padre fue relegado de su cargo de sheriff del pueblo tras acusar al padre de la joven del asesinato. Tras aquello, Veronica verá como todo el mundo le gira la espalda. Además, una noche, sufrirá una violación de la que no recuerda nada, ya que la drogaron con una bebida. Pero la historia de Veronica no es la de una víctima. Ella es fuerte, capaz y resuelta. Una investigadora nata que además consigue dar respuesta a problemas del entorno que la rodea. Al final, consigue hacer el bien y librar al mundo de las injusticias que desenmascara con sus investigaciones.

La protagonista trabaja con su padre en Mars Investigaciones. Ha aprendido el oficio de él, Keith Mars (Enrico Colantoni). Es una adolescente que está en el instituto pero se comporta como una adulta. La vida le ha hecho ser así a base de golpes. Es una detective de manual como los clásicos, esos que siempre fueron hombres. Es leal a sus clientes, dura, parece no tener miedo, la justicia es lo primero para ella y si tiene que saltarse alguna que otra norma para conseguir hacer que esta prevalezca, lo hará. Y lo hará además con un cinismo propio de alguien que ha visto mucho. Las injusticias se suceden, sus compañeros la han marginado, es una paria. Su madre alcohólica la ha abandonado en el peor momento. Su mejor amiga ha muerto asesinada, su padre ha perdido su trabajo y a ella la han violado en una fiesta de pijos ricos. Aun así, decide seguir adelante.

Aunque Veronica ayuda a su padre, pronto tendrá sus propios casos. Es independiente y sabe valerse por sí misma. Sus clientes suelen ser compañeros de instituto pero no los ricachones, ni los jugadores de rugby o las animadoras. La élite no es bienvenida. Vamos conociendo a través de las tres temporadas las vicisitudes de esta detective a lo Chandler que incluso usa la voz en off para explicar sus casos, algo que le da un toque *noir*. Justamente es a través de *flashbacks* que conocemos información de peso sobre sus investigaciones pero también sobre el gran caso que planea sobre Veronica: la muerte de su amiga Lilly (Amanda Seyfried) y su violación.

El mal uso del poder es otro de los grandes protagonistas. En este caso las familias adineradas que controlan la zona, sus hijos que dominan en la escuela, el director de la misma y los profesores, pero también las fuerzas de la ley, sobre todo el sheriff que sustituye al padre de Veronica. Inepto y co-

rrupto. Como Veronica dice: "Este es el instituto Neptune. Si vienes aquí, tus padres son millonarios, o trabajan para millonarios. Aquí no existe la clase media". La crítica siempre está presente. No solamente al poder, sino al racismo, la homofobia, el bullying y el sexismo. En sus casos se ven envueltos, por ejemplo, estudiantes que son chantajeados sobre su sexualidad.

Gracias a su actitud, Veronica se gana el respeto de sus compañeros, en el primer episodio conoce a uno de sus fieles amigos: Wallace Fennel (Percy Daggs III), un estudiante nuevo de color que sufre la típica novatada. Será uno de su extenso círculo de amigos, porque al contrario que el detective solitario al uso, Veronica tiene amigos que la ayudan. Wallace como ayudante en la administración del instituto le proporcionará archivos confidenciales. Cindy "Mac" Makenzie (Tina Majorino) es una friki de los ordenadores que le echará un cable en tareas informáticas. Eli "Weevil" Navarro (Francis Capra) es el líder chicano de una banda de moteros. A veces se enfrenta a ella, pero se respetan como iguales. También está su padre, un hombre que la respeta y la quiere. La serie ganó el Family Television Award en 2006 al "Favorite Father and Daughter". Pocas veces se muestra la relación entre una hija y un padre en una serie y menos de detectives.

Rob Thomas, creador de *Veronica Mars*, era profesor de instituto. Allí aprendió el lenguaje de los jóvenes, el que Veronica utiliza. La serie trata siempre temas sociales importantes más allá de las típicas inquietudes adolescentes. La diversidad racial también ayuda a mostrar una realidad más contemporánea y cercana a los jóvenes. La serie siempre trató el racismo directamente, el personaje de Wallace es un buen ejemplo. De hecho, suele denunciar la persecución y la violencia que sufren por parte no solo de la población sino de la policía que tiende a tratar el racismo con más estereotipos racistas. Aportando un punto de vista diferente, Veronica Mars se acerca a estas problemáticas de una manera inclusiva.

Uno de los temas más importantes de Veronica Mars es la forma en la que se trata algo tan sensible como la violación. Veronica habla de la misma en *flashbacks* y voces en off de una manera diferente, mostrando lo que puede hacer en una persona, los cambios que sufre y cómo lo vive. Sin victimizar. Cuando descubrimos quién violó a Veronica, alguien que también sufrió abusos sexuales por parte de su entrenador y que es impulsado por sus compañeros a demostrar su virilidad, también cuestionamos esa supuesta masculinidad y lo que significa. Cuando Veronica denuncia su violación delante del sheriff, él la insulta, la ignora. Sufre así una doble victimización. Pero a través de esa doble injusticia, Veronica se convierte en una verdadera luchadora, una mujer que defenderá a otras mujeres y que intentará cambiar el mundo. Muchas violaciones no se denuncian por miedo a no ser creídas, especialmente por la policía. En EE.UU. es alarmante el poco caso que la policía de los campus hace de las constantes violaciones. Veronica sí lo hace.

Aunque sea una víctima y sufra esas injusticias de la sociedad, Veronica es un personaje totalmente empoderado. Forma una comunidad de apoyo, sus amigos y su familia, que le ayudan en su lucha. Pero también sabe defenderse sola y demostrar que las mujeres pueden hacerlo. Aunque a veces las situaciones que plantea no sean exactamente creíbles, recordemos que esto es ficción, sí que sirven para dar voz a problemáticas sobre adolescentes que normalmente no se tratan en la televisión.

¿SABÍAS QUÉ?

Veronica Mars tuvo una base de fans leal que luchó para que se mantuviera en antena tras su segunda temporada. Incluso se hizo un Kickstarter para hacer una película de la serie en el que 91.000 fans aportaron 2 millones de dólares en tan solo 12 horas.

BONES

Intérpretes: Emily Deschanel, David Boreanaz, Michaela Conlin, T. J. Thyne, Tamara Taylor
12 Temporadas | **Cadena:** Fox | 2005-2017
246 episodios

LA CIENCIA ES DE LAS MUJERES

La primera gran protagonista de una serie como científica fue la doctora Temperance Brennan, más conocida como Bones. Muchas mujeres han seguido los pasos de la antropóloga forense en Estados Unidos, gracias a esta serie. Los científicos en la televisión o en el cine suelen ser hombres, muy listos y muy competentes o completamente locos, pero siempre hombres. La ciencia pocas veces se ha asociado a las mujeres a lo largo de la historia. Piensa en nombres de científicos, ¿cuántas mujeres a parte de Marie Curie se te ocurren? Quizás Hipatia, gracias a la película de Amenábar, pero mirad cómo acabó: lapidada. Eso no significa que no hubiese

científicas, simplemente, nadie nos ha hablado de ellas o peor, muchos hombres se han adjudicado sus trabajos y sus logros, sobre todo, sus maridos. Así que una serie de televisión protagonizada por una brillante científica que resuelve crímenes fue muy bienvenida, tanto que duró doce exitosas temporadas.

Desde que en 2000 *CSI* disparase las franquicias de series sobre laboratorios de criminalística, la ciencia forense se ha hecho protagonista en la televisión. Pero en la mayoría de franquicias de *CSI*, los jefes siempre son hombres. Solamente *CSI: Cyber* tuvo una jefa interpretada por Patricia Arquette y duró una temporada. Las mujeres de *CSI* son perfectas, esculturales, vestidas a la última moda y con tacones, todos sabemos que son muy prácticos en la escena del crimen. Es cierto que el abanico de protagonistas femeninas ha variado con los años y las franquicias, pero la sensación es la misma, siempre son minoría, nunca lideran. Catherine Willows (Marg Helgenberger) en *CSI: Las Vegas* consiguió ser jefa del turno de noche cuando Grissom abandonó la serie. Fue degradada tras una temporada a causa de un escándalo. La sombra de Grissom siempre fue alargada, sobre todo cuando empiezas carrera como ex stripper.

Ya iba siendo hora que una mujer liderase un laboratorio forense y además que no fuese vista como un objeto sexual sino como una mujer capaz, brillante e inteligente. Esa mujer es Temperance Brennan (Emily Deschanel). Bones es fuerte, independiente, una científica valorada por sus colegas, una eminencia que además es autora de éxito de novela negra en la que aplica sus conocimientos forenses. Y está rodeada de otras mujeres válidas como ella. Aunque el agente del FBI Seely Booth es el policía de la ecuación, lo cierto es que sin el laboratorio de Brennan y sin su talento, los crímenes no se resolverían. Un laboratorio en el que las mujeres son mayoría es algo muy distinto, que se acerca más a la realidad. De los seis personajes principales, tres son mujeres y dos de color. Algo bastante inusual. Y aunque en la serie hay romance, los guionistas se han preocupado por crear historias que vayan más allá de los hombres con los que se relacionan. No son mujeres en busca del amor, son profesionales, científicas, mujeres plenas. Que haya muchas entre el plantel de guionistas de la serie seguramente tiene mucho que ver. Ya en la guardería, las niñas empiezan a ser conscientes de que ciertas cosas no son para ellas. Esto es de niños y esto de niñas. Algo totalmente falso y que sigue pasando, en las carreras de ciencias sobre todo. Así que tener modelos a seguir, reales y no reales, es importante.

Temperance Brennan es directora del laboratorio antropológico forense del Instituto Jeffersonian. Un centro que colabora activamente con el FBI resolviendo casos en los que se encuentran restos humanos, normalmente huesos, de ahí el apodo de Bones. Estas investigaciones las lleva el agente especial del FBI Seely Booth (David Boreanaz), que se convertirá en el compañero policial y tras unas cuantas, bastantes, temporadas de tensión sexual no resuelta, también sentimental de la protagonista. Creada por Hart Hanson, *Bones* está ligeramente basada en la vida y los libros de la antropóloga forense Kathy Reichs, productora de la serie. La protagonista además tiene el mismo nombre que el personaje de las novelas de Reichs. Aunque la serie dista mucho de los libros.

Si dijéramos que el éxito de la serie se debe a la química entre los dos protagonistas sería simplificar demasiado. Aunque las maneras contrapuestas a las que se enfrentan al mundo sea uno de sus atractivos. Ella analítica y lógica, él intuitivo y con fe. Un poco a lo *Expediente X* con Scully y Mulder pero sin extraterrestres. Parecen haberse intercambiado los papeles, teniendo en cuenta cómo se ha representado siempre a la mujer en la televisión. La intuición siempre se ha asociado a lo femenino y la analítica a lo masculino. Algo también falso. La tensión sexual está ahí por supuesto. Cuando esta se resolvió, con embarazo y matrimonio incluido (coincidiendo con el embarazo de la actriz), la serie perdió fuelle.

Pero además tenemos a tres mujeres protagonistas científicas. Primero, Temperance Brennan, la antropóloga forense más importante del mundo. Siempre hace lo que quiere, nadie le dice cómo actuar, vestirse o hablar, es respetada por sus colegas. Pocas mujeres son retratadas así en la televisión y menos como científicas. También tenemos a Angela Montenegro (Michaela Conlin), una artista forense. ¿Os acordáis cuantas mujeres hacen retratos robots de los agresores en la televisión? Cero patatero. Siempre son hombres. Además es ingeniera informática, *hacker* y creadora de simuladores (aunque poco realistas). El papel está interpretado por una actriz de ascendencia china, tampoco hay muchos personajes asiáticos en las series. Y es uno de los pocos personajes abiertamente bisexual, sin tópicos ni estereotipos. Es además la mejor amiga de la doctora Brennan (Conlin y Deschanel son muy amigas en la vida real). Y por último, está la patóloga forense Camille Saroyan (Tamara Taylor), que se unió al equipo en la segunda temporada como jefa de la institución. Metódica y seguidora fiel de las reglas. Con un currículum impresionante, es una mujer de color en un puesto directivo, algo también bastante inusual.

¿SABÍAS QUÉ?

Temperance Brennan, además de una brillante científica, es una persona con problemas para relacionarse con su entorno social. Esa característica del personaje crea situaciones cómicas que atenúan el aspecto oscuro de la serie y está llena de humor negro. De hecho, Hart Hanson afirmó en una entrevista que había basado el personaje en una amiga con Asperger pero que no podían decirlo, ya que Fox no quería limitar el alcance de la serie.

THE CLOSER

Intépretes: Kyra Sedgwick, J. K. Simmons, G. W. Bailey, Tony Denison, Jon Tenney, Mary McDonnell
7 Temporadas | **Cadena:** TNT | 2005-2012 | 109 episodios

LA JEFA

Brenda Leigh Johnson (Kyra Sedgwick) nació en el sur, en Atlanta, Georgia para ser exactos. Se formó en la CIA y se convirtió en subjefa del departamento de homicidios de la policía de Los Ángeles. Su fama la precede, sus interrogatorios implacables cierran casos uno tras otro, de ahí el título *The Closer*, consiguiendo confesiones que parecían imposibles. Ese es su gran don. No es intuición femenina. Es

una mujer competente y con capacidades que sabe cómo usarlas. La protagonista es fuerte, decidida, inteligente y muy compleja y además lidera a un grupo mayoritariamente de hombres. Evidentemente, cuando llegó, se tuvo que ganar el respeto de sus colegas y subordinados por el simple hecho de ser mujer. Si hubiera sido un hombre, ese respeto inicial se lo hubieran regalado. No nos engañemos, en la realidad sigue pasando.

Parece una contradicción que esta mujer sureña de familia tradicional sea tan independiente, no quiera tener hijos y sienta esa pasión por su trabajo. Brenda Leigh consigue el respeto también de sus superiores, y lo hace a fuerza de dar carpetazo a homicidio tras homicidio en un departamen-

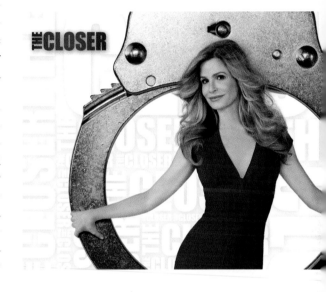

to, plagado y poblado de hombres dispuestos a resolver crímenes que no dejan sitio a las mujeres. Pero aquí la protagonista es la subcomisaria y sus subordinados. Forman un equipo que parece una familia. Sienten un gran respeto por el trabajo de su jefa. Así la llaman. Porque ella es "la jefa", sin más.

Es de agradecer que una serie de éxito, emitida en *prime time*, tratase también la menopausia precoz que sufre la protagonista. ¿Cuántas series habéis visto que traten un tema real y habitual para las mujeres a una cierta edad? Ninguna. Porque como muchas otras temáticas relacionadas con la mujer, la ficción las ha ignorado como si no existieran. En lo profesional, vemos como esta condición natural de la mujer, no interfiere en su trabajo, aunque evidentemente la afecta en alguna medida.

Brenda Leigh es implacable. Cuando la justicia y la ley no la ayudan, encuentra la manera de meter en la cárcel a los malos. Sus choques con la autoridad son constantes, pero se mantiene firme. Incluso su rival, la capitán Sharon Raydor (Mary McDonnell) de asuntos internos, acaba convirtiéndose en su aliada. La unión hace la fuerza. No hace falta enfrentar siempre a las mujeres. Tras la marcha de Sedgwick, la serie continuó en *Major Crimes* protagonizada por McDonnell con su mismo equipo. No podía faltar el humor de Flynn y Provenza (Tony Denison y G.W. Bailey).

En otras series como *Principal sospechoso* por ejemplo, las protagonistas tenían que masculinizarse, adoptar las maneras de sus compañeros. En cambio Brenda Leigh no pierde un ápice de su feminidad y encuentra su estilo personal de resolver casos. Si en el camino para llevar al culpable a la cárcel se tenía que enemistar con todos los altos cargos de la policía, alcalde incluido, lo hacía. Lo principal siempre es atrapar al malo y en eso la jefa era infalible.

¿SABÍAS QUÉ?

The Closer rompió uno de los mitos televisivos negativos, que en verano se estrenan las series menores. Su numerosa audiencia hizo a muchas cadenas repensarse su política de estrenos. La serie además ayudó a TNT a establecerse como creador propio de contenidos de éxito, tras varios fracasos.

THE KILLING: CRÓNICA DE UN ASESINATO

Intérpretes: Sofie Gråbøl, Morten Suurballe, Lars Mikkelsen | 3 Temporadas | **Cadena:** DR1
2007-2012 | 40 episodios

EL ASESINATO QUE VINO DEL FRÍO

Con la oleada de novela negra nórdica que Stieg Larsson propició con su famosa Lisbeth Salander, toda una serie de mujeres policías han saltado desde las gélidas tierras del norte a Europa y Estados Unidos. Algo totalmente inesperado. Pocas series que no fuesen inglesas o americanas se estrenaban en otros países o continentes con éxito. *Forbrydelsen*, más conocida aquí como *The Killing: crónica de un asesinato* pasó de ser popular en su Noruega natal a convertirse en un éxito fuera de sus fronteras, con incluso una adaptación americana titulada simplemente *The Killing* en 2011. *Forbrydelsen* tiene a la detective Sarah Lund (Sofie Gråbøl) como protagonista. Investiga el brutal asesinato de una joven de 19 años, aunque cada temporada sigue un caso diferente. Pero lo que aportó como novedad esta

serie, aparte de un tono más oscuro en el relato, fue poner el foco de atención sobre el impacto que el asesinato tenía en la familia de la víctima, en el poder y los políticos, pero también en el aspecto más humano. Sarah Lund, así como su compañera en *El puente*, se enfrentarán a actos terribles de violencia, sobre todo contra la mujer, pero lo que las diferencia de otras es que son mujeres capaces en su trabajo, no se pone en duda su puesto como policía por el hecho de ser mujer, aunque se las presenta como asociales prácticamente y con unos problemas personales que muchas veces las desbordan.

Este tipo de serie escandinava se baña de una oscuridad pocas veces vista en televisión y más en el género policíaco. Los personajes son oscuros, no solo los sospechosos, sino la propia policía e incluso muchas veces, las víctimas. Es indudable el impacto que han tenido en series posteriores que no son nórdicas como, por ejemplo, *True Detective*. Lo más inaudito de todo es que la mayoría de estas series están protagonizadas por mujeres. Está claro que en los países del norte de Europa, la igualdad se vive de otra manera. Más avanzada al resto del mundo, desde luego. Las mujeres han cambiado el género, no solo apareciendo como protagonistas, sino también poniendo el acento en aspectos que la masculinidad policíaca había ignorado, por ejemplo, el papel de los familiares y el drama que viven ante el crimen.

El personaje de Sarah Lund además no busca agradar. No es complaciente, ni atractiva al espectador. Durante años, se ha transmitido una imagen de la mujer con un fin: resultar agradable al público, sobre todo, al masculino. Por eso las mujeres son siempre guapas y con una bella sonrisa. En Sarah Lund no vas a encontrar nada de eso. Es una mujer fuerte, decidida, inteligente y que además no tiene miedo a arriesgarse, aunque pueda pagar un alto precio por ello. Pero no sonríe, no es simpática, ni dulce. Tiene una mirada oscura. Aun así, el personaje engancha desde el primer momento, precisamente por ser como es. Y engancha porque la serie está muy cuidada, bien narrada y con unas tramas excelentes. El suspense y el drama están a la orden del día y en perfecto equilibrio. Un terrible asesinato y cómo golpea a todos aquellos implicados, el duelo desgarrador que se desata son protagonistas, pero también la ciudad silenciosa que lo presencia todo. Oscura, lluviosa, con la niebla como aliada, una ciudad que vemos pasar y que nos envuelve. Y en medio de todo eso, una Lund malhumorada, centro de todo, fuerza de la naturaleza. Vistiendo su famoso jersey, ese que todo el mundo quiso comprarse tras ver la serie. Lund parca en palabras, equivocándose, pero nunca pidiendo perdón, Lund en furia desbocada tras el crimen. Una mujer que deja de lado a su novio y a su hijo para perseguir una obsesión. Sin agradar, sin sonreír, sin comportarse como se supone que lo hace una mujer: de forma comprensiva y que escucha a los hombres que le rodean y que le dicen cómo funciona el mundo. Os habéis equivocado de mujer.

Está claro que si Sarah Lund hubiese sido un hombre mucho de todo esto no habría sido ni siquiera reseñable. Que un hombre abandone a su hijo, dejando de lado a la familia, perdiéndose fiestas y cumpleaños, respondiendo a la llamada del trabajo sin tener que dar explicaciones es algo totalmente normalizado. Pero no es que las mujeres como Lund se comporten como los hombres, es que nunca les han dejado comportarse con la libertad que ellos tienen. Los hombres se inventaron las normas y cuando las rompen son rebeldes, no son malas madres, ni malas mujeres. Ahí está la diferencia. Sí que es cierto que tanto Lund como su compañera en *El puente* llegan casi al punto del Asperger. Son personajes tan asociales que cuando notas que llega ese momento de transgresión, de no hay vuelta atrás, de 'se va a liar', nos encanta pero al mismo tiempo escuchamos gritar a nuestro inconsciente, "noooo, ¡no lo hagas!". Nos han enseñado a sonreír, a agradar, a no arriesgarnos. Pues bien, no nos da la gana seguir haciéndolo. Gracias Sarah Lund por enseñarnos el camino.

La adaptación norteamericana de la serie en vez de situarse en Copenhague, se desarrolla en Seattle, otra ciudad lluviosa y gris, oscura y escenario ideal para crímenes como estos. Mireille Enos es la protagonista, interpreta a Sarah Linden. Una mujer decidida, que se marcha de la ciudad para estar con su pareja, emprender una nueva vida, estar más por su hijo, pero que lo abandona todo para resolver un terrible asesinato. La principal diferencia con la serie original, aparte de algunas tramas diferentes, es el papel del compañero de Sarah, que aquí cobra más peso. Aunque en un principio, está solo como sustituto de Sarah y se encarga del caso como último paso antes del cambio de cartera. Al final Holder (Joel Kinnaman) se convertirá en su mejor aliado, aunque no lo parezca, aunque esconda una oscuridad dentro que Sarah también posee, en el fondo se parecen más de lo que creen. De 2011 a 2014 y durante 44 episodios, tras dos cancelaciones por parte de AMC y su paso a Netflix, la serie nos mostró a otra mujer dura y oscura, dueña de su destino. Muchos criticaron las diferencias con la original, ya se sabe las comparaciones son odiosas, pero esa es otra historia.

¿SABÍAS QUÉ?

Sofie Gråbøl fue determinante a la hora de definir el personaje de Sarah Lund. La actriz participó en la creación de la serie y del personaje. Habló con el creador y escritor de la historia y productor de la serie Søren Sveistrup, que le permitió aportar su opinión sobre el carácter de la policía. Ella escogió su propio vestuario (incluido el famoso jersey típico de las islas Feroe que popularizó) y definió los rasgos de personalidad de Lund, entre ellos su forma de aislarse de su entorno y de las emociones.

EL PUENTE

Intérpretes: Sofia Helin, Kim Bodnia, Dag Malmberg, Rafael Pettersson, Sarah Boberg | 4 Temporadas
Cadena: SVT1 (Suecia) / DR1 (Dinamarca) | 2011-2018 | 38 episodios

LA MIRADA DE SAGA NORÉN

En *El puente* se unen dos cuerpos de policía, el sueco y el danés. Un cadáver ha aparecido en el punto del puente de Øresund que delimita la frontera de ambos países. En el lado sueco está Saga Norén (Sofia Helin) y en el danés, Martin Rohde (Kim Bodnia). En las dos últimas temporadas, Henrik Sabroe (Thure Lindhardt) sustituye a Rohde. El *noir* escandinavo no sería el mismo sin personajes como Saga Norén y Sarah Lund, ambas cambiaron por completo el concepto de las series policíacas y han influido en todo lo que ha venido después.

Saga Norén es una policía inusual, podría tener síndrome de Asperger. Aunque no se afirma en la serie, se puede apreciar en el trato que tiene con su entorno, a veces rozando el autismo. Eso la hace diferente pero también especial. Pocas veces se ve un personaje así y mucho menos que no sea objeto de burlas. Aquí no hay espacio para la broma, sí para el buen trabajo policial. Las pocas capacidades sociales de Saga la hacen apta para ese trabajo, para ella no existe otra cosa. A Saga parece que no le afectan las emociones que los crímenes provocan, algo que muchos policías desearían, haría su trabajo

más fácil. Parece fría, sin corazón. Eso puede causar rechazo ante el personaje. Dura poco. Precisamente, ella y su intérprete, Sofia Henlin, son el gran acierto de la serie, a parte de sus excelentes guiones. Saga Norén es uno de los personajes más fascinantes de la televisión. Puede parecer que no sufre, pero en realidad sí lo hace y serán su compañero, Martin y su jefe Hans, los que le ayudarán. Martin es el perfecto contrapunto a Saga, cálido y agradable, es un personaje que se deja querer. Ayuda a Saga a lidiar con normas sociales que para ella son confusas. Casi como un hermano mayor. Él le muestra las reglas no escritas de la interacción cotidiana, pero también rompe sus esquemas al no seguir las normas. Esos preceptos que Saga sigue como si estuvieran grabados a fuego.

Gracias a su carácter y su personalidad, Saga puede hacer lo que otras no han podido. Ser ella misma, sin importarle un pimiento lo que piensen los demás. Entrar en un bar y pedirle a un hombre directamente si quiere acostarse con ella sería impensable en otro contexto. Es algo que en un personaje masculino incluso parece normal. Cuando lo hace una mujer, incomoda. En la televisión, no se ve alguien así interactuando y de una manera creíble y seria. Saga Norén lo hace. Se nota que se ha documentado para preparar el personaje. Más representaciones positivas del autismo ayudan a normalizar y dar visibilidad a un colectivo al que nunca se le ha prestado atención en la televisión. Pero es que además la serie acierta en unas tramas adictivas y unos guiones bien construidos que mantienen la atención del espectador hasta el último segundo.

¿SABÍAS QUÉ?

Inglaterra y Francia tiene su versión de *El puente* titulada *El túnel* (2013), mientras Estados Unidos y México tienen *The Bridge* (2013), protagonizada por Diane Kruger. Sofia Helin pensaba que el personaje no era interesante y que solo querían repetir el éxito de Lisbeth Salander. Hans Rosenfeldt, el creador le convenció de que sería algo totalmente diferente. La serie se vendió a 170 países tras el éxito de la primera temporada. Los productores querían matar a Saga en el capítulo 9 pero tuvo tanto éxito que cambiaron de opinión.

LA CAZA

Intérpretes: Gillian Anderson, Jamie Dornan, John Lynch, Archie Panjabi, Emmett Scanlan, Karen Hassan | 3 Temporadas | **Cadena:** BBC Two | 2013-2016 | 17 episodios

CERCO AL ASESINO EN SERIE

La detective Stella Gibson llega a Belfast, Irlanda del Norte, para investigar la muerte de una mujer. Pronto descubrirá que hay más víctimas y que el responsable es un asesino en serie sádico y despiadado al que tendrá que dar caza antes de que mate a la siguiente víctima. Esta es la premisa de *La caza*, la serie de la BBC protagonizada por una excelente Gillian Anderson y con Jamie Dornan como su perfecto némesis criminal, Paul Spector. La periodista Amy Sullivan afirmó en *The Atlantic* que *The Fall*, su título original, era el show más feminista de la televisión y, seguramente, tenía razón. Pero también es un ejemplo de thriller fascinante y adictivo en gran parte por su protagonista. Eficiente, metódica y efectiva, por eso le han encargado este caso. Por eso la han trasladado desde Londres hasta la convulsa Belfast. Pero Gibson también es fría, directa, con una actitud que algunos tildaron de demasiado masculina. Actúa como un hombre, decían. Perdón, pero actúa como una mujer que hace lo que quiere,

como los hombres han hecho durante milenios. El problema es que cuando lo hace una mujer está mal visto, si lo hace un hombre es un machote.

Los críticos alababan las blusas del personaje, porque se puede ser sexy y eficiente como policía al mismo tiempo. ¿Si hubiera sido un hombre nos explicarían en sus críticas cómo iba vestido? La respuesta es no. Otros afirman que la serie es de lo más postfeminista que te puedas echar a la cara. Que parece que las mujeres lo han conseguido todo, como el respeto de sus compañeros y una posición laboral envidiable. Que nadie pone en duda que esté al mando y todos obedecen sus órdenes. No es cierto. El personaje de Stella Gibson es juzgada en numerosas ocasiones por sus superiores y sus compañeros por el hecho de ser mujer y hacer lo que seguramente ellos habían hecho cientos de veces. Su jefe, Jim Burns (John Lynch) critica que Stella haya tenido una relación de una noche con un compañero, que además estaba casado, pero cuando él era el que se acostaba con ella no pasaba nada, estando igualmente casado. Stella le dice: "No me dijo que estaba casado" y él le responde: "No le preguntaste". ¿Pero por qué demonios tendría que preguntarle? El hombre puede hacer lo que quiera con su sexualidad, la mujer no. Ya lo dice Stella claramente: "Eso es lo que te molesta. Un hombre se folla a una mujer. Hombre sujeto, mujer objeto. Una mujer se folla a un hombre. Una mujer sujeto, follar verbo, hombre objeto". El orden de los factores aquí sí que altera el producto para la sociedad machista.

El caso que investiga Stella también es importante. Un hombre, un sádico, obseso sexual que mata a mujeres, estrangulándolas, lavándolas, colocándolas en poses atractivas, pintándoles las uñas y haciéndoles fotos. La mujer como objeto total. Inanimada, sin palabra, en silencio. A merced del hombre. Un hombre con una doble vida, padre amante de dos niños, casado con una mujer estupenda enfermera de neonatales. Un hombre que trabaja como terapeuta ayudando a otras personas a superar su dolor cuando con su otra cara disfruta viéndolas sufrir. Excelente y perturbardora interpretación de Jamie Dornan, por cierto. Las víctimas son todas mujeres, porque las víctimas siempre son las mujeres y esto refleja una realidad punzante. Es cierto, la mayoría de mujeres que mueren violentamente lo hacen a manos de hombres. Muchos se pueden quejar que una serie puede perpetuar el tópico de la mujer víctima, pero mientras existan esas víctimas, series como *La caza* tienen razón de ser, para mostrar esa terrible realidad. Una realidad que la sociedad perpetúa.

Las mujeres no solo son víctimas sino que son objetivos siempre y tienen que protegerse a sí mismas o buscar la protección de los hombres. Evidentemente. Ese es el mantra. Mientras preparan la rueda de prensa sobre una de las víctimas Stella dice: "Los medios adoran dividir a las mujeres entre vírgenes y vampiresas. Ángeles o putas. No les facilitemos el trabajo. ¿Qué pasa si la próxima víctima es una prostituta o una mujer que vuelve a casa borracha vestida con una minifalda? ¿Serán de alguna manera menos inocentes? ¿Menos capaces? ¿Se lo merecerán más?". Unas cuestiones muy pertinentes y que dicen mucho de la imagen que de las mujeres tiene la sociedad. Cuántas veces hemos oído aquello de "se lo iba buscando", "visten como putas", "iba provocando" o "¿qué hacía a esas horas sola por la calle?". Porque siempre es más fácil echar la culpa a la víctima, la culpa y la responsabilidad de no haber sido lo suficientemente prudente, precavida, recatada. En vez de enseñar a esos hombres a comportarse como seres humanos y no como animales. Muy lógico, ¿verdad?

Gracias a la interpretación de Gillian Anderson, pilar fundamental de la serie, sentimos la fuerza del personaje. Incomoda, no es complaciente, no sonríe. Recordemos, las mujeres son dulces y siempre sonríen. No. No sonríen. Estás persiguiendo a un asesino en serie despiadado y retorcido que disfruta torturando mujeres estrangulándolas durante largos y agonizantes minutos. No sonríes. Al contrario. Cuando una mujer es fuerte, cuando es decidida, cuando caza al asesino como lo haría cualquier hombre, actúa como un hombre. Mentira. Actúa como una policía en pos de un asesino. Actúa como una persona. El hecho de que ellos hayan siempre sido los salvadores, los policías que resuelven los casos, no significa que su método es el masculino, significa que son a los únicos a los que se les ha permitido actuar así. Ya va siendo hora de que las cosas cambien y en eso Stella Gibson tiene mucho que decir.

Allan Cubitt creador de *La caza* se inspiró en varias marcas de guitarras para nombrar a su protagonista: Stella y Gibson. Pero también a gran parte del resto de personajes Benedetto, Burns, Eastwood, Martin, Music Man, Reed Smith o Spector.

TOP OF THE LAKE

Intérpretes: Elisabeth Moss, David Wenham, Peter Mullan, Tom Wright, Holly Hunter, Nicole Kidman, Gwendoline Christie | 2 temporadas | **Cadena:** BBC UKTV (Australia y Nueva Zelanda)/ BBC Two (Reino Unido) | 2013-actualidad | 13 episodios

LO QUE SE ESCONDE TRAS LA MIRADA DE ELISABETH MOSS

Robin Griffin (Elisabeth Moss) es una policía que vuelve a su Nueva Zelanda natal para estar con su madre enferma. Allí se ve envuelta en la investigación de la desaparición de una niña de 12 años llamada Tui, embarazada tras una violación. Es un descarnado retrato de la violencia que sufre la adolescente por parte de los hombres. La mujer como objeto sexual. Robin se siente identificada con la víctima. Ella también se quedó embarazada tras una violación. En la segunda temporada, se profundiza en su dolor y sus traumas. Muestra ese aspecto de la maternidad que no vivió y cómo se relaciona con la

hija que dio en adopción. No hay ningún personaje atractivo, y menos masculino, no es serie para agradar. Era duro ver el sufrimiento de esa niña embarazada. Las mujeres sin embargo se erigen en absolutas protagonistas, todas supervivientes de la violencia que los hombres han ejercido contra ellas.

Allí se establece un cónclave de mujeres con la misteriosa J.J. (Holly Hunter). Heridas por los hombres, se van a un lugar perdido llamado Paraíso para encontrarse a sí mismas. Sin hombres, sin agresores. La mayoría de los que se acercan a ellas son hostiles, no las quieren allí e intentan aprovecharse. Un grupo de mujeres autosuficientes es visto como algo malo. Tienen que depender siempre del hombre. Allí acogerán a Robin y la pequeña Tui (Jacqueline Joe) cuando más lo necesiten.

En *China Girl*, Robin vuelve a su vida en Sídney. Han pasado cuatro años desde los hechos de la primera temporada. Su primer caso: una joven asiática encontrada muerta dentro de un contenedor en la playa que resulta ser prostituta. La directora Jane Campion hizo una extensa investigación en los burdeles de la ciudad para documentarse y se nota. Denuncia la situación de mujeres que se ven obligadas a vender su cuerpo para sobrevivir y da voz a personas que normalmente no la tienen. Robin tendrá una compañera, Miranda (Gwendoline Christie). Mary (Alice Englert) es la hija de Robin y Nicole Kidman su madre adoptiva, Julia.

Se ha criticado la visión sesgada que da Campion de los hombres: unidimensionales y siempre mostrando violencia contra la mujer. El único personaje masculino agradable es Pyke, el padre adoptivo de Mary. Los personajes femeninos son los más interesantes. Normalmente es al revés, sobre todo en un

género como el policíaco en el que las mujeres suelen ser un accesorio en forma de víctima. Ya era hora de que la balanza se inclinara al otro lado y ocuparan el centro de la acción. Lo importante, no es resolver el caso, sino el tema que trata y eso Campion lo borda. Prefiere hablar de machismo, de cómo se trata a la mujer y sobre todo, de relaciones entre personas que están más heridas de lo que piensan.

Todos tienen algo oscuro en su interior, sobre todo Mary, incluso la jovial Miranda. En la superficie del lago todo parece tranquilo pero debajo se esconde el horror. Los problemas de las mujeres son siempre secundarios en la ficción, más en la policíaca, pero aquí son lo principal. Además, una mujer como Elisabeth Moss rompió estereotipos, pequeña y vista como indefensa, puede ser todo lo que se proponga. Mucho antes del éxito de *El cuento de la criada*.

HAPPY VALLEY

Intérpretes: Sarah Lancashire, Siobhan Finneran, Shane Zaza, James Norton, Charlie Murphy | 2 Temporadas
Cadena: BBC One | 2014-actualidad | 12 episodios

LA DEFENSORA DE LA JUSTICIA

La sargento Catherine Cawood (Sarah Lancashire) ha tenido una vida difícil. En el primer episodio descubrimos que su hija se suicidó tras dar a luz al hijo del hombre que la violó. Cawood es una mujer fuerte, a pesar del dolor. Como ella misma dice delante de un borracho que intenta quemarse vivo: "Me llamo Catherine, tengo 47 años, estoy divorciada y vivo con mi hermana ex-heroinómana. Tengo dos hijos adultos, uno muerto y el otro no me dirige la palabra; y un nieto". A partir de aquí, la trama gira entorno al secuestro de una mujer e intentar meter en la cárcel al hombre causante de sus desgracias.

Pero Cawood más que venganza persigue justicia. Sus traumas la han convertido en una guerrera, se ha hecho fuerte y ha conseguido mantener a su familia a salvo, aunque su mundo se tambalee. Ha perdido tanto que ha aprendido a arriesgarse en pos de la justicia para salvar al inocente, con el bien común siempre por delante. Pero no es solo una sargento de policía eficiente y resolutiva, es abuela. Una mujer madura que se enfrenta a problemas que nunca imaginó que tendría. Hay mujeres así, es hora de hacerlas visibles. Cuida de su nieto, causa de la muerte de su

hija y también su divorcio. Su marido nunca entendió por qué se quedó con un niño que empieza a tener comportamientos violentos. ¿Cuánto de su padre hay en él?, se pregunta.

Se nota que *Happy Valley* está escrita por una mujer, Sally Wainwright. Hay violencia contra las mujeres, cierto, pero la muestra de una manera menos directa. Sus predecesoras parecían recrearse en los cuerpos mutilados y desnudos de sus víctimas. Hay violaciones que no se muestran para satisfacer un deseo enfermizo y *voyeur*. Aquí, el espectador se identifica con la víctima, no con el atractivo violador. La violencia contra las mujeres existe. La vivimos cada día. No se puede ignorar. La diferencia en esta serie es el tratamiento que se le da, la forma en la que los personajes reaccionan ante ella. No son buenos o malos, todos pueden tener secretos, circunstancias que los hacen reaccionar de una manera inesperada. Hasta el más inocente puede ser un criminal. Catherine es una mujer normal, que ha vivido una vida difícil pero que lucha cada día por hacer lo correcto. Una protagonista imperfecta y de carne y hueso. No es la típica policía guapa. Mujeres que no sudan, que son perfectas y parecen maniquís. No, Catherine es real y se le corre el rímel cuando llora.

De guion sencillo pero tremendamente efectivo. *Happy Valley* narra la historia de una mujer hecha a sí misma, que no duda en sacrificarse por los demás, luchadora incansable y que hace que otras mujeres sean conscientes de lo que significa la justicia. Consigue que una mujer víctima quiera ser policía para evitar que otras sufran como ella. Como ha dicho en alguna ocasión Wainwright cuando se la ha acusado de mostrar violencia contra las mujeres: la violencia existe. Si la vemos en series como *Juego de tronos* y nadie la critica, ¿por qué se critica cuando muestra una realidad que sufren las mujeres a diario?

¿SABÍAS QUÉ?

Wainwright se inspiró para escribir *Happy Valley* en un documental sobre la cultura de las drogas y cómo afectaba a la zona de Hebden Bridge que la policía llamaba Happy Valley. Sally Wainwright se crió allí y no tenía ni idea hasta que vio el documental.

EN ESPAÑOL

MANOS ARRIBA, ESTO ES UN ATRACO

No hay que escarbar mucho para encontrar protagonistas femeninas y no porque haya muchas, sino porque no hay dónde escarbar. Solo hay una serie: *Los misterios de Laura* de 2009. En la policíaca, las mujeres han sido las hijas del comisario, las mujeres de, las amantes, las putas a las que detenían o las víctimas, pero pocas veces las protagonistas. Las mujeres eran personajes secundarios o como mucho, carne de comisaría sepultada en papeleo. En *El comisario* (1999), Laura Hurtado (Elena Irureta) era una agente siempre divertida y predispuesta pero no salía de la comisaría. Igual que Lupe (Margarita Lascoiti), la secretaria del jefe. Fueron las que más capítulos estuvieron en la serie. Los hombres siempre aparecieron más y por supuesto, llevaban el peso de la acción.

En series como *Policías, en el corazón de la calle* (2000) había más mujeres, pero los hombres seguían siendo protagonistas. Seguro que recuerdas a Josep Maria Pou como Ferrer o Klimov 'el Ruso', pero, ¿a cuántos personajes femeninos? Fue una serie pionera, que trasladaba la acción a la calle y había mujeres que no se limitaban a hacer papeleo. Vera Muñoz (Toni Acosta), policía novata e insegura fue ganando peso gracias a la experiencia adquirida patrullando. La subinspectora Marina Blasco (Laura Pamplona) no dudaba en infiltrarse para resolver los casos. Pero cuando Ana Fernández decidió dejar la serie, el personaje

de Lucía Ramos se trasladaba a Almería, los guionistas prefirieron matarla. Lola Ruiz (Natalia Millán), jefa del MIP (Módulo Integral de Proximidad) en la segunda temporada, duró poco, moría en una explosión.

Casi diez años después llegó *Los misterios de Laura*. Una serie divertida y entretenida que muestra a una policía despistada y desastrosa, que sufre los problemas cotidianos de una madre recién divorciada. A pesar de que TVE jugó con sus horarios y retrasó su última temporada injustamente, la serie tuvo su público. Laura Lebrel es inspectora al estilo Colombo, gabardina incluida. Gracias a su intuición nos guía en cada episodio haciéndonos partícipes de la investigación. Un buen entretenimiento que simplemente buscaba eso: entretener.

Interpretada a la perfección por María Pujalte, la serie se sustentaba en ella. Importante la pareja que forman Pujalte y Beatriz Carvajal (Maribel), hija y madre en la serie. Cercanas, naturales y divertidas. Maribel se parece a Miss Marple, tiene un don para calar a la gente. Puede parecer una serie poco importante, pero no lo es. Refleja los problemas a los que una mujer separada tiene que enfrentarse. Y puede que no sea el colmo del realismo pero es nuestra primera policía protagonista. Y de momento la única.

En 2011 se estrenó *Homicidios* donde Eva Hernández (Celia Freijeiro) dirigía una Brigada de la Policía Nacional a la que ayudaba el psicólogo Tomás Sóller (Eduardo Noriega). Duró una temporada. Y en *Bajo Sospecha* de 2015 dos policías nacionales -Víctor Reyes (Yon González) y la inspectora Laura Cortés (Blanca Romero)- infiltrados como matrimonio investigan la desaparición de una niña. Ella se marchó en la segunda temporada, no se la echó de menos. Ambas ficciones tuvieron poco éxito y no es de extrañar. Nos falta una mujer policía con personalidad, una inspectora que resuelva crímenes como lo han hecho durante décadas sus compañeros. En eso vamos con retraso. Ya va siendo hora de ponerse las pilas.

Por otro lado, pocos ejemplos de mujeres policías encontramos en Latinoamérica. Un ejemplo es la colombiana *Corazones blindados* protagonizada por Majida Issa y Andrés Sandoval, que interpretan a dos oficiales de la Policía Metropolitana de Bogotá. Pero en cambio, sí que hay muchas protagonistas en el mundo del narcotráfico como las colombianas *La diosa coronada*, *Las muñecas de la mafia* o *La viuda de la mafia* o la mexicana *La reina del sur*. También tenemos la versión doble mexicana y argentina de *Mujeres asesinas*, su nombre lo dice todo, basada en historias reales.

LEY Y ORDEN
Las mujeres imparten justicia

ENTRANDO EN MATERIA

Las primeras mujeres abogados nacieron en las comedias televisivas. Y se acercaban a la realidad tanto como *La dimensión desconocida*. En un principio había más secretarias de abogados y jueces que abogadas o juezas. Y si hay una secretaria legal que ha quedado grabada en la historia de la televisión, esa es Della Street (Barbara Hale) en *Perry Mason*. Una mujer independiente, soltera y sin hijos. Mucho antes del movimiento de liberación de la mujer, Street se convirtió en la mano derecha indispensable de Mason y no la veíamos como una secretaria, sino como una compañera de trabajo. Pero en los años cincuenta aún no se las permitía ser abogados, al menos en el drama.

Willy fue la primera mujer abogado con serie propia. Tuvo una corta vida, de 1954 a 1955. Wilma "Willy" Dodger es una abogada del New Hampshire rural recién graduada que abre una oficina en su pueblo. Allí vive con su familia, su padre, su hermana y el hijo de esta. Willy escogió su carrera por encima del matrimonio, había recibido numerosas ofertas, pero las rechazó. A mitad de temporada se marcha a Nueva York, ya que no tiene clientes en su pueblo natal, para representar a una *troupe* de vodevil. Un dato de por qué la serie no tuvo mayor repercusión: El primer caso de Willy fue defender a un perro que se coló en un terreno y asustó a una vaca que dejó de dar leche. Tremendo, ¿verdad? Todo esto en tono de comedia. Evidentemente, sus casos nunca eran medianamente interesantes. El futuro no era nada alentador.

Una década después, Jean Arthur fue la última estrella del Hollywood dorado que dio el salto a la pequeña pantalla para interpretar a una abogada, Patricia Marshall. Junto a su hijo Paul (Ron Harper) tenían un bufete de abogados en Los Ángeles. Richie Wells (Richard Conte) era un antiguo gánster que bebía los vientos por Patricia, diez años mayor que él. Sofisticada y elegante, Patricia se parecía a Willy como un huevo a una castaña. A diferencia de ella que trabajaba pro bono muchas veces, Patricia trabajaba para ganar dinero y solía representar a clientes de dudable reputación. Incluso tenía que sacar de algún que otro lío a Richie. Aunque sentía debilidad por las causas perdidas y no dudaba en defenderlas. Destaca que con 49 años, Jean Arthur consiguiese un papel protagonista en *prime time*. Para ser 1966, ciertamente, todo un logro. Era elegante y con clase sí, pero si tenía que amedrentar a policías o jueces lo hacía. En una escena en la morgue, el mafiosillo se mareaba, no ella. Sin embargo, era un personaje con un carácter exagerado y rasgos exacerbados, la comedia es así. Lejos de la realidad. Un ejemplo: en uno de sus casos defendía a una amiga contra un vecino que la quería demandar porque el gallo mascota de su hijo no le dejaba dormir. Para más inri, el vecino resultava ser el dueño de una empresa química futuro cliente importante de su propio bufete. Enredos mil, en clave de comedia. No da mucha imagen de profesionalidad. Y más cuando el hijo era el serio y la madre la alocada. No duró mucho.

Con los setenta, llegó la liberación de la mujer y la televisión intentó reflejarlo. Por eso florecieron varias series que tuvieron protagonistas femeninas, siempre desde la comedia. En 1973 se estrenó

Adam's Rib, basada en la película de 1949 interpretada por Katherine Hepburn y Spencer Tracy. No consiguió las altas cotas de excelencia de la obra de George Cukor pero lo intentó, actualizando la premisa de la película con buenas interpretaciones de Ken Howard y Blythe Danner. Adam y Amanda Bonner eran un matrimonio de abogados, él trabajaba para la fiscalía y ella en un bufete. Muchas veces se enfrentaban en los juzgados, sobre todo en temas de género. En uno de los episodios Amanda denunciaba al dueño de un restaurante que no permitía la entrada a mujeres que llevasen pantalones o en otra ocasión defendía a una chica que quería jugar a baloncesto en un equipo de chicos. El conflicto se llevaba de la Corte a su hogar, ya que la lucha constante por los derechos de la mujer de Amanda chocaba con un marido chapado a la antigua. Aunque al final siempre acababa apoyando a su mujer.

Un par de años después llegó *Kate McShane*. Protagonizada por Anne Meara, a sus 48 años y más conocida por sus papeles en comedia. Meara interpretaba a una abogada impetuosa y luchadora que muchas veces defendía causas perdidas y que a menudo buscaba consejo en su padre, ex policía y su hermano profesor de leyes y cura jesuita. O sea, hombres que refrenden sus opiniones. Solo duró una temporada.

Los ochenta fueron mejor época para las mujeres en la televisión, sobre todo por series corales como *Canción triste de Hill Street* o *La Ley de los Ángeles*, ambas producidas por Steven Bochco, pero no como protagonistas. Se alejaban de la comedia para entrar en el mundo del drama y adquirir cierta seriedad en su trato. Eso sí, no conseguían tener serie propia, pero por primera vez mostraban a mujeres en papeles serios como profesionales de las leyes. La segunda sobre todo, marcó un antes y un después en este tipo de series y no solo por su representación de la mujer.

En 1995 se estrenó *Dulce justicia*, con dos protagonistas femeninas. Kate Delacroy (Melissa Gilbert) era una abogada de éxito en Nueva York que regresaba a su Nueva Orleans natal para la boda de su hermana. Allí, Carrie Grace Battle (Cicely Tyson), amiga de su fallecida madre, feminista y abogada por los derechos civiles le pedía que la ayudase en un caso de violencia doméstica. Una compañera del colegio cuyo marido rico le quitó la custodia de su hijo cuando esta la denunció por maltrato. El padre de Kate, James Lee Delacroy (Ronny Cox), patriarca de la familia, uno del sur, tradicional y conservador, no verá con buenos ojos que su hija se envuelva en el caso y menos contra su buen amigo, el ex marido maltratador. La serie era más entretenimiento que un drama legal al uso. Tyson se dio cuenta al aceptar el papel que no tenía modelos en los que fijarse hasta que conoció a la activista Dovey Roundtree.

Pero los noventa fueron los años de la revolucionaria *Ally McBeal* o de la primera juez protagonista, *Juez Amy*. A pesar de ser protagonista absoluta de la serie, Ally McBeal era una neurótica a la que su vida amorosa la tenía desquiciada. No era algo demasiado prometedor para una profesional de la ley, ¿no os parece? Por suerte llegaron mujeres como Alicia Florrick en *The Good Wife*. Algo esta cambiando en la justicia televisiva.

LA LEY DE LOS ÁNGELES

Intérpretes: Jill Eikenberry, Corbin Bernsen, Michele Green, Amanda Donohoe, Alan Rachins, Susan Dey | **8 Temporadas** | **Cadenas:** NBC | 1986-1994 | 172 episodios

SOMOS ABOGADAS DURAS

La ley de los Ángeles se estrenó en la NBC en 1986 y duró ocho temporadas. Creada por Steven Bochco y Terry Louise Fisher, este último antiguo fiscal, abogado y productor también de *Cagney y Lacey*. La trama se centraba en la firma de abogados McKenzie, Brackman, Chaney & Kuzak. Con un reparto coral, formado por abogados, jueces, fiscales y empleados de la firma, la serie supuso una innovación televisiva en su forma de tratar las historias. Siempre solía incluir tramas diferentes que se cruzaban las

unas con las otras, ayudando a la interacción de sus personajes. Pero también fue la primera serie que mostró a un grupo de mujeres abogadas y fiscales de una forma profesional y seria en papeles principales en *prime time*. Estos personajes daban por primera vez una visión positiva de la mujer en el mundo de la ley. Lejos de la comedia en la que se iniciaron. La serie se convirtió en todo un éxito y tuvo un gran impacto cultural. Aunque realmente, al estilo de una telenovela, la serie hablaba más de las relaciones interpersonales de sus protagonistas que de leyes, para qué engañarnos. Pero está claro que tras su estreno, hubo un antes y un después en lo que a series de abogados se refiere.

La firma estaba formada en su mayoría por hombres, pero también había personajes femeninos de importancia. Leland McKenzie era el socio más antiguo de la firma; Douglas Brackman Jr., el socio gerente; Michael Kuzak, uno de los abogados estrella; Arnie Becker, especializado en derecho familiar era el casanova; Ann Kelsey, el único personaje femenino que era socio de la firma; Stuart Markowitz, abogado especializado en derecho fiscal y marido de Ann; Victor Sifuentes, una nueva incorporación que trabajó para la fiscalía y Abby Perkins, una asociada junior. El otro personaje femenino importante es Grace van Owen, la ayudante del fiscal que además era pareja de Kuzak.

Ann Kelsey (Jill Eikenberry) era la única mujer socio de la firma. Se había centrado en su carrera y dejado de lado la maternidad, pero estaba casada. Era litigante, pero no una estrella de la firma como otros compañeros hombres. Era una abogado competente y profesional. Aún así, tenía que hacerse fuerte para que la dejasen llevar las negociaciones con un nuevo cliente importante. El resto de socios creía que si no iba con un hombre no conseguiría al cliente, a pesar de que lo hacía y teniendo que enfrentarse a los avances poco profesionales del mismo. En cambio, Abby Perkins (Michele Green) era una joven abogada divorciada y con un hijo pequeño, una mujer que intentaba mostrarse fuerte e independiente. Ann será una especie de mentora para ella, muchas veces teniendo que cubrirla cuando sus problemas personales afectaban al trabajo. Se la mostraba como un poco incompetente hasta que decidía marcharse de la firma para abrir su propio bufete. Abby también protagonizó el primer beso lésbico en *prime time*. En el episodio 12 de la temporada 5 titulado "He's a Crowd". El personaje de CJ Lamb (Amanda Donohoe) besaba a Abby, sin que esta se lo esperase. Fue el primer beso y abrió la puerta a este fenómeno que se usó simplemente para subir la audiencia y crear polémica. Muchas otras series han utilizado este truco para conseguir lo mismo. La mayoría de las veces no pretendían dar vi-

sibilidad a la temática homosexual, buena prueba de ello era que el personaje que se identificaba como lesbiana o bisexual no tenía continuidad en la serie. Todo por la pasta.

Grace van Owen (Susan Dey) era una fiscal exitosa, dura e independiente, no le interesaba tener hijos o una vida familiar. Representaba un nuevo tipo de abogada, independiente, líder en su trabajo, asertiva, fuerte y segura. Tanto que otra fiscal le decía que su conducta estirada perjudicaba al resto de mujeres de la oficina porque reforzaba la idea de que "las chicas no pueden ser uno de los muchachos". Pero es que Grace no quería ser uno de los chicos, sino ella misma. No necesita la aprobación de sus compañeros. En lo profesional, fuera de su vida como fiscal, Grace era todo lo contrario, indecisa e insegura.

No es que las mujeres de esta serie no tuvieran que enfrentarse al machismo, lo hacían pero la serie no ponía énfasis en las dificultades que podían sufrir en un mundo tan masculinizado como el legal. Sí lo hacía a través de los casos que llevaban, trataban temas como la violación, la discriminación o la violencia de género. De manera sutil, también lo mostraba en sus protagonistas, el personaje de Arnie Becker era un buen ejemplo de cómo la sociedad recibía a las feministas en esa época, con los dientes afilados y la bragueta abierta. Y eso que era un abogado especializado en divorcios. Aunque muchas veces sus rivales eran mujeres, más que hombres. Había que explotar su *sex appel*. Resulta hasta gracioso leer críticas a la serie en las que se destacaba lo bien vestidas que iban las mujeres, pero teniendo en cuenta que eran los ochenta y el culto a la imagen estaba a la orden del día, no es de extrañar. También resultaba curiosa la cantidad de juezas que aparecían en la serie, en proporción en un número mayor que de hombres, algo que realmente no se correspondía con la realidad de los ochenta, ni la de hoy. No hay más que ver las fotos de las inauguraciones de los años judiciales para comprobarlo. Los tres personajes principales, sobre todo Ann y Grace representaban a mujeres que se alejan del prototipo que solíamos ver en televisión. Eran mujeres fuertes e independientes, litigantes y fiscales capaces en sus profesiones. Aunque también es cierto que eran siempre guapas, jóvenes y blancas.

¿SABÍAS QUÉ?

La serie se hizo tan popular que aumentaron las matriculaciones para estudiar Derecho. Profesores de universidad utilizaban capítulos de la serie para sus clases, para mostrar lo que se debe hacer, pero más, lo que no se debe hacer. No es que reflejara la realidad y además glamurizaba el trabajo de los abogados. Jill Eikenberry y Michael Tucker eran y siguen siendo matrimonio en la realidad, como lo fueron en la serie. Ambos participaron como abogados también en la serie *Canción triste de Hill Street*.

ALLY MCBEAL

Intérpretes: Calista Flockhart, Greg Germann, Jane Krakowski, Portia De Rossi, Peter MacNicol
5 Temporadas | **Cadena:** Fox | 1997-2002 | 112 episodios

ALL I NEED IS LOVE

Todos disfrutamos de las locuras que protagonizaba Calista Flockhart como Ally McBeal. ¿Os acordáis de lo que nos reíamos viendo la serie? Fue todo un hit de los noventa, pero no nos engañemos, la imagen que daba de las mujeres abogadas no era precisamente para tirar cohetes. El comportamiento de Ally McBeal reforzaba la imagen de la mujer como una incompetente, profesional y personalmente. Definida como una dramedia, mezcla entre comedia y drama, la serie se centraba en la vida de su protagonista, sobre todo en su vida amorosa, de una manera cómica rozando el absurdo. McBeal era una abogada joven y soltera que aunque lucía muchos estereotipos, era la protagonista absoluta. La conocíamos cuando empezaba a trabajar para la firma de abogados Cage & Fish en la que resultaba que trabajaba su ex, del que no ha superado la ruptura. Este se ha casado y su mujer acabará trabajando en el bufete, para más histerismo de McBeal. Aunque la serie se centraba sobre todo en la búsqueda del amor por parte de Ally, es cierto que era una abogada de éxito, aunque su trabajo como tal no se mostrase tanto como sus desvelos románticos.

¿Sabes esa extraña sensación de ver una serie que te está gustando mucho y te hace reír? Hasta que te paras a pensar en la imagen que da de una profesional de éxito, abogada de una importante firma de abogados, que no es capaz de manejar su vida personal ni profesional. Ahí es cuando la cosa chirría. Ally McBeal era un puto desastre como persona. Y eso que nacía de la tercera ola del feminismo, esa en la que las mujeres eran capaces de escoger, que podían ir a trabajar y no verse obligadas a quedarse en casa. Disfrutaban de una independencia que sus antecesoras no tuvieron. Cuando entraba a trabajar para Cage & Fish, Ally venía de dejar un trabajo en el que había sido acosada sexualmente. La crítica se dividió entre si McBeal era un modelo postfeminista o un icono del feminismo de los noventa. Y es compresible. Era una mujer independiente, con éxito pero desquiciada por completo por su vida amorosa. La propia Ally llega a decir en un episodio: "Si las mujeres quisieran cambiar la sociedad, podrían hacerlo. Yo planeo cambiarla. Pero me gustaría casarme primero".

Aunque curiosamente, uno de los temas de la serie era el feminismo, ya que se trataba temas como el acoso sexual. Ally McBeal no se cortaba un pelo al reclamar los derechos que le correspondían. De hecho, para tener éxito profesionalmente no tuvo que comportarse como un hombre, como sus compañeras en *La ley de los Ángeles* sí tenían que hacer. Ally McBeal no renunciaba a su femineidad ni a su sexualidad. Pero Ally estaba obsesionada con los hombres y con el amor hasta niveles histriónicos. En el primer episodio deseaba que sus pechos fuesen más grandes, para atraer a su ex novio. Lo vemos gráficamente mientras se hinchaban hasta casi explotar. ¿Qué hay de feminista en eso?

Es cierto que la serie trataba problemas de la vida real y especialmente problemas de género que muchas jóvenes abogadas se encontraban en su trabajo, como el acoso, las diferencias salariales, la maternidad, etc,... Pero el verdadero acierto de *Ally McBeal* fue el uso de los efectos visuales y como los personajes, sobre todo ella, rompían la cuarta pared dirigiéndose al espectador. Vemos la serie a través de los ojos de Ally y su galopante imaginación, los efectos visuales nos ayudan a ello. Y el sarcasmo y la sátira que usaba constantemente hacían que la comedia sobresaliese por encima de las tramas legales. Eso la hizo una serie única. Los efectos especiales eran una manifestación de las neurosis de Ally.

Es una mujer que piensa demasiado. Como el tópico: las mujeres son complicadas, los hombres simples. Ally además tenía dudas y falta de confianza, al contrario que las mujeres de *La Ley de los Ángeles*, que parecían tener muy claro lo que querían.

Si te pones a escarbar un poco, descubres que además el conflicto entre mujeres era algo central en la serie. Las mujeres se criticaban las unas a las otras sin parar y no se apoyaban. Al contrario, si se podían fastidiar lo hacían. Ally y Georgia (Courtney Thorne Smith), la mujer de su ex novio, tenían una furibunda pelea de gatas en el lavabo unisex de la firma. Con Elaine, su secretaria, llevaba una relación incluso de desprecio mutuo. La única mujer con la que Ally se relacionaba amistosamente era Renne, su compañera de piso y amiga. Todas las relaciones entre mujeres en la serie estaban marcadas por la competición por el afecto de los hombres. En la segunda temporada aparecía Nelle (Portia de Rossi) y todas las mujeres la veían como una rival, pero no porque fuese una buena abogada que les pudiese quitar casos sino porque los hombres de la firma se sentían atraídos por ella. Georgia, Ally y Elaine, finalmente, se aliaban contra ella. Todo un ejemplo de sororidad femenina. Unión por celos. Y mira que nos gustaba la serie.

¿SABÍAS QUÉ?

David E. Kelley, el creador de la serie, tenía en mente a Bridget Fonda como protagonista. En la cuarta temporada Robert Downey Jr. entró a formar parte del elenco como nuevo interés romántico de Ally McBeal. De hecho, al final de la misma, se iban a casar. La detención de Downey Jr. por posesión de drogas hizo que la Fox lo despidiese teniendo que borrarlo de la vida de Ally, que se quedó compuesta y sin boda.

JUEZ AMY

Intérpretes: Amy Brenneman, Tyne Daly, Karle Warren, Richard T. Jones, Dan Futeman, Jillian Armenante | 6 Temporadas
Cadena: CBS | 1999-2005 | 138 episodios

LA JUEZA DE FAMILIA

Juez Amy era el reflejo de la vida de la madre de su protagonista y creadora. Amy Brenneman es hija de Frederica S. Brenneman, la primera juez del Tribunal Superior del Estado en Connecticut y una de las primeras mujeres graduada en leyes en Harvard. Gran parte de las vivencias de Amy Gray, la protagonista de la serie, nacen de las de su madre como jueza. Amy era abogada en Nueva York, graduada en la prestigiosa Harvard. Tras su divorcio, decidía trasladarse con su hija de seis años Lauren (Karle Warren) a Hartford, su ciudad natal en Connecticut, para convertirse en juez de familia. Ambas vivirán con la madre de Amy, Maxine (Tyne Daley) trabajadora social y una mujer que no se muerde nunca la lengua. Amy volvía a reencontrarse con sus dos hermanos Vincent (Dan Futterman) y Peter (Marcus Giamatti), así como con su cuñada Gillian (Jessica Tuck).

Juez Amy fue una de las primeras series que trató la profesión de jueza con dignidad y como protagonista. Muchos de los casos que trataba en su juzgado estaban relacionados con temas familiares, especialmente niños con problemas. En eso su madre tenía mucho que decir, era una experimentada trabajadora social y todo el mundo en la ciudad la conocía. Aparte de explorar la relación entre madre e hija, sus encontronazos y sus fuertes caracteres, *Juez Amy* trataba sobre la vida profesional y personal de una madre trabajadora divorciada con una niña pequeña, reflejando la situación de muchas mujeres de la época. Además sus protagonistas son mujeres que se enfrentan a la vida y a los problemas de la misma con una actitud positiva. Aquí no vamos a encontrar víctimas, ni mujeres que tienen que ser salvadas por hombres, ni que se comportan como ellos para conseguir triunfar en sus profesiones. Ni tampoco mujeres que sienten que no están en su sitio. Amy era una graduada de Harvard, abogada reconocida y juez que ganó su plaza con su propio esfuerzo.

Este proyecto tan personal de Brenneman contó con Tyne Daly como su madre Maxime. ¿La recordáis de *Cagney y Lacey*? Su hermano mayor se encargaba del negocio familiar del padre fallecido, una compañía de seguros. Él y su esposa querían tener hijos mientras se enfrentaban a sus problemas de fertilidad. Su hermano pequeño Vincent era un aspirante a escritor que trabajaba aquí y allá mientras intentaba labrarse un nombre. Bruce van Exel (Richard T. Jones) era el asistente de la juez Amy y su secretaria Donna Kozlowski, (Jillian Armenante), con el tiempo acabarán haciéndose amigos. La serie acabó con Amy dejando su puesto para presentarse como candidata al senado de los Estados Unidos. Un verdadero ejemplo de mujer profesional, independiente y modelo a seguir, que acaba su periplo televisivo camino a la más alta instancia representativa del país, el Senado.

No es de extrañar que Amy Brenneman protagonizara la serie y no solo porque se basase en la vida de su madre, sino porque es una activista comprometida con la reforma de la ley que permite el uso de armas, a favor del derecho a decidir y el aborto libre. Participó en la campaña "We Had Abortions" en la que numerosas personalidades firmaron un manifiesto en la revista *Ms.* desestigmatizándolo.

THE GOOD WIFE

Intérpretes: Julianna Margulies, Chris Noth, Josh Charles, Matt Czuchry, Archie Panjabi, Christine Baranski | 7 Temporadas | **Cadena:** CBS | 2009-2016 | 156 episodios

LA BUENA ABOGADA

The Good Wife es la historia de Alicia Florrick (Julianna Margulies). Una abogada que tiene que volver a trabajar después de pasarse trece años haciendo de madre y esposa amante de su marido Peter (Chris Noth). Él, fiscal del distrito, acababa en prisión por gastarse el dinero público en prostitutas. Esta era la premisa inicial de la serie, pero hay mucho más detrás. Esta es la historia de una mujer que ha pasado demasiado tiempo siendo lo que se esperaba de ella: una buena esposa. Demasiado tiempo pensando que vivía la vida perfecta y que se despertó de golpe en una pesadilla, para descubrir que su mundo se ha desmoronado brutalmente. Una serie en la que aprende a ser ella misma. Porque eso es en realidad *The Good Wife*, el relato de una mujer que se conoce a sí misma a través de la adversidad y que desafía todo aquello que se espera de ella.

Alicia se merece estar delante, no detrás de su marido. Se merece ser Alicia, no la señora Florrick, ni la mujer de. La sombra alargada de su marido planea durante toda su nueva vida, desde su trabajo, su familia y su entorno. Siempre ha sido su mujer, ahora es simplemente Alicia y tiene que enfrentarse a la realidad que durante mucho tiempo la puso en una posición que no era la suya. La de ser y existir en relación a otra persona y no a una misma. A lo largo de las siete temporadas vimos cómo Alicia crecía y se transformaba en algo más que una esposa y madre. Alicia se convierte en una mujer independiente por méritos propios. Su suegra le recrimina que no sea leal a su marido incluso después del escándalo público y la vergüenza que le ha hecho pasar. Todo el mundo ha visto las imágenes subidas de tono de su marido, excepto ella. A pesar de que en su nuevo trabajo está puesta a prueba, solo hay un puesto para asociado junior y tiene que competir por él con un joven ambicioso. Y la mujer con más poder en la firma de abogados para la que trabaja parece decantarse más por su competidor que por ella. Ella no renunció a su carrera por su familia. Tiene que luchar y resistirse a que la sigan tratando como la mujer de su

marido, la mujer del hombre al que la mitad de la ciudad odia y la otra mitad debe favores. La mujer a la que pretenderán tratar como la esposa de Peter y ella se resistirá, porque quiere ser simplemente ella misma.

The Good Wife es una serie revolucionaria. Una que nos da una lección de feminismo en toda regla. Un personaje complejo, con aristas y sobre todo, no una mujer diseñada para agradar. Alicia ha crecido con la serie, es un personaje complicado, como las personas lo son, no es plana. A veces se contradice a sí misma, pero poco importa, no hace falta que pida perdón, ¿por qué? No está aquí para hacer que la amemos, aunque la hayamos amado y a veces odiado a partes iguales. Alicia ha aprendido durante años que no tiene por qué ser esa buena esposa del título, a la mierda con ello. Puede ser ella misma, puede hacer lo que le dé la gana y no tiene que dar explicaciones a nadie. La hemos acompañado en su viaje interior, en el que se ha descubierto a sí misma sin mirarse en el reflejo del que fue su marido. Ha descubierto sus fortalezas, sus defectos, su propia sexualidad. Bravo por ella. Alicia es diferente. Trata a sus clientes como lo que son, personas, no clientes. Y eso es algo que la diferencia de sus colegas. Pero no lo hace por ser mujer, lo hace porque sabe cómo es que te prejuzguen y te traten de manera diferente. Y así consigue que se sinceren y que le den una información que sus colegas no obtienen.

Durante unos años, hemos visto cada semana un episodio de alta televisión. Una televisión en la que los personajes evolucionan y crecen. Y ofrecen buen drama, que deja una marca indeleble e imborrable en nuestro imaginario. Muchos personajes femeninos no existirían hoy sin Alicia Florrick. Y no ha estado sola, sino rodeada de otras mujeres de entidad como Kalinda Sharma (Archie Panjabi), la investigadora que se convirtió en su más fiel ayudante o Diane Lockhart (Christine Baranski), la carismática socia fundadora en la firma que ha luchado toda su vida por estar ahí. Alicia no es "buena". También tiene sus defectos. Esto no va de hombres malos y mujeres buenas, va de mucho más. De los claroscuros de la vida, de poder ser lo que una quiere ser, sin tener que medirse por una vara de medir que otros le han impuesto.

Alicia nos dejó pero seguimos disfrutando de esos personajes femeninos potentes gracias a Diane Lockhart y *The Good Fight*. Diane creó su propia firma pero cuando decidió retirarse y disfrutar de todo lo que se había ganado con el sudor de su frente, descubrió que su contable le había dejado sin un duro. Tendrá que volver a empezar de cero. Sin firma propia. Aliándose con el personaje de Lucca Quinn (Cush Jumbo), a quien ya conocimos en la última temporada de *The Good Wife* y Maia Rindell (Rose Leslie), la ahijada de Lockhart e hija del hombre que la ha dejado sin un centavo. Otra mujer que vivirá el peso de los errores de un hombre, su padre. De nuevo, mujeres que se ven en situaciones comprometidas y que tienen que reinventarse a causa de los hombres.

The Good Wife es al fin y al cabo, una serie de mujeres diversas, mujeres que buscan su sitio, que quieren ser felices y realizarse, que no se doblegan ante los deseos de los demás dejando de lado su propio yo. Mujeres que se definen a ellas mismas y no permiten que los demás decidan cómo tienen o no tienen que ser. Ni buenas, ni malas. Simplemente, mujeres.

¿SABÍAS QUÉ?

Los creadores de la serie Michelle y Robert King se inspiraron en famosos escándalos de prostitución o sexuales como el de Eliot Spitzer, John Edwards y Bill Clinton. Viendo en la televisión a sus mujeres permanecer al lado de sus maridos, tuvieron la idea de plantearse por qué lo hacían y quisieron explorar qué pasaba con estas mujeres tras la humillación pública que sufrían. Julianna Margulies siempre quiso que Alicia dejara a Peter. Nosotros, también.

DAÑOS Y PERJUICIOS

Intérpretes: Glenn Close, Rose Byrne, Tate Donovan, Ted Danson, Marcia Gay Harden, Lily Tomlin
5 Temporadas | **Cadena:** FX /Audience Network | 2007- 2012 | 59 episodios

LA MÁS VIL MALVADA

Las mujeres malas siempre son putas. O al menos eso es lo que los hombres les dicen cuando se topan con una en una posición de poder. A Patty Hewes le pasaba a menudo. Era la fundadora de la firma Hewes y asociados, abogada de prestigio que se dedicaba a juicios a gran escala. Dura, despiadada y capaz de hacer lo que haga falta para ganar un caso, incluso si es ilegal. No tenía escrúpulos, no le hacían falta. Ya era hora que las mujeres también pudieran ser malas, arribistas y ambiciosas. Y no hay duda de que el personaje de Patty Hewes lo era. Perfectamente encarnado por una pletórica Glenn Close, esa mujer que hasta cuando sonríe te da escalofríos. Pero aunque Patty haya cometido verdaderas monstruosidades para conseguir sus objetivos, no era un monstruo. Incluso empatizabas con ella, gracias a la brillante interpretación de Close y a unos guiones redondos.

Como mujer ha tenido que trabajar más duro que sus compañeros para llegar donde está. Ha puesto su carrera por delante de todo, incluso sus hijos. Ohhhh, mala madre. Pero no lo era, era simplemente mala. Pero a las mujeres que no cumplen el estereotipo siempre se las ha criticado. Vale, era muy mala, la peor. Pero daba gusto ver a un personaje malvado femenino, que no lo era según los estándares masculinos, sino los suyos propios. Patty Hewes creaba su propia ley y haciéndolo rompía con los estereotipos de género. Es difícil ver en la tele a una protagonista malvada llevando el peso de una serie. Al contrario, no.

Su relación con Ellen Parsons (Rose Byrne) era otro de los puntos fuertes de la serie. Ellen era una joven ambiciosa pero naíf que entraba a trabajar en el bufete. Su relación de amor/odio la hará dura, la convertirá, en una nueva Patty. Ella era su mentora. Le recomendaba no tener hijos: "son como los clientes, te lo piden todo y siempre", decía. Patty contrataba a Ellen porque su cuñada podía ser un testigo clave en un caso. Pero al final se la quedaba, le gustaba su ímpetu, aprendía rápido. Ellen se acabará convirtiendo en una perfecta contrincante, una por la que merecía la pena la batalla. La suya era una lucha constante y a muerte. De hecho Patty intentó asesinarla atropellándola, pero eso es otra historia. Normalmente, en las series solo hay sitio para una mujer malvada, en esta tenemos dos personajes fuertes e indomables. Ni se te ocurra cruzarte en sus caminos.

Patty Hewes era mala, retorcida, vil, pero no importaba. Es uno de los personajes más interesantes que nos regaló el drama legal. Da igual cuántas veces le digan despectivamente "puta". Cada vez que pasaba, se volvía más fuerte. Uno de sus contrincantes, después de ser derrotado le decía: "Si fueras un hombre te daría lo que te mereces". A lo que ella le respondía con una sonrisa impertérrita: "Si fueras un hombre, me habría preocupado".

A pesar de odiarse en la pequeña pantalla Glenn Close y Rose Byrne son grandes amigas. Rose siempre la ha visto como una mentora que la ha ayudado. Nadie lo diría cuando se lanzan puñales en la serie. ¿Verdad? Los actores tenían poco tiempo para prepararse ya que les daban los guiones horas antes de filmar, todo un desafío. Funcionó. La serie es un *must*.

CÓMO DEFENDER A UN ASESINO

Intérpretes: Viola Davis, Billy Brown, Jack Falahee, Alysia Reiner, Famke Janssen, Karla Souza | 5 Temporadas | **Cadena:** ABC
2014 – Actualidad | 68 episodios

BLACK WOMAN POWER

¿Una mujer negra fuerte y poderosa en *prime time*? ¿Cuánto veces ha pasado? Desde que hace 50 años, en 1968, Diahann Carroll protagonizase *Julia*, como una enfermera viuda que tiene que criar a su hijo en solitario, ha llovido mucho. Pero pocas protagonistas de color han liderado una serie en horario de máxima audiencia. De hecho, se pueden contar con los dedos de una mano. Por suerte las cosas están cambiando. Creada por Peter Nowalk y producida por Shonda Rhimes, la serie nos cuenta como Annalise Keating (Viola Davis), una abogada defensora y profesora de derecho elige cada curso a un grupo de estudiantes para trabajar en su bufete especializado en los criminales más depravados y violentos. Defiende lo indefendible. Keating pondrá a prueba a sus alumnos, con su exigencia. Los pondrá al límite y tendrán que escoger qué camino quieren seguir. Sobre todo, cuando se vean envueltos en un complot de asesinato. Una estudiante ha muerto accidentalmente y el marido de Annalise parece ser el culpable, él acabará asesinado también. Alrededor de estas dos muertes gira la frenética trama, que al final no es tan importante, sino la forma en la que los personajes se desenvuelven ante el crimen.

Annalise es brillante, inteligente y una afamada profesora de una prestigiosa universidad en Filadelfia. Es una antiheroína de la talla de Glenn Close en

Daños y perjuicios, serie en la que se inspiró. Es un tipo de personaje que solemos ver, pero siempre son hombres. Annalise es respetada pero también temida por todos y todas. Tiene el poder y el control tanto de su vida personal como profesional. Y si no lo tiene es porque le ha interesado dar esa sensación, no porque sea verdad. Ella es la que domina.

Cómo defender a un asesino es una serie diversa, con protagonistas mujeres, personas de color, latinos, gays. Sus tramas son inclusivas. Sus personajes femeninos son complejos y fuertes. Además ni ellas ni los personajes masculinos son definidos en las historias por su sexualidad, su género o su raza. Que se den modelos diferentes que se escapen de los estereotipos habituales, es todo un logro. Tener a una mujer negra al cargo de todo, tiene mucho que ver con ello, porque aporta una visión que otras series no han dado. Todas las series exitosas de Shonda Rimes tanto *Scandal* como *Anatomía de Grey* tienen siempre repartos diversos. La única pega es que no conservaran el título original. *How to get away with murder* tiene más enjundia.

Con este papel Viola Davis se convirtió en la primer mujer negra en recibir un Emmy a la mejor actriz en una serie dramática. La icónica escena en la que Annalise Keating se desmaquilla y se quita la peluca que siempre luce fue idea de Viola Davis. En ella muestra sin miedo su verdadera cara, esa que esconde sus peores miedos y su fragilidad. Muchos de los giros de la trama, no los conocían ni los propios actores antes de que pasaran, así mantenían el misterio hasta el último momento y creaba la atmósfera adecuada para la historia. Rai Due emitió uno de sus episodios eliminando una escena de sexo entre dos hombres. Demasiado para la puritana Italia.

EN ESPAÑOL

LAS SERIES DE ABOGADOS Y JUECES

La televisión española se apuntó a las series de abogados con éxito y calidad desde los ochenta. Por suerte, conocimos de lo mejor que se ha producido. En 1983 vivimos una revolución con *Anillos de oro*. Una serie escrita por una mujer, la guionista y actriz Ana Diosdado. Y supuso una revolución porque se estrenó poco después de que España aprobase la reforma del Código Civil que incluía el divorcio y que entró en vigor en 1981. La serie abordaba cuestiones de actualidad y además delicadas. En algunos capítulos se hablaba de homosexualidad, maltrato, aborto o adulterio. Algo impensable hacía unos años en la televisión pública. Todos estos temas eran

tabú. Una reforma que levantó muchas ampollas en la sociedad. Ahora nos parece impensable que un matrimonio no pudiera separarse bajo ninguna circunstancia. Pero hace apenas unas décadas era así.

Lola, la propia Ana Diosdado, era una abogada madura que retomaba su carrera tras no trabajar durante años para cuidar de sus tres hijos. Se asociaba con Ramón (Imanol Arias), el mejor amigo de su marido. Ambos se especializaban en causas matrimoniales y alquilaban un piso en el centro de Madrid. Aunque el final apostaba más por resolverlo evitando el divorcio, es todo un clásico de la televisión escrito, creado e interpretado por una mujer. Le debemos mucho a Ana Diosdado que se tiró a la piscina en una época en la que seguramente estaba infestada de tiburones.

Turno de oficio reflejaba la vida de los abogados del sacrificado turno de oficio que defiende a acusados sin recursos. Era 1986. Juan Luis Galiardo era un abogado maduro; Carme Elías una abogada de 30 años feminista que además tenía una desastrosa vida sentimental, y Juan Echanove un joven que preparaba sus oposiciones a notarías, siguiendo la tradición paterna. Irene Gutiérrez Caba era la madre de Echanove. Dos mujeres, una que daba una visión progresista de la sociedad y otra que daba una visión totalmente tradicional y burguesa de la misma. Pues eso, si eres feminista, tu vida sentimental es un caos y si no, eres una madre tradicional.

Pero la televisión española pareció olvidarse de los abogados al menos durante unas décadas y esos primeros atisbos de protagonistas desaparecieron. En 2005 se estrenó *Al filo de la ley*, que contaba el día a día de un bufete de abogados. Elena Castro (Natalia Verbeke) era una nueva abogada en un bufete en el que trabajaba su ex pareja, teníamos tensión sexual garantizada. Aunque el bufete era liderado por un hombre, su mano derecha será una mujer, Patricia Muñoz (Fanny Gautier) una abogada fría y cínica. Solo duró una temporada. Como *Lex*, estrenada en 2008 con Javier Cámara, como un abogado sin escrúpulos que compartía bufete con dos socios: Nathalie Poza, su ex novia que lo dejó justo antes

de casarse porque le puso los cuernos y Santi Millán, mejor amigo de Cámara, enamorado de Poza, y que para superarlo se refugia en el sexo. Prometedor, ¿verdad?

En 2009 se estrenó *Acusados*, con nuestra primera jueza protagonista. Rosa Ballester (Blanca Portillo) investiga el incendio de la discoteca Metrópolis. Su principal sospechoso es Joaquín de la Torre (José Coronado), un importante político. Intrigas, secretos ocultos y mucho misterio para una serie que solo tuvo dos temporadas pero que nos brindó una gran interpretación de Blanca Portillo que repetiría como jueza en la imprescindible *Sé quién eres* en 2017, aunque allí el protagonista era su amnésico marido.

En Sudamérica tenemos a la abogada Silvana Durán en *La fiscal de hierro*, que lucha por escalar posiciones hasta la Secretaría de Justicia del país para llevar a la cárcel al capo de la droga que asesinó a su padre, el narco Diego Trujillo, uno de los criminales más temibles. Basada en hechos reales, la mexicana Iliana Fox interpreta a la protagonista.

YO TENGO EL PODER
Mujeres y política

ENTRANDO EN MATERIA

Viendo la ficción televisiva actual, parece increíble que las mujeres no hayan tenido papeles importantes en las series políticas con anterioridad. ¿Verdad? Proliferan las protagonistas en el poder con series fantásticas como *Borgen*, *Veep*, *House of Cards* o *The Crown*, pero hasta hace unos años, las mujeres solo podían ser como mucho la esposa del presidente, su diligente secretaria o la jefa de prensa. No es hasta bien entrado el nuevo milenio cuando las mujeres llegan al poder con fuerza arrasadora, al menos en la televisión. La primera mujer presidenta es la danesa Birgitte Nyborg. Los países nórdicos nos llevan una ventaja de años luz.

No es que la televisión se haya metido demasiado en la política directamente, pero cuando lo ha hecho ha sido para mostrar la vida de los hombres. Pensad en series como *Sí, ministro* o *Spin City*. El alcalde, el presidente y la secretaria o la jefa de prensa o la portavoz, pero nunca la jefa. Las mujeres con poder dan miedo. Aunque teniendo en cuenta que las presidentas se pueden contar casi con los dedos de una mano, no sorprende tanto que la televisión no se haya atrevido a mostrar a un personaje así. Por suerte, la ficción y la realidad están cambiando.

La primera gran serie política fue *El ala oeste de la Casa Blanca* con C.J. Cregg como jefa de prensa. No pasa la prueba del algodón. Es una gran serie en la que los hombres hacen cosas, explican cosas a las mujeres, las acosan y las dejan en ridículo constantemente. ¿A qué no te lo planteabas cuando disfrutabas tanto viéndola en 1999? Pues vuelve a verla. Aaron Sorkin lo dejaba bien claro en unos correos que se filtraban a la prensa: "Las actrices no son tan buenas como los actores". Y se quedaba tan ancho. Los hombres son siempre más listos y les enseñan a

las mujeres a hacer bien su trabajo. Y el acoso sexual es visto como algo divertido. C.J. tenía una inseguridad del tamaño de un meteorito. Solamente se convirtió en Jefa del gabinete cuando Sorkin dejó la serie, ¿por qué será?

Donde la cosa no ha cambiado mucho es en la ficción española. La única mujer poderosa es la protagonista de *Isabel*. Una excelente serie que mostró una época de la historia del país a través del reinado de Isabel I, desde que tenía 14 años hasta su muerte. Tres excelentes temporadas que pretendieron ser históricas, algún fallo de por medio había, pero un buen guion e historia siempre dan una buena serie. Aparte de la excelente interpretación de Michelle Jenner, por la que muchos no daban ni un duro. Eso de ser guapa y buena actriz parece que no casa bien. Pero claro, Isabel I es casi un caso anecdótico en la historia de la monarquía que durante siglos han heredado los varones. No nos engañemos, lo que cuenta *Isabel* sucedió hace siglos. Aunque sí refleja la lucha de una mujer por el poder que creía legítimamente suyo, que vivió intrigas políticas y palaciegas, luchas de poder, guerra,... y que gobernó el país con personalidad propia. Pero de eso hace ya unos siglos. Una mujer presidenta del gobierno ahora mismo suena casi a ciencia ficción, la televisión española no se ha atrevido a dar ese paso. Aún.

En Sudamérica, nos han llegado un par de protagonistas relacionadas con la política estos últimos años, aunque siempre como mujeres de políticos. La primera es *Ingobernable*, donde Kate del Castillo interpreta a la mujer del presidente de México, que acabará acusada de su asesinato. Mientras, en *Primera dama*, como su propio nombre indica, la colombiana Carina Cruz quiere convertirse en la mujer del presidente y vaya si lo conseguirá. Siempre son las mujeres de.

SEÑORA PRESIDENTA

Intérpretes: Geena Davis, Donald Sutherland, Harry Lennix, Kyle Secor, Ever Carradine | 1 Temporada
Cadena: ABC | 2005-2006 | 19 episodios

PRESIDENTA POR ACCIDENTE

El poder es uno de los lugares más masculinizados de nuestra sociedad. Pocas mujeres acceden a él y mucho menos al más alto puesto como es el gobierno de un país. Por eso, las series han tardado en reflejar esa realidad. De hecho, la primera presidenta fue Laura Roslin, en *Battlestar Galactica*. Una serie de ciencia ficción. Roslin accedía al puesto porque el resto de candidatos eran asesinados por los cylons. No quedaba otra opción. Mackenzie Allen (Geena Davis) es la vicepresidenta de los Estados Unidos y accede al puesto cuando el presidente muere de un aneurisma. Al final, si el hombre falla la mujer es la segunda opción y porque hay un artículo en la Constitución que así lo estipula. Lo primero que le dicen además es que renuncie, que una mujer insegura y de otro partido, (es de un grupo mixto independiente ni demócrata ni republicana) no era la mejor opción para gobernar el país. Nathan Templeton (Donald Sutherland), portavoz del partido republicano en el Congreso, un misógino de cabo a rabo, le asegura que una mujer no puede ser la líder más importante del mundo. Todo su entorno, incluso el presidente moribundo y su hija, le piden que dimita. De hecho, Templeton le dice que la eligieron como vicepresidenta simplemente para atraer al voto femenino. Mackenzie Allen empieza su andadura siendo cuestionada por el simple hecho de ser mujer. Y eso la obligará a luchar constantemente para ser legitimada en su cargo. La presión era tan fuerte que Allen ya tenía su discurso de renuncia listo, pero todos estos ataques le hicieron cambiar de opinión.

Uno de los temas recurrentes de la serie es si como mujer es capaz de llevar a cabo su trabajo. Tiene que demostrar siempre no solo que es una buena líder, sino también una mujer perfecta, buena madre y esposa. Su marido será su consejero personal, transmitiendo la idea de que al final una mujer necesita la supervisión de un hombre. No puede ser simplemente "Primera Dama". Un cargo al que Hillary Clinton siempre se resistió, renunciando al papel tradicional y

convirtiéndose en una verdadera aliada de su marido. Siempre se vio como ambición política, algo negativo si eres mujer, y que se criticó duramente. Las mujeres mejor que se encarguen del menú de la Casa Blanca.

Señora presidenta es fantasía política. Primero porque nunca ha habido una mujer presidenta de los EE.UU. Los ataques constantes personales y como mujer a Hillary Clinton durante la campaña electoral, que desgraciadamente ganó Trump, nos da una idea del porqué. Pero además, y esto es importante recalcarlo, más que un retrato de la vida de una presidenta, es el de los problemas que como mujer tiene. El énfasis se pone en las dificultades que tiene para conciliar su vida familiar y su trabajo, en ser una buena madre y esposa al fin y al cabo. Un rol de mujer tradicional y no en como es su vida como presidenta.

¿SABÍAS QUÉ?

Rod Lurie, el director, había planeado la serie como una secuela de su película *Candidata al poder* donde la actriz Joan Allen retomaría su papel como presidenta. Geena Davis es la fundadora del Geena Davis Institute on Gender in Media, que trabaja con éxito para conseguir que los creadores de contenidos de cine y televisión incrementen el número de personajes femeninos y reducir los estereotipos de género.

PARKS & RECREATION

Intérpretes: Amy Poehler, Rashida Jones, Paul Schneider, Nick Offerman, Aubrey Plaza, Chris Pratt, Rob Lowe | 7 Temporadas | **Cadena:** NBC | 2009-2015 | 125 episodios

POLÍTICA A PEQUEÑA ESCALA

Esta serie es muy importante, aunque a algunos les parezca simplemente una comedia de situación, porque usa el humor, con acierto, para promover el cambio social y defender los derechos de las mujeres. *Parks & Recreation* nos cuenta la historia de Leslie Knope (Amy Poehler), una servidora pública dedicada incondicionalmente a mejorar la vida de los ciudadanos. Es además una feminista apasionada que defiende los derechos de las mujeres en todas sus políticas, que aplica en su puesto en el departamento de parques y entretenimiento de la pequeña población de Pawnee, Indiana.

No solo en las grandes políticas se consiguen los grandes cambios, primero hay que empezar por lo pequeño e ir subiendo hasta la cima. Y eso es lo que nos muestra esta serie: los pasos que desde un departamento de una pequeña ciudad se pueden ir haciendo para cambiar las cosas, desde dentro. En su oficina Leslie tiene retratos de mujeres que la inspiran del mundo de la política como Hillary Clinton, Nancy Pelosi o Condoleezza Rice, dando así presencia a los referentes. Tiene un puesto de responsabilidad en el gobierno y con sus políticas consigue tratar temas reales como la falta de mujeres en puestos del gobierno o las leyes sexistas obsoletas. Episodio tras episodio, Knope habla de feminismo, lucha por la igualdad y lo hace efectivo liderando su departamento. Y a medida que pasan las siete temporadas se dirige con paso decidido a liderar la propia ciudad. E incluso el país, presentándose a gobernadora y futura presidenta.

En estilo de falso documental y usando la comedia como vehículo de cambio, la serie nos muestra un personaje que usa su posición en el gobierno para hacer efectiva una política de igualdad de género que realmente suponga un cambio. Evidentemente, se topa con muchos impedimentos. Por ejemplo, cuando logra crear un comité sobre empleo e igualdad de género al que todos los departamentos han de enviar dos representantes, en él no hay ninguna mujer. Leslie intenta cambiar las cosas por la vía política, pero muchas veces se topa con el machismo y la ineficacia de la administración, y tira por el camino más extraño y divertido para conseguir sus objetivos y con ello pone de manifiesto el enquilosamiento de la política en la gran piedra del machismo. Al final consigue el cambio gracias a su tenacidad.

Leslie, acompañada de otras mujeres como Ann (Rashida Jones) o April (Aubrey Plaza) y hombres que la apoyan en su trabajo, consiguen dar ejemplo y cambiar las cosas. A golpe de actitud, entusiasmo, positivismo, voluntad y buen humor. A pesar de los impedimentos que se les presentan. De manera imaginativa y constructiva, pero eso sí, implacable ante el machismo que la rodea.

¿SABÍAS QUÉ?

La serie nació como un *spin-off* de *The Office*, pero la idea mutó hasta tomar vida propia. Una vez Amy Poehler se apuntó a la serie, crearon lo que sería el corazón de la misma. Los actores improvisaban las escenas varias veces para ver si podían hacerlas incluso más divertidas. Lo consiguieron, sin duda.

BORGEN

Intérpretes: Sidse Babett Knudsen, Birgitte Hjort Sørensen, Pilou Asbæk, Søren Malling, Benedikte Hansen
3 Temporadas | **Cadena:** DR1 | 2010-2013 | 30 episodios

EL REFERENTE

Esto es alta televisión y se nota. El éxito que no tuvo
Señora presidenta, sí lo obtuvo la serie danesa Borgen y
además a nivel internacional, emitiéndose en numerosos
países. Todos nos enamoramos del personaje de Birgitte Nyborg y con razón. En un país como Dinamarca,
una mujer presidenta es un panorama más plausible, en
cuanto a feminismo están más avanzados que el resto del
mundo. Aunque tampoco es la panacea. Dinamarca no
es perfecta y algo huele a podrido aunque mucho menos
que cuando Hamlet pronunció la famosa frase. Es cierto
que Birgitte Nyborg se tiene que enfrentar al machismo
por ser mujer, es la realidad de las mujeres en todo el
mundo, incluso en las sociedades más avanzadas, pero
este no centra su vida. El trabajo como primera ministra en la serie *Borgen* tiene la misma importancia
que la vida personal de su protagonista. Este sí es un retrato fiel de las dificultades a las que una mujer
se enfrentaría en el cargo, como mujer y como líder, independientemente de su sexo.

Nyborg gana las elecciones gracias a un escándalo que mina a su oponente. Aunque ella no tiene
que ver con ello, su ascenso al poder también es indirecto. Las políticas en la televisión siempre se ven
luchando entre su vida personal y su vida profesional y tendrán que hacer verdaderos malabarismos
para mantener ambas. Sobre todo, su vida personal, que al final siempre se resentirá. Incluso cuando tu
marido se queda en casa cuidando de los niños y te apoya al 100% en tu carrera como hacía Philip, el
de Birgitte. Al menos eso parecía al principio de la serie.

Nyborg (magníficamente interpretada por Sidse Babett Knudsen) también tiene fuertes ideales
que serán puestos a prueba, el poder es lo que tiene. Imposible contentar a todos y pensar en el bien
común, incluso en un país como Dinamarca en el que no hay un partido mayoritario y hace más de
un siglo que están acostumbrados a pactar para tirar el gobierno hacia adelante. Un ejercicio sano para
la política.

Cuando un hombre es el protagonista, el presidente o el primer ministro, nunca se tiene en cuenta
su vida personal, no es especialmente esencial para la trama. En cambio, con las mujeres sí. Incluso Nyborg se enfrenta a su marido que no es capaz de aceptar su éxito, por encima del suyo, ni que le tenga
que dedicar tanto tiempo a su profesión. Algo que las mujeres hacen constantemente. Nadie cuestiona

al padre ausente. Aunque Philip y Birgitte acordarán que ella se dedicaría a la política, ese pacto acabará resintiéndose. De hecho, la mayoría de personajes femeninos de la serie se enfrentan a ese problema. Y es una realidad de todas las mujeres, políticas o no. Katrine Fonsmark (Birgitte Hjort Sørensen), es una periodista joven y ambiciosa pero sufre la misma disyuntiva personal y profesional. Quiere tener una familia, pero eso impediría que prosperase en su profesión. Hanne Holm (Benedikte Hansen) es una de las periodistas de investigación más prestigiosas del país. Pero tiene una hija de 25 años con la que no se habla, siempre fue una madre ausente. Independiente, ve como su vida se vuelve solitaria y alcoholizada, su elección la separó de su familia. Es el alto precio que hay que pagar por intentar prosperar en tu trabajo siendo mujer.

Hasta en una sociedad como la danesa, las mujeres tienen problemas para conciliar trabajo y vida personal y eso acabará pasando factura a ambas esferas de su vida. Además, ¿por qué cuando una mujer llega a un alto cargo, político o no, parece que debe disculparse por hacer las cosas bien? Más cuando a los hombres no se les exige lo mismo. La protagonista sufrirá igualmente el acoso constante de la prensa, incluso cuando su hija adolescente sufre depresión. Momento en el que decide dejar la política. En la manera en cómo cuenta todo esto, *Borgen* es un retrato realista de la mujer que muchas veces la televisión americana no muestra. Ni la de otros países, mucho menos el nuestro, para qué negarlo, sobre todo en política.

Nyborg crece políticamente a lo largo de las tres temporadas de la serie. Abandona a sus mentores, tiene más confianza, pero también pierde esa inocencia del principio. Aún así, se la muestra como una política integra. Da un perfil positivo de una mujer en el poder. Creando así roles y modelos a seguir. La televisión y la cultura audiovisual crea nuestro imaginario. Por eso es importante este tipo de personajes que muestren a mujeres fuertes y capaces en roles tradicionalmente no asociados a la mujer y que deberían estarlo. Nyborg defiende la política como forma de cambiar el mundo a mejor, con consenso. Eso que los políticos usan como si fuera un *kleenex*. Política honesta por encima de todo, capaz y competente, afirma: "Soy la primera ministra, también de las personas que no me votaron". Siempre da la cara ante la opinión pública, algo que muchos deberían aprender. Recordad las pantallas de plasma de Rajoy en las ruedas de prensa.

Nyborg acaba desencantada de la política y ese proceso es lo que hace también interesante la serie. Ver cómo los políticos se relacionan con el poder, en este caso, cómo una mujer se relaciona con él, es algo que nunca antes habíamos visto expresado de esa manera. Es además un ejemplo de la capacidad

de pactar que muchos políticos no tienen, ya que lo ven como una pérdida de poder, incluso si eso significa que no se consiguen cosas beneficiosas para los que les han votado. Por el bien común, ese que parece que les importa un pimiento. *Borgen* es importante, porque es un referente en el que mirarse. ¿Quién quiere ser algo que nunca ha tenido visibilidad, que nunca se ha mostrado y mucho menos en política? Nos faltaban referentes. Ya tenemos los primeros, mujeres que gobiernan su vida y la política de sus países con naturalidad, a pesar de las dificultades. Ya tocaba.

¿SABÍAS QUÉ?

Un año después de estrenarse la serie, la ficción se hizo realidad y Helle Thorning-Schmidt se convirtió en la primera mujer primera ministra de Dinamarca. *Borgen* es el nombre por el que se conoce comúnmente el palacio de Christiansborg, sede del gobierno danés. La serie ha influido tanto en la vida danesa que la última temporada abrió un debate político real en el país sobre temas como la prostitución.

SCANDAL

Intérpretes: Kerry Washington, Tony Goldwyn, Henry Ian Cusick, Columbus Short, Darby Stanchfield, Katie Lowes | 7 Temporadas
Cadena: ABC | 2012-2018 | 124 episodios

LAS ENTRAÑAS DE LA POLÍTICA

Muchos podrían pensar despectivamente que es otra de esas series para ver en Divinity, ese canal para mujeres. Qué equivocados están. Olivia Pope (Kerry Washington) es la mujer que lo soluciona todo y lo hace en Washington D.C, la capital del poder mundial. Arregla asesinatos, escándalos en la prensa, elecciones y lo que haga falta. La primera protagonista de color de Shonda Rhimes. También está liada con el presidente del país, Fitzgerald Grant (Tony Goldwyn). Pero esta serie es mucho más de lo que parece. Es uno de los pocos programas que muestra cómo las mujeres son socavadas una y otra vez en su vida diaria. Shonda Rhimes es muy lista y está metiendo goles al machismo episodio a episodio. ¡Fue la primera protagonista negra de una

serie dramática de televisión en casi 40 años! Según estudios de Nielsen, las amas de casa afronorteamericanas la adoran.

Vamos a ver unos ejemplos de por qué. Olivia le da un zas en toda la boca al presidente cuando llama puta a otro de los personajes. La palabra "puta" se repite hasta la saciedad cuando se califica a mujeres poderosas. Olivia le suelta: "¡Las palabras usadas para describir a las mujeres! Si fuera un hombre, dirías que era formidable, audaz o que tenía razón". Zasca.

Mellie Grant (Bellamy Young), la mujer del presidente, es otro de los puntos fuertes de la serie. Se la ve como manipuladora y deseando hacerse con el poder. Tiene que limitarse a su papel, el de primera dama. Sonreír para la foto, preparar la decoración navideña y poco más. Una ex primera dama se queja porque ella fue la que realmente lideró el país. Su marido no sabía ni atarse los cordones solo, pero lo eligieron a él. "¿Crees que esos muchachos alguna vez admitirían que han sido comandados por una Tri Delta de Tuscaloosa durante ocho años? Lo hice todo yo. ¿Y por qué seré recordada? Por ser la mujer de un hombre que hizo algo con su vida".

Más tarde Mellie asesta: "Cuando una mujer sea presidente, de repente harán de la Primera Dama una posición oficial pagada. Contratarán a alguien en el momento en que un hombre tenga que hacerlo, se convertirá en un verdadero trabajo". Otro zasca.

Lisa Kudrow es Josie Marcus, una candidata a presidenta a la que Olivia aconseja. Hablando con un reportero le dice: "Sé cómo es el prejuicio. No se trata de experiencia, James, se trata de género. Reston dice que no tengo las pelotas para ser presidente, y lo dice literalmente, es ofensivo... No es solo que el gobernador Reston hable en código sobre género, es todo el mundo. Me estás dando las gracias por invitarte a mi casa, eso es lo que le dices a la vecina que te hizo unas galletas de chocolate... le recuerda a la gente que soy una mujer sin usar la palabra... Estás avanzando esta idea de que las mujeres son más débiles que los hombres". Zasca. Y eso es contra lo que lucha esta serie, presentando a mujeres fuertes que no se dejan amilanar, que no permiten que se las trate diferente por el simple hecho de ser mujeres.

¿SABÍAS QUÉ?

El personaje de Pope está basado en Judy Smith, una experta en crisis políticas y de comunicación. Ella representó a Monica Lewinsky y trabajó en la Casa Blanca durante la administración Bush. Su empresa no tiene web, ni dirección. Si quieres hablar con ella, ella se pone en contacto contigo. Además es la productora ejecutiva de la serie.

VEEP

Intérpretes: Julia Louis-Dreyfus, Tony Hale, Anna Chlumsky, Reid Scott, Timothy Simons, Matt Walsh | 7 Temporadas | **Cadena:** HBO 2012 a la actualidad | 65 episodios

LA VICE

Selina Meyers (una brillante Julia Louis-Dreyfus) es la vicepresidenta del gobierno más poderoso del planeta. Ninguneada por el presidente, decide hacer las cosas a su manera. Su objetivo es ser la primera mujer presidenta. Y vaya si lo consigue, aunque le cuesta cuatro temporadas. Los creadores de la serie la convirtieron en mujer, porque no había referentes. Todos los vicepresidentes hasta el momento habían sido hombres. No querían que eso lastrase al personaje. No os confundáis, Hillary Clinton fue Secretaria de Estado.

Selina no está cómoda con el rol de vicepresidenta que le ha tocado. El presidente la deja de lado y solo la utiliza cuando le conviene por motivos políticos. Pero ella es la gran protagonista de esta serie que destripa la política americana en clave de ironía. Y no precisamente de forma sutil. Selina no se ve capaz, necesita de su asistente Gary, su chico para todo y de su incompetente equipo. Aquí no se salva nadie, ni siquiera el presidente. Todos son un desastre y viven para sobrevivir en las truculentas aguas de la política de Washington. Seguramente muchos preferirían tirarse al río Potomac que estar en sus zapatos.

En la cuarta temporada, el presidente decide no presentarse a la reelección y ella es candidata. En mitad de la campaña el presidente renuncia y Selina por fin, convierte su sueño en realidad: Ser presidenta. Curiosamente, justo al mismo tiempo que Hillary Clinton anunciaba su candidatura a la presidencia. Aunque su mandato dura poco, Selina pierde pero gana una mujer, Laura Montez, que ha enamorado el electorado y además gana hasta premios Nobel. Seguimos teniendo presidenta mujer. Y la ambición de Selina sigue adelante, quiere volver a ser candidata aunque le preocupa su legado como la primera presidenta del país. Todo esto lleno de ironía y humor sagaz. De ese que engancha y te hace reírte hasta de tu sombra. Selina y su equipo son divertidos, estúpidos, desastrosos, por eso nos encanta y nos aterroriza al mismo tiempo. Porque nos podemos imaginar a gente así gobernándonos.

Lo bueno es que no sabemos a qué partido pertenece Selina, podría ser demócrata pero no se manifiesta abiertamente, así que puede reflejar perfectamente las ineptitudes y las triquiñuelas políticas de ambos partidos, de cualquier partido. Y en un mundo en el que hasta Donald Trump puede ser presidente, las absurdidades con las que Selina se tiene que encontrar a lo largo de su periplo político no suenan para nada tan absurdas. Selina nos hace reír y nos hace falta. Necesitamos ejemplos de comedia en los que las mujeres nos hagan reír hasta como presidentas del gobierno. Si ellos pueden mandar y hacernos reír, nosotras también.

La serie es una adaptación de la serie inglesa *The Thick of It*, adaptada por su mismo creador, el escocés Armando Iannucci. En aquella se seguía la vida del ministro de asuntos sociales del gobierno británico Hugh Abbot. Iannucci dirigió un *spin-off* en forma de película, *In the Loop*, en el que también salía Anna Chlumsky, la jefa de gabinete de la *Veep*. ABC hizo un piloto para la adaptación de la serie en EE.UU. que a Iannucci le pareció terrible, hasta que HBO recogió la idea.

HOUSE OF CARDS

Intérpretes: Robin Wright, Kevin Spacey, Kate Mara, Corey Stoll
6 Temporadas | **Cadena:** Netflix 2014-2018 | 73 episodios

ELLA TIENE EL PODER

"El reinado del hombre blanco de mediana edad ha terminado", afirma Claire Underwood. Claire Hale ya como presidenta de los Estados Unidos en la temporada final de la serie. Ha dejado de lado su nombre de casada y usa el de soltera. Claire no es un icono feminista, pero es esencialmente feminista. Es mala y calculadora, pero, ¿cuántos hombres malos y calculadores (su marido incluido) hemos visto como protagonistas y nos han parecido maravillosos? A Claire se la critica por ser como los hombres siempre han sido, pero no es que sea masculina, es que hace lo que le da gana. Piensa en ella misma y es ambiciosa, bienvenida sea. No es que queramos que nuestras políticas sean mujeres despiadadas pero queremos ver más mujeres malvadas y poderosas. ¿Por qué no?

Claire no se corta al llevarse por delante a los que le rodean, incluidas las mujeres. Aunque tenga un gabinete de mujeres solamente. En un mundo dominado por los anti-héroes machotes, por fin, tenemos a una anti-heroína que es un personaje central y esencial en la trama de una serie sobre el poder, sobre la política. Un personaje al mando, una mujer compleja, con personalidad y que no está simplemente al lado de su marido sonriendo como un florero. Pero eso ya lo sabíamos desde la primera temporada.

Frank Underwood (Kevin Spacey) es un hombre manipulador con aspiraciones al poder. Su objetivo es ser presidente de los Estados Unidos y lo consigue. Desde siempre ha tenido en su mujer a su mejor aliada. Aún así, nunca se han ocultado las ambiciones de Claire (una espectacular Robin Wright) y siempre hemos sabido que acabaría sentándose en el despacho oval con toda su frialdad y su maldad. Ella era el poder en la sombra que finalmente sale a la luz. Y ese poder se ejerce sin miramientos, sin compasión y sin arrepentimientos. Claire quiere gobernar y lo hace. Y si para llegar ahí tiene que hacer cosas ignominiosas, las hará. Son las cloacas del poder, las cloacas del estado. Es una mujer ganando poder, finalmente, aunque a veces lo haga a expensas de otras mujeres, cierto.

Los personajes femeninos aquí no son personajes fuertes simplemente, son personajes que están bien escritos, poderosos y que ejercen ese poder sin miedo, como han hecho los hombres durante siglos. Ellas son parte esencial de la historia y son centrales para la trama en cada episodio de *House of Cards*. Claire ha ido ganando peso como protagonista, aunque Frank y ella siempre iban a la par.

El poder corrompe y está claro que los personajes de *House of Cards* son corruptos. Son la clase de malos que nos enganchan a seguir una serie. También hay mujeres como Claire, las mujeres no son planas, tienen matices y son complejas. Y el hecho que una serie las muestre en una posición de poder y en una actitud en la que normalmente no se las muestra ya es un logro en sí.

¿SABÍAS QUÉ?

Robin Wright pensaba que cobraba igual que Kevin Spacey y cuando se enteró de que ganaba menos amenazó a Netflix con hacerlo público para que le subieran el sueldo. Wright también ha dirigido alguno de los episodios de la serie. El escándalo de abusos sexuales en el que se vio envuelto Kevin Spacey hizo que su personaje desapareciera de *House of Cards*.

THE CROWN

Intérpretes: Claire Foy, Matt Smith, Olivia Colman, Vanessa Kirby, Ben Miles, Victoria Hamilton
2 Temporadas | **Cadena:** Netflix | 2016-actualidad

LA REINA

The Crown no es una serie sobre feminismo. No nos engañemos. La historia de la actual reina de Inglaterra, es fascinante tal y como la cuenta Netflix, pero no es el retrato de una protofeminista. Tampoco hace falta que lo sea. Es el relato de la vida de una mujer que intenta ser dos personas al mismo tiempo, que trata de sobrevivir al personaje que el deber le ha obligado a construir. *The Crown* es la historia de una mujer que no quiere desaparecer tras la reina. Como le dicen al final de la primera temporada: "Nos olvidamos de Isabel de Windsor. Ahora solo queda Isabel Regina".

Los reyes ingleses adoptan un nombre diferente cuando se coronan. Su padre Jorge VI en realidad se llamaba Alberto y su hermano Eduardo VIII, antes de abdicar por el amor de Wallis Simpson, se llamaba David. La persona y el regente se disociaban totalmente. Ya no había individuo, solo rey y este se debía a la Corona. No podían sonreír, dar su opinión. Isabel decidió no cambiarse el nombre. Y con ello demostraba que no quería desaparecer en el personaje. La serie nos muestra esa lucha interna, entre la joven mujer y la reina, entre el deseo de seguir siendo una misma y la obligación de ser lo que todo el mundo espera de ti.

La reina es la reina, pero realmente, no tiene poder. Y eso lo refleja a la perfección la serie. Su abuela le dice en un momento en el que acude a ella en busca de consejo: "No hacer nada es el trabajo más duro de todos, y te tomará cada pizca de energía que tienes". Vestir esa corona, la convierte en una mujer sin voz. El poder sin poder, no es poder. Y a pesar de ser tratada como la mujer más poderosa del planeta, Isabel simplemente refrenda lo que un grupo de señores viejos deciden por ella. Incluido un octogenario Winston Churchill (gloriosa interpretación de John Lithgow). La gloria de la monarquía británica ya no es lo que era. Al fin y al cabo, esto es la democracia, pero la serie no trata tanto del poder, como de sobrevivir al deber. Isabel, brillantemente interpretada por Claire Foy, vive una lucha constante entre ella misma y la reina, como si fueran dos personas diferentes. La segunda crece tanto que se acaba comiendo a la primera. En el fondo, no dista tanto del papel que muchas mujeres vivieron en sus primeros años de reinado durante los años cincuenta: Mujeres que debían ser madres y esposas, a las que no se les permitía tener voz.

El papel de la princesa Margarita (Vanessa Kirby) es clave también en esta historia. Es la princesa rebelde que se enamora de un hombre divorciado. Que ve como su deseo es pisoteado por la Corona. Hasta los 25 años no puede casarse sin el consentimiento de la reina, y después necesita el permiso de las dos Cámaras. Algo que nunca obtendrá porque su amante está divorciado y la reina es cabeza de la Iglesia anglicana, que prohíbe el matrimonio a divorciados mientras el otro cónyuge siga vivo. En el propio gabinete hay varios ministros divorciados, incluso el primer ministro, como hace notar la reina. Pero no servirá de nada. El mundo está hecho para los hombres de una manera y para las mujeres de

otra. Y para la realeza de otra muy diferente. Isabel, la hermana, acepta el matrimonio, Isabel la reina se ve obligada a prohibirlo, condenando a su hermana a la infelicidad.

La Corona es un ente vivo, decimonónico, anquilosado, pesa como un muerto. Y a Isabel le pesa tanto que la va asfixiando poco a poco. La Corona también irá deteriorando su relación matrimonial. El Duque de Edimburgo (Matt Smith) empezará su vida de alegre casado y la reina tendrá que mirar para otro lado. Como muchas mujeres han hecho durante décadas. Eso va mucho con la moral inglesa, en la que el matrimonio es sagrado pero los hombres tienen su club del jueves, como Felipe, donde tener sus escarceos amorosos. Ah, pero no lo hagas si eres mujer. El problema es que la reina no puede divorciarse, es la cabeza de la Iglesia anglicana, así que se ve atrapada en su propia jaula dorada. "Has conseguido hacerte invisible mientras llevas la corona", le dice su hermana Margarita. Y es cierto, la joven Isabel va desapareciendo, se va endureciendo, cambia su forma de vestir. Sigue siendo joven pero viéndola parece décadas mayor. Volviéndose fría, con esa mirada helada y cristalina de Claire Foy, logra sobrevivir.

La primera temporada de la serie es pura Isabel. La segunda, se acerca más al personaje de Felipe. Algunos han criticado este protagonismo. Parece dejar de lado a la verdadera protagonista. La reina es la Corona, por lo tanto, debe ser el personaje principal, no su consorte, no olvidemos que no es rey. Pero no se entendería a Isabel sin su relación con Felipe y el resto de su familia. La Corona es un todo. Y está representado en su reina. Claire Foy ha puesto el listón muy alto a las actrices que la interpreten a partir de ahora. *The Crown* es un retrato de la historia de Inglaterra visto a través de los ojos de su reina. Una persona que no puede ser persona, que no puede opinar, que habla más con sus silencios que con sus palabras. Una mujer que no tiene voz, aunque es la voz más importante del país. Toda una contradicción que su creador Peter Morgan ha descrito maravillosamente en sus guiones. Es difícil retratar a un personaje contemporáneo que aún sigue vivo y *The Crown* consigue hacer eso mismo con la reina Isabel, salvando algunas licencias poéticas, por supuesto. ¿Qué pensará la reina sobre todo esto? E Isabel, ¿qué pensará ella?

¿SABÍAS QUÉ?

Netflix pagaba más a Matt Smith, que interpreta al Duque de Edimburgo y marido de la reina que a Claire Foy, la propia reina. Algo que corrigió una vez se hizo pública la información. Aunque Foy no era tan conocida como Smith, flamante ex Doctor Who, que la reina cobre menos que su consorte, dice mucho. ¿No os parece?

¿QUÉ ME PASA DOCTORA?
De enfermeras a médicos

ENTRANDO EN MATERIA

Si las series policíacas brotan como setas después de una buena tormenta nada más iniciar la televisión, las de hospitales ni os cuento. Hay cientos y de muy diversa índole: Dramas, comedias, románticas, una mezcla de todo lo anterior. Las dos primeras series de televisión con médico protagonista fueron: *Dr Kildare* y *Ben Casey* en 1961. Las mujeres empezaron a aparecer pronto, evidentemente, como enfermeras o como pacientes y, de vez en cuando, como doctoras. Ben Casey tenía un interés romántico en otra doctora, que pronto desaparecía. Tenía un rol superficial. Tanto Kildare como Casey eran vistos por la audiencia como casanovas, hombres atractivos y solteros. Por supuesto, la cadena no quería que perdiesen ese atractivo poniéndoles novia. El doctor Kildare, un novato Richard Chamberlain, rechazaba el flirteo de una doctora que había sido escogida como interna antes que él, prefería quedarse con la recepcionista.

Aunque aparecieron varias doctoras por el camino siempre tenían papeles secundarios. En los años setenta *Doctors' Hospital* situó a Zohra Lampert como protagonista tras la marcha de George Peppard, la cadena NBC no la quería, duró seis meses. La primera doctora con su nombre en el título de la serie fue *Julie Farr*, M.D de 1978 con Susan Sullivan. Fue cancelada tras cuatro episodios. Comenzó llamándose *Having Babies* y le cambiaron el título para atraer al público masculino. No lo lograron, evidentemente. Y en 1986 CBS lanzó *Kay O'Brien* con Patricia Kalember como una residente de cirugía que apenas duró ocho semanas. No encontramos a una protagonista de serie con éxito hasta los años noventa gracias a la *Doctora Quinn*. Más de treinta años después de la primera serie de médicos. Y para conseguirlo, la trasladaban a una montaña perdida de Colorado durante el siglo XIX.

Durante años, la televisión ha mostrado a las doctoras como meros objetos sexuales más que como profesionales por derecho propio. Las que consiguen el éxito en su profesión no pueden tener una familia e hijos, cosa que sus compañeros tienen sin problemas. Hay un doble estándar que parece que sigue hoy en día. Los doctores tienen que ser fuertes, competitivos, fríos y las doctoras maternales, empáticas y expresar emociones. Por eso personajes como la doctora Chang de *Anatomía de Grey* se ven masculinizados. Los personajes femeninos más potentes en *St. Elsewhere* eran las enfermeras. De hecho, la primera gran protagonista médica, fue una enfermera negra, *Julia*, en 1968. No es de extrañar, ya que era un papel que se asociaba más a las mujeres que el de doctora. *St. Elsewhere* revolucionó las series médicas, pero no por el papel de sus doctoras precisamente. Algunas acabaron suicidándose, implicándose demasiado con sus pacientes o con sus colegas. Una de ellas incluso fue violada dos veces. Una de ellas por un compañero. Mientras, en *M*A*S*H* nos encontrábamos a la enfermera Margaret "labios calientes" Houlihan entre un montón de médicos salidos.

Las primeras mujeres de peso vinieron mucho más tarde sobre todo en *Anatomía de Grey*. Series en las que se difumina el melodrama con las *soap operas*, se convierten casi en culebrones en los que los personajes viven dramas personales y profesionales quizás exagerados pero que ponen en la gran pantalla a un sinfín de mujeres. Hoy en día el panorama televisivo está lleno de buenas doctoras. Gracias a Dios.

LAS ENFERMERAS

Intérpretes: Shirl Conway, Zina Bethune, Michael Tolan, Joseph Campanella, Edward Binns
3 Temporadas | **Cadena:** CBS | 1962-1965 | 98 episodios

LAS ETERNAS AYUDANTES DEL DOCTOR

Dr. Kildare y *Ben Casey* iniciaron la longeva historia de los dramas médicos en la televisión. Gracias a ellos, los dramas médicos empezarían a proliferar. Después de su exitoso estreno, CBS decidió lanzar una nueva serie, pero esta vez las protagonistas serían dos enfermeras. Durante tres temporadas consiguieron una base fiel de seguidores, aunque no el éxito que sus predecesoras que parecían hacerles sombra.

Las protagonistas son la enfermera jefe Liz Thorpe (Shirl Conway) y Gail Lucas (Zina Bethune), una ingenua estudiante de enfermería. Ambas trabajan en un gran hospital. Es fácil entender por qué las primeras protagonistas de una serie sobre medicina eran enfermeras y no doctoras. En los años sesenta, era más fácil ver doctores que doctoras tanto en los hospitales como en las consultas. Según la American Medical Association, en 1961, solo el 5,7 % de los médicos eran mujeres. Las mujeres eran aceptadas como enfermeras desde hacía muchos años, al fin y al cabo, estaba comprobado su papel maternal. Se habían dedicado toda la vida a cuidar: a sus maridos, a sus hijos, a sus padres, a los enfermos. Los que tomaban las decisiones eran los doctores pero las que limpiaban el culo y las heridas a los enfermos eran siempre las mujeres. La mayoría de enfermeras, incluso actualmente, son mujeres. Antes las enfermeras eran la sombra de los doctores. Algo que afortunadamente ha cambiado.

En este hospital, las enfermeras son las que tienen un trato más directo con los pacientes, las que los atienden constantemente. Los médicos vienen a dar el diagnóstico y luego a operar, pero no tienen un trato tan estrecho como ellas. Liz Thorpe es la

matrona de todas las enfermeras, la jefa de este sistema matriarcal. Como una figura materna pero estricta, guía al resto de enfermeras, sobre todo a la recién llegada Gail Lucas. Cuando el doctor le dice a la enfermera jefe que él está en lo cierto respecto a un paciente que parece fingir una enfermedad. Algo con lo que evidentemente ella no está de acuerdo, Thorpe asesta sonriendo sardónicamente: "Sería tal placer, por una vez, encontrar a un doctor que esté equivocado". Otro hombre también es protagonista, no solo los médicos. Mr. Hudson, la persona de servicios sociales que trabaja en el hospital. Ellos tienen la última palabra.

En uno de los capítulos, un enfermero entra a trabajar al servicio de Thorpe. Ella no puede con él y lo trata fatal esperando que se vaya. Pero él aguanta como un jabato y se queda. Un hombre enfermero era algo surrealista, a no ser que estuvieras en la guerra. Thorpe es la enfermera que todo lo sabe, todas las enfermeras están a sus órdenes. Ella gobierna. Gail Lucas es la joven e inexperta, la estudiante a enfermera que tiene que aprender. Una serie realmente interesante para conocer el trabajo de las enfermeras de entonces.

¿SABÍAS QUÉ?

La serie fue una de las pocas de la época rodada en Nueva York, no en Hollywood. Obtuvo una nominación a los Emmy en 1963 para Shirl Conway como actriz principal y cuatro más en 1964.

JULIA

Intérpretes: Diahann Carroll, Lloyd Nolan, Marc Copage, Betty Beaird, Ned Glass | 3 Temporadas | **Cadena:** NBC | 1968-1971 | 86 episodios

HACIENDO HISTORIA EN PRIME TIME

Julia fue un intento para tratar los problemas raciales, que en los sesenta y con el movimiento por los derechos civiles, estaban en pleno auge. Hubo una serie en 1950, con la primera mujer afroamericana protagonista: *Beulah*. Pero obtuvo muchas críticas por perpetuar los estereotipos sobre los negros. Beulah era la sirvienta de una familia blanca. Tuvieron que pasar casi veinte años para que una mujer de color volviera a protagonizar una serie.

A mediados de los sesenta ya empezaban a aparecer personajes de color, pero parecía que un o una protagonista asustaba a las cadenas que temían una debacle de audiencias en el sur. *Julia* nació de la mano del productor Hal Kanter. Este asistió a una conferencia de la National Association for the Advancement of Colored People (NAACP) en la que se criticó duramente la representación de la gente de color en la industria del entretenimiento tanto delante como detrás de la cámara. En cierta manera Kanter se sentía responsable de la imagen que se daba de ellos. Él había escrito guiones de *Beulah* para la radio antes de que saltara a la televisión.

Julia (Dianahh Carroll) es una mujer inteligente, independiente y enfermera respetada. Una imagen que no se daba de las mujeres de color en la televisión. Era una comedia de situación que mostraba un rol diferente de la mujer y también de los niños de color. Por primera vez, el personaje del hijo de Julia, Corey, servía de modelo y referente a millones de niños que no se encontraban representados en la televisión. Julia Baker es enfermera, su marido es un militar que ha fallecido y ella tendrá que tirar adelante a su familia, en solitario como madre viuda. Así que el personaje representaba mucho más de lo que en un principio parecía.

La serie recibió críticas, especialmente de televidentes afroamericanos, por representar a una mujer que criaba a su hijo sola sin una figura paterna al lado. Decían que perpetuaba el estereotipo del matriarcado de la mujer negra en el que el hombre, muchas veces abandonaba el hogar. A pesar de que la falta de marido de Julia se debía a su muerte, no al abandono. Además, Julia vivía rodeada de blancos: el médico y la enfermera con los que trabajaba, sus vecinos los Waggedorns, el casero, etc... Aunque solían aparecen hombres de color, sobre todo como interés romántico de Julia. Algunas críticas acusaban a Julia de ser una "negra blanca". Como a veces le pasó a Sidney Poitier. Es cierto que la serie no mostraba nada sobre la cultura afroamericana, sino más bien una versión del sueño americano en color. Y aunque los temas raciales se trataban, se hacía de una manera sutil y con humor. Es una serie buenista por naturaleza, pero su influencia es indudable.

¿SABÍAS QUÉ?

La serie en un principio se iba a llamar *Mama's man*, en referencia al hijo de Julia. También parecía perpetuar el estereotipo de la madre negra y se cambió. La serie usaba un psiquiatra de color en el set para tratar que los niños actores no se vieran afectados por las situaciones que se trataban sobre la raza y la discriminación. CBS accedió a programarla pero no esperaba gran cosa de ella, ya que la puso a competir con el *Red Skelton Show*, que tenía grandes audiencias. Se equivocaron, fue un éxito.

LA DOCTORA QUINN

Intérpretes: Jane Seymour, Joe Lando, Shawn Toovey, Chad Allen, Erika Flores, Jessica Bowman | 6 Temporadas | **Cadena:** CBS | 1993-1998
143 episodios + 2 TV Movies

LA MUJER EN EL SALVAJE OESTE

Saltamos de 1968 hasta 1993 para trasladarnos al siglo XIX. Se han necesitado 25 años para que una mujer fuera protagonista absoluta de una serie médica. Y para conseguirlo, se ha trasladado a la misma al pueblo fronterero de Colorado Springs justo después de la guerra civil americana. La doctora Quinn (Jane Seymour) vive en Boston y practica la medicina junto a su padre, un hombre liberal que le ha abierto la puerta de su consulta y que siempre la animó a seguir sus estudios de medicina. Pero una vez su padre fallece, los pacientes la abandonan. Una mujer sola no puede ser una buena médico, sobre todo si no tiene el visto bueno de un hombre que la supervise. Así que decide coger el petate en busca de aventuras en un lugar diferente donde tendrá que enfrentarse, por supuesto, a las reticencias de habitantes mucho menos sofisticados que los bostonianos.

CBS estrenó la serie la noche de los sábados en su peor hora, no confiaba en su éxito. Erró. Fue una sorpresa. Enganchó al público familiar que es el que realmente querían atraer los anunciantes y por extensión, la cadena. La serie se acabó viendo en 100 países. Los de CBS aún no se lo creen. No confiaban en un papel femenino protagonista. Pero la tenacidad de la doctora Michaela Quinn (Mike para los amigos), sumada a su forma de desafiar las convenciones sociales y aplicando la medicina de forma poco convencional la convirtieron en todo un éxito. Situar la acción en el salvaje oeste añadía un toque *vintage* muy atractivo para el público. Y el romance con Byron Sully (Joe Lando) le dio romanticismo. Aunque parezca increíble, la doctora Quinn se pasó seis temporadas virgen hasta que decidió dar el sí a Sully.

La serie fue creada por Beth Sullivan, fue una de las primeras series que tenía a una mujer como productora en solitario.

Aunque distaba mucho de reproducir fielmente la realidad del salvaje oeste en aquellos años, ese apego *vintage* convirtió a la serie en todo un éxito mientras veíamos como Michaela se adaptaba a su nueva vida como doctora, madre sorpresa de los tres hijos de su fallecida amiga Charlotte Cooper y además encontrando el amor por el camino. Su obsesión: demostrar a todos que una mujer podía ejercer la medicina como cualquier hombre. Y vaya si lo consiguió.

¿SABÍAS QUÉ?

Jane Seymour aceptó el papel sin pensárselo. No porque lo encontrara el mejor papel de su vida, aunque ha afirmado que es uno de los papeles de los que más orgullosa se siente. Firmó por una TV Movie, el piloto y cinco años de serie. Acababa de descubrir que su marido y mánager había perdido todo su dinero y tenía una deuda millonaria. Le dijo a su agente que para salvar su casa y poder mantener a sus hijos aceptaría el primer proyecto televisivo que llegara y ese fue *Doctora Quinn*.

ANATOMÍA DE GREY

Intérpretes: Ellen Pompeo, Sandra Oh, Katherine Heigl, Justin Chambers, Patrick Dempsey, T. R. Knight, Chandra Wilson, James Pickens Jr, Isaiah Washington | 17 Temporadas | **Cadena:** ABC 2005- actualidad

BENDITA SEA SHONDA RHIMES

A Shonda Rhimes la conocimos a través de Meredith Grey. Si en todas sus series promueve mensajes feministas positivos, en esta no iba a ser menos. La protagonista es una estudiante de cirugía que hace de interna en el hospital Seattle Grace. *Anatomía de Grey* es una serie que rompe moldes y en la que su protagonista absoluta es una mujer. Pero además muchos de sus principales personajes son mujeres y no son blancas, con lo que vuelve a mostrar una variedad étnica, más cercana a la realidad de los Estados Unidos, que otras series no muestran.

Además, muchas de las mujeres de la serie tienen puestos de liderazgo como Miranda Bailey, la jefa de cirugía. Incluso la protagonista llegará a convertirse con el tiempo en jefa de departamento. También será jefa de ortopedia, Callie o Arizona, de pediatría. Lo mejor de todo es que trata la desigualdad de las mujeres en muchos de sus episodios, mostrando una realidad que viven muchas mujeres médicos en la actualidad. *Anatomía de Grey* nos enseña a mujeres con roles de género complejos y realistas que no solemos ver en la televisión. Son mujeres fuertes y que sobresalen en su profesión. Mujeres diferentes, personalidades variadas. Y eso ya rompe de por sí con muchos estereotipos.

Meredith Grey (Ellen Pompeo) es la protagonista. Carga con un pasado, el de su progenitora, la prestigiosa cirujana Ellis Grey. Una madre distante que escogió su carrera antes que sus hijos. Meredith lucha contra la sombra de su madre, contra las expectativas para ser una cirujana de renombre, para hacer su propio camino. Es importante remarcar que las mujeres de esta serie disfrutan de su sexualidad sin tener que rendir cuentas a nadie. Sin convertirse en, simplemente, la novia o la mujer de. Aquí son las protagonistas, junto a sus compañeros, como iguales. Junto a Meredith, un buen grupo de estudiantes de medicina que realizan sus prácticas en el hospital desarrollarán una amistad y una competencia entre ellos que centrará las tramas de la serie.

Algunos podrían pensar que Meredith Grey está más preocupada por liarse con el Dr. Macizo o Derek Shepherd (Patrick Dempsey), que con su propia carrera pero no es cierto. Es una mujer que quiere convertirse en la mejor cirujana posible. Pero no está sola, hay otras mujeres que la acompañan como Christina Yang (Sandra Oh), una cirujana competitiva y su mejor amiga, que la apoyará en todo momento. Es una serie que muestra a mujeres apoyándose las unas a las otras. Yang además es un personaje interesante. Su personalidad sobresale por encima del resto, es brillante y le importa un pimiento lo que los demás piensen de ella. Su talento está por encima de lo que la gente piense de su aspecto físico o sus elecciones personales, como decidir que no quiere tener hijos porque prefiere su carrera por encima de todo, aunque eso le cueste su matrimonio. Hay otras mujeres posibles y *Anatomía de Grey* las muestra. Son numerosos los ejemplos en los que las mujeres luchan por ser respetadas como tales y como profesionales de la medicina.

Cuando Derek quiere cambiarse de ciudad por un trabajo mejor, le dice a Meredith que su trabajo es más importante que el de ella. Es Christina la que le recuerda a ella: "Él no es el sol alrededor del que tú orbitas. Tú eres el sol". Lucha contra la idea de que la carrera de una esposa está siempre por debajo de la de su marido. También muestra las relaciones de pareja entre personas del mismo sexo con total naturalidad. Callie (Sara Ramirez) y Arizona (Jessica Capshaw), dos doctoras enamoradas que acaban casándose, dan opción también a que otras realidades se muestren en la serie. Tienen un hijo, el padre es otro doctor Mark (Eric Dane), lo cuidan entre los tres. Son una familia. La familia es mucho más de

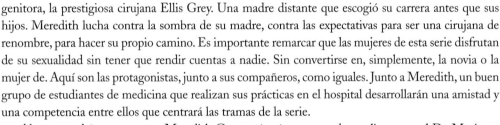

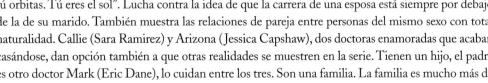

lo que la sociedad o la iglesia dictan. Los matrimonios del mismo sexo, que además tienen hijos, son posibles, existen y son una realidad a la que la gente debería empezar a acostumbrarse.

Las mujeres no son meros objetos sexuales sino verdaderas profesionales de la medicina que merecen ser respetadas. Cuando Izzie (Katherine Heigl) se enfrenta a sus compañeros a raíz de descubrirse sus fotos como modelo de ropa interior, es un buen ejemplo. Ella les responde que mientras ellos están cubiertos de deudas por sus estudios, ella pudo pagarse los suyos sin problemas gracias a sus trabajos como modelo. Cuando Miranda Bailey (Chandra Wilson) decide ascender a Meredith, cree que no le paga lo que se merece por el puesto. Todo el mundo la anima a que vaya a hablar con Bailey. Los compañeros le dicen: "Pide lo que te mereces, los hombres lo hacen todo el tiempo". Y es lo que Meredith hace. En realidad la doctora Bailey está poniéndola a prueba. Meredith se significa, reclama lo que cree que le pertenece.

Meredith también es madre y la serie muestra las dificultades que tiene como mujer trabajadora. Aunque Christina no quiere tener hijos, apoya totalmente a Meredith en su decisión de formar una familia. Y al revés, Meredith apoya a su amiga por no tener hijos. *Anatomía de Grey* demuestra así que todas las mujeres tienen la opción de elegir y que no por ello tienen que ser juzgadas. Esto son solo unos cuantos ejemplos de la importancia de una serie que muchos han calificado como serie para mujeres y en la que Shonda Rhimes va colando mensajes por la igualdad en cada capítulo. Como ella misma afirma, en sus series no quiere hablar de diversidad, sino simplemente mostrar la realidad que las mujeres viven día a día. Bien por ella.

¿SABÍAS QUÉ?

Ellen Pompeo gana 20 millones de dólares por temporada de la serie. Pero no desde el principio, tuvo que batallar por ello. Al igual que su personaje en la serie, tuvo que pedir un aumento de sueldo, muchas veces rechazado. De hecho, Patrick Dempsey cobraba más que ella, a pesar de que ella era la protagonista. Tuvo que marcharse Dempsey para que al final la cadena diera su brazo a torcer. Siempre usaban al actor como excusa para no subirle el sueldo a Pompeo. Él era más conocido que ella y si ella no estaba en la serie, lo tenían a él.

JACKIE

Intérpretes: Edie Falco, Eve Best, Merritt Wever, Haaz Sleiman, Paul Schulze, Peter Facinelli | 7 Temporadas
Cadena: Showtime | 2009-2015 79 episodios

LA ENFERMERA SIN COMPLEJOS

Jackie Peyton (Edie Falco) es una enfermera de urgencias en el hospital All Saints. Está casada y tiene dos hijas, pero nadie sabe de su vida familiar, lo mantiene en secreto. También oculta que tiene una relación con el farmacéutico del hospital, que le proporciona las drogas a las que es adicta, según ella para su dolor de espalda. Jackie es un personaje femenino bien construido, complejo y lleno de claroscuros. Como adicta, es también una mentirosa, engaña y traiciona a las personas que la rodean, a su círculo más cercano. Pero es honesta en su trabajo y una enfermera competente. Ella manda en urgencias.

Las mujeres son la fuerza motora de la acción en esta serie. Alrededor de Jackie orbitan los personajes secundarios. Zoey Barkow (Merritt Wever) es la enfermera en prácticas que aprende de Jackie. Su mejor amiga es la doctora Eleanor O'Hara (Eve Best), es el opuesto de Jackie, pero aún así se complementan y se apoyan mutuamente. Y luego está Gloria Akalitus (Anna Deavere Smith), la jefa de Jackie ante la que tiene que rendir cuentas y con la que siempre tiene sus tira y afloja. Luego está su marido Kevin Peyton (Dominic Fumusa), que tiene un bar y más tiempo para dedicar a sus dos hijas Grace (Ruby Jenns) y Fiona (Daisy Tahan). Grace tiene problemas de ansiedad. El farmacéutico del hospital Eddie Walzer (Paul Schulze), es su amante, él no sabe que está casada.

Jackie no es ni la madre perfecta, ni la esposa perfecta, ni la enfermera perfecta. Es una persona compleja. *Jackie* es el retrato de una madre trabajadora y las presiones a las que está sujeta. Con una moral complicada y una ética que deja mucho que desear, pero con la que resulta tremendamente fácil engancharse. El personaje está tan bien dibujado que las tres primeras temporadas son casi perfectas. No puedes evitar sentir simpatía, a pesar de que cruce varias líneas de lo que la sociedad espera que una enfermera, madre y esposa tiene que ser. Está en la línea de personajes como *Dexter*, de Showtime también. Esos malos que aún así nos caen bien porque tienen su corazoncito.

A partir de la cuarta temporada el personaje empezó a perder fuelle. La serie fue creada por Liz Brixius, Linda Wallem y Evan Dunsky. Dunsky dejó la serie en la segunda temporada y Brixius y

Wallem al empezar la cuarta. Ambas eran pareja fuera de la pantalla y cuando sus problemas personales afectaron a la serie, perdieron el control de la misma y entró en acción como *showrunner* Clyde Phillips. Fue el principio del fin. De dos mujeres responsables, un hombre tomó las riendas y convirtió la serie en algo mucho más convencional, en la que las mujeres perdían ese poder que habían tenido y se convertían de nuevo en el objeto, la visión masculina, ya se sabe. Todo eso hizo perder interés en el personaje. Una lástima.

¿SABÍAS QUÉ?

A pesar del éxito de crítica y público, la New York Nurse Association criticó duramente la serie. Para la asociación de enfermeras, el personaje de Jackie era poco ético y perjudicaba la imagen que se da de ellas. El hecho de que Jackie fuera una adicta y de que encima se acostase con otro médico para conseguir las drogas que necesitaba no les sentó demasiado bien.

OUTLANDER

Intérpretes: Caitriona Balfe, Sam Heughan, Tobias Menzies, Graham McTavish, Gary Lewis, Duncan Lacroix | 6 Temporadas | **Cadena:** Starz | 2014- actualidad

VIAJANDO A TRAVÉS DEL TIEMPO CON MIRADA FEMENINA

El drama de la cadena Starz fue toda una sorpresa. *Outlander* nos cuenta la historia de Claire (Caitriona Balfe), una enfermera inglesa que ejerce durante la II Guerra Mundial y que viaja accidentalmente en el tiempo hasta la Escocia de 1743. Claire se topa allí con un antepasado de su marido, el terrible Capitán Randall (Tobias Menzies), un oficial inglés que intenta violarla. Afortunadamente, logra escapar y acaba en las manos del clan MacKenzie donde salva la vida de Jamie (Sam Heugan), sobrino del Laird del clan. Utilizando sus conocimientos avanzados sobre medicina, gracias a su formación como enfermera, ejercerá de sanadora del clan. Algo que le traerá más de un problema, como ser acusada de bruja. Ya se sabe que donde está Dios, cualquier milagro hecho por una mujer, tiene que ser cosa del diablo.

Desde el principio de la serie, está claro que Claire es una mujer fuerte e independiente. Es dueña de su sexualidad pero no está sexualizada. La mirada es distinta y eso se nota y se agradece. El placer femenino juega un papel importante. El sexo es visto siempre a través de los ojos de Claire y no desde el punto de vista masculino. Algo que brilla por su ausencia en televisión, donde el sexo

es casi siempre complaciente con el hombre. Hecho simplemente para su disfrute. Aquí no es así. Es importante mostrar el placer y el deseo femenino y enseñar escenas de sexo consentido, en las que una mujer no es simplemente un objeto con el que el hombre disfruta.

El sexo es explícito, siempre desde el punto de vista de la mujer. En una de las escenas, en 1945, Claire y su marido Frank acaban en un castillo en ruinas, que será el lugar donde Claire ejerza como sanadora en el pasado. Allí se muestra una escena de sexo oral en la que la cámara se centra en su placer, no en el del hombre. En su relación con Jaime, sobrino del Laird del clan MacKenzie, además, ambos se tratan como iguales, en términos sexuales también. No existe la dicotomía manida entre virgen y puta que la televisión y el cine ha creado. La mujer disfruta de su sexualidad plenamente sin ser por ello juzgada.

La creadora de *Outlander* es la escritora Diana Gabaldón, en cuyos libros se basa. Se nota la mano de una mujer en estas escenas. Cuando el Laird del clan MacKenzie pone en duda que un hombre de su majestad intentara violarla diciéndole: "¿Está diciendo que un hombre que lleva la Comisión del Rey decidió violar a una viajera extraviada que encontró en el bosque, sin ninguna buena razón?". Claire le responde: "¿Hay alguna vez una buena razón para violar, maestro MacKenzie?". Es cierto que

Claire tiene que enfrentarse a varios intentos de violación a lo largo de la serie, algo bastante plausible en el siglo XVIII. Pero Gabaldón ha sabido crear una relación sana entre los dos personajes. Que el sexo entre ambos fuera a un nivel de iguales y no de posesión del hombre sobre la mujer, como vemos mayoritariamente, forma parte de ello. El sexo en todo caso no es gratuito.

¿SABÍAS QUÉ?

Una vez estrenado el primer episodio y visto el éxito, la cadena decidió renovar por una segunda temporada. Ya van por la quinta. Basado en el segundo libro de la serie *Outlander* de Diana Gabaldón, que es consultora de la serie también y hace un cameo en uno de sus episodios.

DOCTORA FOSTER

Intérpretes: Suranne Jones, Bertie Carvel, Jodie Comer, Adam James, Victoria Hamilton | 2 Temporadas | **Cadena:** BBC One 2015-actualidad

FUERA DE CONTROL

Gemma Foster (Suranne Jones) es una prestigiosa doctora que vive en un idílico pueblo inglés. Su vida es perfecta. Tiene un trabajo en el que es respetada, un amante marido, un hijo y todo lo que querría. Un día se despierta, Simon (Bertie Carvel) y ella hacen el amor, desayuna con su hijo y se lleva la bufanda de su marido al trabajo. Pero esta vida de color de rosa se derrumba cuando descubre un pelo rubio en la bufanda. Ella es morena. Así empieza *Doctora Foster*, la serie de la BBC que mantuvo en vilo a toda Gran Bretaña. Un thriller psicológico adictivo que te mantiene delante del televisor. El relato de una mujer que empieza a cuestionarse toda su vida, lo que le rodea, cuando descubre que todos han estado engañándola.

La serie fue todo un éxito inesperado al estrenarse en 2015. Y causó más sensación aún cuando volvió en 2017. Es posible que haya otra temporada. Tiene todos los elementos necesarios para enganchar: traición, sexo, amor y odio. Gemma no es la típica esposa engañada, esa historia que nos han contado siempre pero desde el punto de vista contrario: la del marido o la amante. Aquí nos encontramos con una mujer, madre y trabajadora, que lleva el balance de su vida, que gana más que su marido y que es el pilar familiar. Una mujer cabal y serena que se desata. ¡Y vaya como se desata! La mujer histérica, muchos la acusan de loca, ya que se revuelve contra su marido por haberla engañado. Porque la sociedad espera que todo quede en casa, que la mujer perdone y que todo vuelva a la normalidad. Léase, él seguirá con su amante y la esposa fingiendo que no ha pasado nada. Pues no, estáis equivocados porque Gemma Foster, brillantemente interpretada por Suranne Jones, es un torbellino, uno que es capaz de arrasar con todo si es necesario. No se va a quedar callada, no se va a conformar.

La serie está llena de giros imprevistos que mantienen la atención del espectador. A pesar de esa sensación de malestar que te deja cada episodio. No es usual ver a una mujer reaccionar así. Los guionistas han sabido hilar fino y dejarnos con la boca abierta, sin saber qué será lo que vendrá después. Suranne Jones interpreta tanto a la madre solícita que busca lo mejor para su familia, como a la mujer que se deja arrastrar por la venganza y que no se detendrá ante nada. No es la típica "ex esposa loca" que dirían muchos. Porque ese es el apelativo que se ha dado a las mujeres que reaccionan de una forma

negativa a lo que los hombres les han hecho. Gemma ha visto su mundo sucumbir, su confianza destrozada, su reputación, su familia, lo que tanto le había costado crear se desmorona. ¿En serio piensan que se va a quedar sentada viendo cómo su marido se va con su joven y rubia amante? Incluso cuando hace cosas totalmente desquiciadas, no deja de ser una persona real, con sentimientos que reacciona, que sangra cuando le pinchan, que siente y sufre. No es la víctima, la bruja, la ex loca. No. Es mucho más que eso.

¿SABÍAS QUÉ?

La serie ha sido un auténtico fenómeno en Inglaterra con diez millones de espectadores en su primera temporada. Mike Bartlett, el escritor de la serie afirmó que se inspiró en la historia de Medea para crear *Doctora Foster*. Para la segunda temporada se inspiró en los duelos del western, Gemma y Simon se enfrentan sin piedad.

EN ESPAÑOL

¿HAY ALGUIEN AHÍ?

Ha habido unas cuantas series médicas en España que han querido seguir la estela de éxitos como *Urgencias*. Siempre series corales con múltiples protagonistas. Y con no demasiado éxito y unas cuantas críticas de los profesionales del sector, por la inverosimilitud del tratamiento que se daba al hecho médico en sí. Todos los doctores que han tenido serie, han sido hombres: *Médico de familia* con Emilio Aragón, *Doctor Mateo* con Gonzalo de Castro o en *Frágiles* con Santi Millán. Ninguna de estas series tenía a una mujer como protagonista. La primera fue la farmacéutica de *Farmacia de guardia*, interpretada por Concha Cuetos que regentó su establecimiento en Antena 3 con éxito entre 1991 y 1996. Fue la primera serie contemporánea que introdujo el tema médico aunque fue de refilón en la farmacia. Al fin y al cabo era una comedia sobre la relación de un matrimonio divorciado.

En 1995 se estrenó *Médico de familia* en Telecinco. Y Antena 3 sería la cadena española en realizar el primer drama hospitalario un año después con *Hospital*, una serie rodada en el Hospital de Terrassa y protagonizada por Xabier Elorriaga, Mercedes Sampietro y Jaime Pujol. Duró cinco capítulos. En el año 2000 se estrenó en Telecinco la exitosa *Hospital Central* más centrada en los amores y desamores de sus protagonistas. A pesar de contar con un buen plantel de mujeres entre sus protagonistas, ha sido el Doctor Vilches el que ha pasado a la posteridad. Pero allí vivimos la historia de Maca y Esther, una de las tramas más recordadas por el público. La primera pareja homosexual en una ficción televisiva. Aunque no fue hasta la octava temporada de la serie en 2005, cuando Maca (Patricia Vico) llegaba al hospital como una joven pediatra. Su relación con Esther (Fátima Baeza), facilitaría que su personaje de enfermera cogiera protagonismo. Aunque estaba desde la primera temporada, su papel era bastante secundario. Tanto éxito tuvo la historia de la pareja que el guionista incluso pensó en hacer un *spin-off*. Su historia recibió varios premios LGTB, ellas dieron visibilidad a un colectivo que pocas veces la tenía en televisión y de una forma normalizada además, con una historia creíble. Hasta ese momento en la tele los personajes homosexuales eran casi una caricatura.

Tras el éxito de *Anatomía de Grey* llegó la versión española con *MIR*. Nada que ver. La retiraron a mitad de la segunda temporada. En 2007 se estrenó *CLA. No somos ángeles* más centrada en las enfermeras y enfermeros de una clínica privada. Un mes tardó en ser cancelada con bastantes críticas del sector de la enfermería. Una de las últimas ficciones médicas en estrenarse fue en 2015 *Centro Médico*, la docuficción de TVE.

En 2017 se estrenó la primera serie con mujeres protagonistas. *Tiempos de guerra* está ambientada en la guerra del Rif en Marruecos en 1921. La serie es obra de Gema R. Neira y narra cómo por orden de la Reina Victoria Eugenia, la Cruz Roja Española envió a un grupo de enfermeras voluntarias comandadas por la Duquesa de Victoria (Alicia Borrachero), para instalar hospitales de sangre en las zonas de conflicto. Son hijas de familias acomodadas que tendrán que adaptarse a una nueva vida. Verónica Sánchez y Amaia Salamanca protagonizaban la serie. Evidentemente, el amor estaba en el aire. Y poco más.

Vamos a correr un tupido velo sobre la adaptación colombiana de *Anatomía de Grey*, con una María Alejandra Rivas Cavalier trasunto de Meredith Grey en *A corazón abierto*. Al más puro estilo telenovela. Pero si hay una doctora interesante es *La niña*, una ex niña guerrillera colombiana que intenta olvidar su pasado y encontrar su camino convertida en doctora, pero a la que persigue el Coronel Barragán, su gran enemigo. La podéis ver en Netflix.

MÁS ALLÁ DE LA REALIDAD
Las mujeres de la ciencia ficción
y lo sobrenatural

ENTRANDO EN MATERIA

Las mujeres dentro de lo sobrenatural han tenido más libertad que otros personajes femeninos de la televisión porque han podido alcanzar cosas imposibles en mundos irreales. Si te inventas un mundo, una realidad, también puedes inventarte nuevas reglas. Ese hecho sobrenatural ha facilitado que tuvieran papeles muchos más avanzados que el resto de sus compañeras. Desde una Uhura, jefa de comunicaciones del *Enterprise*, pasando por la líder de la resistencia ante una invasión alienígena en *V* o una experta cazavampiros en *Buffy*. La fantasía y la ciencia ficción han dado poderes a las mujeres que jamás antes habían tenido. En eso íbamos a años luz de la sociedad. Lástima de los trajes escuetos, las ropas apretadas, los escotes de vértigo. Porque puedes ser bruja sí, pero tienes que estar estupendísima y sexy. Pero si eres el mal personificado, eres un tío peludo con cuernos y pezuñas de cabra con aliento fétido, no pasa nada.

El número de mujeres brujas en la televisión es bastante significativo. No es de extrañar. Desde la noche de los tiempos, a las mujeres diferentes o se salían de la norma, se las acusó de brujas. Muchas perecieron ahorcadas o quemadas en la hoguera por el simple hecho de saber sobre hierbas, ser pelirrojas, tener marcas en la piel o el odio de algún hombre al que rechazaron... Es la historia terrible del patriarcado intentando someter aún más a la mujer. Cualquier excusa era buena.

La imagen de brujas malas en los cuentos, grabada a fuego en el imaginario colectivo, saltó pronto a la televisión que dio a las mujeres sus primeras protagonistas en lo sobrenatural. Los

años cincuenta nos trajeron a las primeras brujas, pero eran especiales. Unas buenas que preferían quedarse en casa cuidando de sus hijos y sus maridos. Brujas obedientes. ¿No os parece increíble? Tuvieron mucho éxito. ¿Por qué será?

En los noventa con *Sabrina*, *Embrujadas* y otras series del estilo, las brujas volvieron con fuerza a la televisión. Pero eran mujeres muy diferentes. Eran poderosas, se aliaban muchas veces las unas con las otras. Sus vidas no giraban en torno a los hombres que las rodeaban. De hecho, su vínculo primordial era con otras mujeres, personas de su propia familia que estrechaban lazos y se protegían entre ellas. En un mundo en el que las mujeres no tenían poder, la pantalla ofrecía unas habilidades que las hacía únicas, podían valerse por sí mismas. Se sentían empoderadas.

Pero no solo ha habido brujas, también vampiras, alienígenas, viajeras en el tiempo, madres de dragones. El sinfín de personajes femeninos que han poblado y pueblan la historia de la televisión es cada vez más variado e interesante. Ya era hora de que se dieran cuenta de que las mujeres tienen poder. Aunque, ¡no cantemos victoria! Fijaros si no en el *remake* de *Battlestar Galactica*. Me encantaba esa serie, la original también, pero, en la nueva, el número por metro cuadrado de personajes principales potentes encarnados por mujeres que morían era espectacular. Incluida la piloto y héroe de acción Starbuck y la presidenta Roslin. Los hombres protagonistas, milagrosamente, tenían una esperanza de vida mucho mayor.

EMBRUJADA

Intérpretes: Elizabeth Montgomery, Dick York, Dick Sargent, Diane y Erin Murphy | 8 Temporadas
Cadena: ABC | 1964-1972 | 254 episodios

¿UNA BRUJA MODERNA?

¡Cómo disfrutaba con *Embrujada* cuando era pequeña! Las brujas tienen mucho tirón. Una mujer con superpoderes, genial. Pero claro, empiezas a ver la serie ahora con la distancia y unos cuantos años de experiencia y te das cuenta que *Embrujada* va sobre una mujer que se enamora de un simple mortal y que sacrifica su poder por él. Una mujer poderosa que deja de serlo porque su marido se lo pide, para ser esposa y ama de casa. Horror.

El principal cometido de Samantha es ser una buena esposa para Darrin. Al final la imagen que transmite es la de una mujer que quiere ser ama de casa y centrarse en su marido. Teniendo en cuenta que eran los sesenta y estábamos en plena movimiento de liberación de la mujer, suena fatal. Por muy divertida que fuera la serie, por mucho que nos encantase cuando Samantha movía su naricita y hacía magia.

En el primer episodio, Samantha (Elizabeth Montgomery) le confiesa en su noche de bodas a Darrin (Dick York) que es una bruja y le promete nunca usar sus poderes. A pesar de ser una mujer poderosa, Samantha se sacrifica por su marido. Algo que su madre Endora (Agnes Moorehead) no entiende. ¿Por qué renunciar a tenerlo todo para quedarse en casa limpiando? Su madre lleva una vida libre, sin pareja, está separada del padre de Samantha, es más moderna que su propia hija. En realidad, el personaje interesante es el de Endora, ella sí que es una mujer poderosa. Pero vive en el mundo de la brujería. En el mundo de los mortales, Endora acabaría quemada en la hoguera. Una mujer con semejante libertad, sería el diablo en persona.

Con esto no quiero decir que quedarse en casa no sea una decisión acertada, si es su elección. Samantha decide por voluntad propia dejar la magia por su marido. Pero sigue perpetuando los roles tradicionales de la mujer que nos repite una y otra vez la televisión. Y no solo eso, el papel de Darrin en la ecuación es siempre el de socavar a Samantha. Ella es la esposa perfecta, buena madre, ama de casa feliz, amante de su marido. Él sabe lo que mejor le conviene a Samantha. Ser normal. Dejar de

lado la magia. Aunque en realidad, Darrin es un perfecto inútil, tanto en su casa como en su trabajo y si no fuera por los poderes de Samantha, no sé qué haría con su vida. Él la necesita más que ella a él. Al final la magia de la protagonista se ve reducida en función de lo que hace o deja de hacer su marido.

¿SABÍAS QUÉ?

Aunque Samantha se dedicase a su marido, ella era la inteligente de la ecuación. Tanto como su protagonista Elizabeth Montgomerry que en la vida real era una activista feminista, por los derechos de la comunidad gay y de la lucha contra el sida. En junio de 2005, una estatua de bronce de la actriz como Samantha Stephens se erigió en Salem, Massachusetts. La ciudad donde fueron quemadas las brujas de Salem.

MI BELLA GENIO

Intérpretes: Barbara Eden, Larry Hagman, Bill Daily, Hayden Rorke | 5 Temporadas | **Cadena:** NBC
1965-1970 | 139 episodios

LA ESCLAVA DE SU AMO

En el episodio 1 de la primera temporada, la nave espacial del astronauta Tony Nelson acaba estrellándose en una isla desierta del Pacífico. Allí, encuentra una botella extraña de la que por arte de magia, sale una rubia y atractiva genio, Jeannie. Desde ese momento Jeannie dedica su vida a servir a su nuevo amo. Este es el argumento de *Mi bella genio*, la serie protagonizada por Barbara Eden como la bella genio y por Larry Hagman como Tony Nelson, mucho antes de convertirse en el malvado JR de *Dallas*.

Mi bella genio sigue la estela de otras series de los sesenta en las que las mujeres se mostraban siempre sumisas al protagonista masculino y cuya vida giraba en torno a él. Su existencia y su razón de ser eran complacer al hombre. Como *Embrujada*, pero peor. Al menos Samantha era una mujer inteligente que salvaba el culo a su marido. En esta ocasión, el astronauta perdido se encuentra a una

rubia explosiva en una isla desierta y ella se convierte en su esclava. Parece el sueño de un adolescente salido. ¿Rubia explosiva y con poca ropa en isla desierta que cumple todos tus deseos? ¡Venga ya!

La relación entre Jennie y Tony es la de esclava-amo. No es su ayudante, ni su compañera. Durante toda la serie, Jeannie llama siempre a Tony amo, nunca por su nombre. Siempre está a sus órdenes y cumple los deseos de él. Jeannie está ahí para complacer a su amo. Barbara Eden ha defendido en diversas entrevistas el empoderamiento de Jeannie como mujer, diciendo que simplemente cumple con su trabajo, el de cualquier genio. Afirmaba que un hombre haría igual y llamaría ama a la mujer que lo sacase de la botella. Pero lo primero que hace Jeannie al salir de la famosa botella es tirarse a los brazos de Tony y besarle. Eso sin contar con ese traje que muestra demasiada carne. En el primer episodio aparece vestida únicamente con la camisa de Tony tras salir de la ducha. Muy al estilo genio de la lámpara maravillosa. Igualito que el cuento.

Donde Samantha era inteligente y usaba su poder sabiamente, Jeannie se comporta de forma totalmente caprichosa, es casi como una niña enfadada. Jeannie no desafía el poder de su amo porque se empodere y defienda sus derechos como mujer, lo hace siempre a modo de rabieta, sobre todo porque no le quiere. Ohhhh. ¿En serio? Porque ese es el quid de la cuestión, Jeannie está enamorada y está dispuesta a cualquier cosa para lograr que Tony se case con ella. De hecho, ese es el motivo esencial de las primeras temporadas: cazarle. Y al final lo consigue. Pero mientras tanto, Tony se lleva a casa a otras mujeres, aún sabiendo que Jeannie está enamorada de él y herirá su corazón. Sí, sí, la cosa no mejora.

¿SABÍAS QUÉ?

El creador de la serie, Sidney Sheldon cuenta en su autobiografía *The Other Side of Me*, que la NBC quiso rodar en blanco y negro la primera temporada porque pensaba que no tendría éxito. Sheldon se ofreció a pagar de su bolsillo para filmar en color y Jerry Hyams de Screen Gems le dijo que no tirase su dinero. Tras el éxito de la serie, se rodó en color las cuatro temporadas restantes y la primera fue coloreada. *Embrujada* y *Mi bella genio* se vendieron como series rivales. ¿Dos rubias con poderes juntas? No, mejor enfrentarlas. Divide y vencerás que dicen.

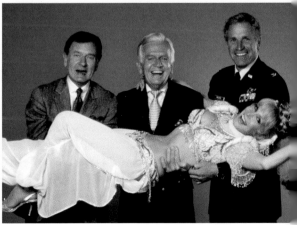

LA FAMILIA ADDAMS Y LOS MUNSTER

Intérpretes: Carolyn Jones, Jackie Coogan, John Astin, Ted Cassidy, Blossom Rock, Lisa Loring
2 Temporadas | **Cadena:** ABC | 1964-1966 | 64 episodios
Intérpretes: Yvonne De Carlo, Fred Gwynne, Al Lewis, Beverley Owen, Pat Priest, Butch Patrick
2 Temporadas | **Cadena:** CBS | 1964-1966 | 72 episodios

LAS MATRIARCAS DE LO OSCURO

Tanto Morticia Addams como Lily Munster fueron matriarcas fuertes que aportaron un punto de vista casi contracultural y abogaban por un individualismo que otras mujeres no podían permitirse en la televisión. Las suyas fueron series casi subversivas en cuanto a los valores americanos de la época. El hecho de estar en el mundo de lo sobrenatural les dio ventaja, podían hacer cosas que otras mujeres nunca se hubieran imaginado. Y no estoy hablando de comer bichos o dormir en ataúdes. Ambas mujeres fueron las matriarcas de dos familias poco convencionales y eso es de agradecer. Ah, y no nos olvidemos de Miércoles, la hija de Morticia, todo un ejemplo de empoderamiento femenino en la niñez.

Morticia (Carolyn Jones) y Gómez son un matrimonio bien avenido e igualitario, ninguno es más inteligente que el otro, los dos son educados y se tratan con respeto. De hecho, debía de ser uno de los matrimonios más ejemplares de la televisión. No como otros shows que mostraban a maridos y mujeres siempre discutiendo y en los que la mujer siempre acababa por llevar las de perder. Tenían además una relación romántica muy intensa y abiertamente sexual y a veces sadomasoquista, que seguramente lograba saltar la censura gracias a su toque cómico. Y aunque Morticia se pasa el rato tejiendo, una actividad considerada femenina, lo cierto es que la mayor parte del tiempo no es la esposa y madre tradicional que la tele muestra habitualmente. Incluso escribe un libro infantil cuando decide que el trato que hacen de las brujas no es justo. Delicioso. Morticia es una mujer segura de sí misma que no duda en hacer lo que cree que es correcto. Mientras, su hija Miércoles es lo que toda niña habría deseado ser. Independiente, fuerte, atrevida y un pelín retorcida. Pocos le ganan a inventiva. Es asertiva e igual de segura de su talento que su madre. Para todas las niñas que se sentían diferentes en los sesenta, fue todo un modelo. Una niña que no tenía miedo de mostrarse tal y como era, diferente.

Sin Lily Munster (la maravillosa Yvonne DeCarlo), la familia al completo se hubiera ido al garete. Ella es el cerebro, el temple, la mujer con la cabeza bien puesta al lado del inepto de su marido Herman y de un padre vampiro de 300 años que parece un niño. Directa y con una voluntad a prueba de bombas, Lily Munster es la matriarca de uno de los clanes más divertidos de lo sobrenatural. Pero también es una mujer fuerte y decidida que muchas veces tiene que salvar a los hombres de su familia. Y es la mamá vampira más molona del universo. Y aunque cumple con el rol tradicional de las madres, lo hace de una forma totalmente diferente, es una mujer directa y segura, igual que Morticia. Dos madres poco comunes que daban un respiro a la figura maternal que nos mostraba normalmente la televisión, pero claro ¿tenían que ser monstruosas para hacerlo?

¿SABÍAS QUÉ?

Los títulos de crédito de la primera temporada de *Los Munsters* son una parodia de los de *El Show de Donna Reed*, donde Reed pasaba el almuerzo a cada miembro de la familia antes de salir de casa, cual madre perfecta. Gomez y Morticia Addams fueron la primera pareja televisiva en Estados Unidos que tuvieron vida sexual explícitamente. Oh la là!

STAR TREK

Intérpretes: William Shatner, Leonard Nimoy, DeForest Kelley, Nichelle Nichols, George Takei | 3 Temporadas | **Cadena:** NBC | 1966-1969 | 80 episodios

LA ÚLTIMA FRONTERA

El *Enterprise* tiene una misión, explorar el espacio, la frontera final. Y lo hace llena de hombres en puestos de mando y mujeres con minifalda. El casanova del capitán Kirk se las llevaba todas de calle, es cierto. Pero *Star Trek* también rompió muchas barreras. Y lo hizo gracias a una mujer: la teniente Nyota Uhura (Nichele Nichols). La serie no solo mostró a mujeres en posición de liderazgo, tenemos a Uhura como teniente responsable de comunicaciones. Una mujer en el puente del *Enterprise*, aunque sufriese del síndrome de la pitufina, ya que era la única entre un montón de hombres, que tenía un cargo de poder. El mismo poder que sus compañeros. Pero es que

además Uhura era una mujer negra. Ya solo por eso estaba derribando barreras televisivas. Además, ella y el capitán Kirk se dieron el primer beso interracial televisivo en Estados Unidos, causando tal revuelo que la serie casi fue cancelada. A la América más racista casi le da un infarto. Porque una mujer de color y un hombre blanco no podían besarse en televisión. La moral de la América profunda veía sus cimientos temblar. Bien por *Star Trek*.

Es una de las series que más han influido en la cultura pop americana. Y lo ha hecho gracias a la libertad que les proporcionaba el hablar de otras galaxias, de otras culturas inexistentes. Nuevos mundos y nuevas realidades permitían a Gene Roddenberry, su creador, tratar temas que otras series no podían tratar: el racismo, la xenofobia, los derechos humanos, la guerra de Vietnam, el sexismo, etc. Además contaba con un elenco multiracial en el que hombres y mujeres eran tratados por igual. Y en ella, las mujeres de la flota estelar no eran amas de casa a la espera de sus maridos con la cena preparada o madres amorosas dedicadas a sus hijos. No, eran profesionales competentes. Mujeres que viajaban por la galaxia, que eran científicas. Es cierto que lucían minifaldas escuetas pero eso tiene una explicación bastante rocambolesca por cierto.

La cadena NBC rechazó el primer piloto titulado "The Cage". Las mujeres eran demasiado amenazadoras, especialmente el personaje llamado Number One. Estaban en posiciones a las que las mujeres no se podían ni acercar. Las primeras mujeres a las que se permitió enrolarse en la academia para ser astronautas en la NASA lo hicieron en 1978, más de una década después de estrenarse la serie. Pero es que además, en la serie eran tratadas como iguales a sus compañeros. Las audiencias que vieron el piloto salieron horrorizadas. La cadena hizo drásticos cambios en los personajes femeninos. Uno de los principales, desterrar el traje unisex por vestidos muy sexualizados y minifaldas. Sin comentarios.

Aún así, Uhura está ahí. En una entrevista Nichelle Nichols afirmó que pensaba dejar la serie cuando en una reunión de la NAACP (National Association for the Advancement of Colored People) un fan se acercó a ella. Era Martin Luther King. Le contó que él y su mujer Coretta dejaban ver a sus hijos *Star Trek*. Cuando Nichols le dijo que pensaba dejarla, el Dr. King le dijo: "No puedes. Estás haciendo historia". Cuando Nichols se lo contó a Roddenberry, este se puso a llorar. ¿Y quién no? Quién se iba a imaginar que uno de los mayores defensores de los derechos humanos de la historia sería un *trekkie*.

Pero no todo es perfecto en esta serie. Estaban las mujeres de Orión vendidas como esclavas sexuales. Grandes bellezas e irresistibles para los hombres gracias a una feromona que producen. Son vendidas como esclavas sexuales y se las presenta como mujeres muy promiscuas. En un rocambolesco giro de guion, en series posteriores las esclavas de Orión resulta que en realidad lo hacían por gusto y no eran tales esclavas sino más bien utilizaban sus feromonas para atraer a los hombres y hacer con ellos lo que querían. Precioso.

También es cierto que no ha habido ninguna capitana en la flota estelar hasta Kathryn Janeway en *Star Trek: Voyager* de 1995. Las mujeres de La nueva generación, que empezó en 1987, tienen papeles más asociados a lo femenino: una doctora y una consultora, o sea, gente que ayuda a otros. Exceptuando el personaje de Tasha Yar, que es la jefa de seguridad. El resto de mandos son hombres. La nueva saga de la serie *Star Trek: Discovery* causó en 2017, su año de estreno, gran revuelo entre la América de Trump. La serie la lidera Sonequa Martin-Green, una mujer de color. Interpreta a Michael Burnham, una especialista en ciencia en el USS Discovery. Burnham fue primera oficial en el SS Shenzhou, donde la llamaban Número Uno en honor a aquel personaje del piloto de la serie original.

Aquel que acojonó a las audiencias en 1964. Es el reparto más multiracial de todos. Algunos lo criticaron, acusando a la serie de "genocidio blanco". Haciendo América grande otra vez, ignorando la realidad de uno de los países más multiraciales del mundo. Bravo por *Star Trek: Discovery*, por seguir el legado de Gene Roddenberry de mostrar la diversidad cultural que hace de verdad grande a América.

¿SABÍAS QUÉ?

Cuando la NBC intentó cancelar la serie original después de la tercera temporada, una avalancha de cartas de fans les inundó. Muchas mujeres escribieron dando las gracias a la serie ya que les había animado a dedicarse a carreras de tecnología y ciencia viendo a mujeres en esos puestos. ¿Cuántas niñas verían la serie y soñarían con un día ir al espacio o convertirse en científicas? ¿Cuántas futuras astronautas serían fans de la serie? ¿La vería Sally Raid, la primera mujer norteamericana en ir al espacio o Mae Jemison, la primera mujer afroamericana en viajar al espacio? Esta última salió en un episodio de *Star Trek: La nueva generación*.

V

Intérpretes: Jane Badler, Michael Durrell, Faye Grant, Marc Singer, Robert Englund, Jennifer Cooke
2 Temporadas | **Cadena:** NBC | 1983-1985 | 21 episodios

EL PODER DE LA CIENCIA FICCIÓN

V era una serie de acción con extraterrestres de por medio. Y las mujeres además tenían mucho peso en su trama. Las buenas y las malas. La jefa de la resistencia era una mujer y las líderes alienígenas también. Las mujeres, gracias a la ciencia ficción, se convertían en heroínas de peso y también sustentaban el poder, sin ser puestas en duda por ello.

Los visitantes llegaban a la Tierra en busca de nuestra ayuda. Como amigos. Pero pronto descubrimos que su verdadera intención es rapiñar la Tierra, sus recursos y a sus habitantes. Los visitantes parecen humanos pero debajo de su piel se esconden unos lagartos verdes como ratones nada amigables.

Los humanos se unen para crear una resistencia contra el enemigo común, la supervivencia de la Tierra está en juego. Este es el argumento de *V*, la serie que nos dejó enganchados a la tele en los ochenta. Los lagartos le colaron un gol a la humanidad, con sus falsas sonrisas, sus eslóganes facilones, su política populista... ¿Os recuerda algo? La serie reflejaba el ascenso al poder del nazismo, en una metáfora alienígena de lo que podía pasar en EE.UU. si las ideas del fascismo calaban entre la población. Tenemos simbología parecida a la nazi, una resistencia, colaboracionistas, etc. Esa era la idea de Kenneth Johnson, su creador, pero la cadena estaba más interesada en rentabilizar el éxito de *Star Wars* y le pidió que metiera extraterrestres por medio.

La ciencia ficción permite cosas que la realidad no admite como tener mujeres dirigentes. Tanto la líder de la resistencia Juliet Parrish (Faye Grant) como Diana (Jane Badler), la comandante suprema de los Visitantes, estaban al mando. Las mujeres en *V* no se quedaban esperando a que el héroe las salvase. Mike Donovan (Mark Singer) cumplía la función, pero Juliet no permanecía oculta mientras los machotes saboteaban las naves visitantes. Ella participaba activamente en la acción y en la toma de decisiones. Igualmente Diana gobernaba entre sus tropas con mano dura. Pocas malas ha habido como

ella. Cuando el Líder de los visitantes manda a un responsable para la segunda oleada de la invasión, también manda a una mujer Lydia (June Chadwick). No son las únicas mujeres protagonistas de la serie. Gran parte del peso de la acción y las tramas lo llevan ellas. Como Elizabeth (Jennifer Cooke), la primera hija de una humana Robin (Blair Tefkin) y un visitante. Un personaje con poderes sobrenaturales, que será esencial para la derrota de los visitantes.

Si la idea original de Kenneth Johnson hubiera prosperado y se hubiese hablado de unos EE.UU. viviendo una situación política en la que la extrema derecha hubiera ganado adeptos, ¿cuántas mujeres en el poder creéis que hubiera habido? Ninguna. La irrealidad de la ciencia ficción permite romper barreras impensables. Por eso las mujeres han tenido más manga ancha en la misma.

¿SABÍAS QUÉ?

Dominique Dunne fue la actriz elegida para interpretar a Robin. Estaba ensayando su papel para el día siguiente con otro de los protagonistas, David Packer, cuando su ex novio apareció y la estranguló hasta dejarla en coma. Falleció pocos días después. La violencia machista, esa gran lacra.

EXPEDIENTE X

Intérpretes: David Duchovny, Gillian Anderson, Mitch Pileggi, Robert Patrick, Annabeth Gish
11 Temporadas | **Cadena:** Fox | 1993-2018 | 217 episodios

EL LADO CIENTÍFICO DE SCULLY

Está claro que el personaje de Dana Scully (Gillian Anderson) se ha convertido en un icono cultural. Y eso lo demuestra el incremento de mujeres que estudiaron carreras de ciencia, medicina o se alistaron en el FBI tras la aparición de su personaje en televisión durante casi una década. Aún años después de que la serie acabase, el personaje se sigue viendo como un ejemplo de mujer poderosa que persigue algo más, que no se siente realizada simplemente buscando el amor de un hombre. Todas quisimos ser Scully. Enfrentarnos a extraños sucesos y descubrir misterios ocultos.

La química y el magnetismo entre los dos protagonistas fueron motivo del éxito de la serie. Uno era el complemento del otro. Scully era la racional y científica y Mulder (David Duchovny) el emocional. Scully era la escéptica, la que le ponía los pies sobre la tierra a Mulder. Chris Carter, el creador de la serie, afirmó que con ellos quería invertir los roles de género que mostraba normalmente la televisión.

Y lo consiguió. Scully se ha convertido en un icono feminista. Pocas mujeres eran tan valientes o complejas en la televisión en aquellos días. De hecho, el trabajo de Fox Mulder era considerado, por su jefe y por todo el FBI, una tontería hasta que Scully hizo acto de presencia. Ella dio credibilidad a los Expedientes X.

Scully es firme, segura de sí misma, una profesional, científica, doctora y agente del FBI. ¿Se puede ser más *cool*? Pero a pesar de que el personaje sea una mujer fuerte que no se deja dominar por los hombres y que demuestra su valía, es respetada y es una igual junto a su compañero, Scully ha tenido que pasar por mucho más que Mulder. Cada semana durante años veíamos a una mujer inteligente y válida puesta en duda. Porque al final, Mulder siempre tenía razón.

En el primer episodio Scully tiene que desnudarse para mostrarle una cicatriz a Mulder que podía haber tenido en un lugar menos privado. Algo que la actriz afirmó que era innecesario para la historia. Es cierto que Mulder estaba traumatizado por la muerte/abducción de su hermana pero la pobre Scully las ha pasado canutas en el sentido femenino de la palabra, o sea, con sus órganos reproductivos como protagonistas. Ha sido abducida y secuestrada en numerosas ocasiones, le quitaron los ovarios, tuvo cáncer, fue embarazada científicamente (o sea violada) y tuvo un hijo que tuvo que dar en adopción, en teoría era de Mulder luego descubrimos que no, que era un experimento gubernamental. A pesar de ello, es un personaje esencial que dio un vuelco a la imagen que se daba de las mujeres en la televisión.

¿SABÍAS QUÉ?

Gillian Anderson tuvo que luchar para conseguir los mismos derechos que su compañero en la serie. De hecho al principio querían a una actriz tipo modelo rubia sexy para el papel. Pero la química entre los actores fue esencial. Aún así, el estudio le exigía en un principio andar o pararse siempre varios pasos detrás de Duchovny delante de la cámara. Ridículo. Le costó tres años conseguir que le pagaran lo mismo que a él. Y cuando llegó la nueva serie en 2016, ¡le ofrecieron la mitad del sueldo de Duchovny! En la primera temporada, Anderson se quedó embarazada y la cadena quiso traer a una sustituta, pero el éxito del personaje tuvo más peso así que Scully llevó abrigos largos y bastante anchos durante un buen tiempo en la serie.

BUFFY, CAZAVAMPIROS

Intérpretes: Sarah Michelle Gellar, Nicholas Brendon, Alyson Hannigan, David Boreanaz
7 Temporadas | **Cadena:** The WB / UPN | 1996-2003 | 145 episodios

LA GUERRERA ADOLESCENTE QUE TIENE QUE SALVAR EL MUNDO

El mundo se va a acabar, el mal está por todos lados y solo una persona puede salvarnos. ¡Y no es un hombre! ¡Aleluya! *Buffy, cazavampiros* es una serie de acción donde el peso de salvar al mundo recae sobre una mujer. Por fin. Y encima es una adolescente con los problemas típicos de la adolescencia. De día es una animadora en el instituto de Sunnydale. De noche se dedica a afilar estacas de madera y matar vampiros. Parece una serie poco trascendente, pero no lo es. Y por eso se convirtió en una serie de culto sin que la cadena se diera cuenta.

La mayoría de héroes de acción son hombres atormentados, sobre todo porque las mujeres de su entorno sufren: van a morir o han muerto o los malos han secuestrado a sus esposas, hijas o hijos pequeños. Tienen que salvarlos pero también tienen que vengarse. Ellos son los únicos que pueden salvar el mundo, están solos y torturados. Cargan un gran peso sobre sus espaldas. Y todas las historias y el sufrimiento del resto de personajes giran entorno a eso. Sobre todo el de las mujeres que se convierten en meras víctimas violadas, torturadas y asesinadas a diestro y siniestro. Pero eso cambió. Buffy es la elegida sí, pero tiene un buen grupo de amigos que la apoya y está con ella en esa lucha. Muchos de estos amigos son mujeres como Willow (Alyson Hannigan) o Cordelia (Charisma Carpenter).

El creador de *Buffy* afirmó que el personaje estaba basado en la típica rubia que muere siempre a las primeras de cambio en las pelis de terror. Su intención era transformar a la víctima tradicional en protagonista. Una rubia que no muere, una que no depende de un hombre para salvarse y que puede luchar contra el mal con su propia fuerza y astucia. Esa es Buffy (Sarah Michelle Gellar). Buffy cumple

con el arquetipo de la rubia guapa, femenina, le gusta la moda y el maquillaje y ser animadora. Pero a la hora de la verdad y cuando los vampiros intentan asolar su ciudad, saldrá a patrullar las calles para matarlos a todos. Salva al mundo, a sus amigos y a su familia, porque es su trabajo y lo hace bien. Y sí, se enamora de un vampiro malote y sufre, como toda y todo adolescente hace. Pero no por eso deja de cumplir con su deber. Al final del día, es ella la que salva a Angel, no al revés. Y eso se agradece como agua de mayo.

Buffy es mucho más que una serie sobre adolescentes que matan vampiros. Es una serie sobre las dificultades de crecer y las responsabilidades que conlleva. Como cuando aparece Dawn y su madre muere y Buffy tiene que hacer de hermana mayor. No es solo una serie de terror, es una comedia dramática. Al final de la serie aparecen muchas más cazavampiros, parece que Buffy ya no es la única en su misión. Ese era el elemento esencial de la serie, pero también es cierto, que muestra un mensaje positivo, el de que hay muchas más mujeres ahí fuera tan valientes como Buffy que pueden salir a cargarse a los malos y salvarnos a todos.

¿SABÍAS QUÉ?

La serie está basada en el personaje de la película *Buffy, cazavampiros* de 1992 de la que Josh Whedon fue guionista. Convirtieron una película de terror sobre una adolescente empoderada en una comedia tonta. La cadena quería cambiar el nombre de la serie porque pensaba que nadie se tomaría en serio a una protagonista llamada Buffy.

SABRINA, COSAS DE BRUJAS

Intérpretes: Melissa Joan Hart, Caroline Rhea, Beth Broderick, Nate Richert, Jenna Leigh Green
7 Temporadas | **Cadena:** ABC / The WB | 1996-2003 | 163 episodios
LAS ESCALOFRIANTES AVENTURAS DE SABRINA
Intérpretes: Kiernan Shipka, Ross Lynch, Lucy Davis, Chance Perdomo, Michelle Gomez
2 Temporadas | **Cadena:** Netflix | 2018- actualidad

UNA BRUJA ADOLESCENTE

Sabrina nació en *Archie Comics* en los años sesenta. El personaje perdía sus poderes si se enamoraba. Y era una bruja buena y obediente, cercana a la Samantha de *Embrujada*. Una mujer que se dejaba dominar por lo establecido sin ni siquiera ponerlo en duda. Esta Sabrina (Melissa Joan-Hart) sigue un poco los mismos patrones de bondad con algunas diferencias.

Es hija de una mortal y un padre brujo, vive con sus tías Hilda (Caroline Rhea) y Zelda (Beth Broderick) y un gato llamado Salem (lo más divertido de la serie sin duda. Es en realidad un brujo atrapado en el cuerpo de un gato como castigo por querer dominar el mundo). Sabrina descubre que es una bruja cuando cumple 16 años. Evidentemente tiene un novio mortal, Harvey Kinkle (Nate Richert) que no se entera de la misa la mitad y no sabe que es una bruja. Sabrina usa sus poderes para ayudar a su familia y a sus amigos. Es una buena bruja.

La serie es una comedia adolescente. Las brujas ya no son seres maléficos y despreciables con arrugas, que se esconden en una casa en el bosque y viajan subidas en una escoba maldiciendo a la humanidad. Mujeres a las que temer. Al fin y al cabo representaban el peor miedo del hombre, masculino no como humanidad, el poder de la mujer. Aunque no fueran realmente brujas. Series como esta o *Embrujadas* mostraban brujas diferentes, mujeres con verdaderos poderes pero también normales. Sabrina era una estudiante modélica, inteligente, aficionada a la ciencia y que luchaba por las injusticias, una joven respetada por su entorno.

Nell Scovell era su creadora pero también tenía un *cast* y un equipo técnico y de guionistas mujeres. Scovell creó a Sabrina como el personaje que le hubiera gustado haber visto cuando era adolescente. Sabrina está rodeada además de mujeres capaces e inteligentes como sus dos tías. Aunque es cierto que Sabrina solo tiene que mover su dedo para hacer magia, como Samantha movía su nariz, lejos de pociones y de la brujería más clásica. Lejos del mal. Es la buena bruja femenina y perfecta.

Damos un salto en el tiempo y nos adentramos en la oscuridad de *Las escalofriantes aventuras de Sabrina*. La nueva versión del personaje que Netflix ha hecho. Mucho más oscura y alejada de la original, Sabrina (Kiernan Shipka) vive la brujería en el más oscuro sentido de la palabra. Está a punto de cumplir 16 años y de celebrar su baptismo oscuro, lo que significa declarar su obediencia al Señor Oscuro y a la Iglesia de la Noche. Vive entre dos mundos, el mortal y el mágico, pero no es una dulce adolescente sin más, sino que se enfrenta a una dualidad complicada, que *Sabrina, cosas de brujas* no mostraba. Toc, toc, Satán llama a tu puerta.

Sabrina se enfrenta a una doble discriminación, primero porque es medio bruja y por lo tanto, no aceptada por parte de su aquelarre. Pero también siente que no tiene por qué rendirse a un ser superior, hombre, que la domine. La brujería es un patriarcado. Además Sabrina tendrá que escoger. Si es bruja dejará de lado su vida mortal: Amigas, novio, colegio. Todo. Y entregarse, literalmente, en cuerpo y alma al Señor Oscuro. ¿Por qué tiene que decidir sobre mi cuerpo?, se pregunta. Sabrina es una chica dulce, se preocupa por sus amigos y las personas que quiere, pero también le gusta su lado oscuro. No quiere renunciar a su libertad. Una de las Hermanas Extrañas, tres brujas hermanas de mal agüero, le dice ante sus dudas: "Pero tendrás poder" y ella le responde: "Quiero los dos: libertad y poder". El mundo de la brujería está dominado por hombres, pero también el mundo mortal. El sumo sacerdote es un hombre y el Señor Oscuro también, al igual que el director del colegio. Las mujeres parecen empujadas hacia ellos y hacia la obediencia. Incluso sus tías, que prácticamente la obligan a firmar el libro del Señor Oscuro o, Mrs. Wardwell, su profesora favorita, que está poseída por un agente de Satán.

La serie es inclusiva, los personajes son diversos. Hay un personaje no binario (no se identifica ni con el género femenino ni con el masculino). Es una de sus mejores amigas, Susie, que sufre el acoso de los chicos del instituto. Un grupo de jugadores de fútbol la acosan, le levantan la camiseta para ver si es un chico o una chica. Sabrina la ayuda y va a denunciar el hecho ante el director que evidentemente, no le hace caso. Por eso le manda unas simpáticas arañas. Sabrina es un personaje fuerte, con voluntad propia. Se enfrenta a los matones del instituto, crea un grupo feminista para proteger a las chicas de su entorno y se enfrenta a los hombres que impiden que las mujeres puedan decidir. No acepta órdenes. Decide por ella misma. Sobran algunas imágenes como ese medio desnudo intuido al salir del baño de Sabrina o tener que quedarse en ropa interior delante del Sumo Sacerdote ya en el primer episodio. Totalmente innecesario.

Radicalmente opuestas. *Sabrina, cosa de brujas* era una comedia adolescente divertida. *Las escalofriantes aventuras de Sabrina* es una serie oscura y dramática, no apta para mentes sensibles. Ambas son mujeres que aprenden de sus poderes, que no aceptan su destino, sino que lo construyen como quieren. Cada una a su manera.

¿SABÍAS QUÉ?

Aunque no lo parezca, Melissa Joan Hart tenía en realidad 20 años cuando empezó la serie. No tuvo que hacer ningún *casting* ni fue considerada ninguna otra actriz para el papel, su madre era la productora y poseía los derechos para adaptar *Archie Comics*. Las referencias al cine y la literatura de terror en la serie de Netflix son abundantes. Desde el hechizo que usa Sabrina para invocar a las Hermanas Extrañas, sacado de *Macbeth*. Los cuadros que aparecen son obra de Clive Baker (*Hellraiser* y *Candyman*). El cine que sale en el primer episodio es el mismo que aparece en la peli *IT* de Stephen King. El Dr. Sapperstein, mencionado por la señorita Wardwell en el primer episodio es el nombre del doctor satánico de *La semilla del diablo*. Por cierto, el Salem de la serie de Netflix, lamentablemente, no habla.

EMBRUJADAS

Intérpretes: Shannen Doherty, Holly Marie Combs, Alyssa Milano, Rose McGowan, T.W. King, Dorian Gregory | 8 Temporadas | **Cadena:** The WB 1998-2006 | 179 episodios

SORORIDAD, HERMANAS

Phoebe Halliwell (Alyssa Milano) se muda de Nueva York a San Francisco para vivir en la casa familiar con sus hermanas Prue (Shannen Doherty) y Piper (Holly Marie Combs). Allí encuentra el *Libro de las Sombras*, donde descubre que son las brujas más poderosas del mundo gracias al poder de Tres y que su misión es salvar al mundo del mal. Poco a poco aprenderán a dominar sus poderes y a luchar contra demonios, magos y demás criaturas malignas. *Embrujadas* fue una de las series más exitosas de los noventa, que duró ocho temporadas y se convirtió en la serie con mujeres protagonistas más longeva, hasta la llegada de *Mujeres desesperadas*.

Embrujadas es una serie que explota el *girl power*. Fue creada por una mujer, Constance M. Burge, que también escribió para *Juez Amy* o *Ally McBeal*. Habla del poder de las mujeres unidas. Aunque cada una de las hermanas tiene un poder específico y diferente, es estando juntas cuando logran vencer al mal. Y eso es un mensaje importante. Son mujeres fuertes que saben valerse por sí mismas y que tienen el verdadero poder. Aunque haya momentos de vergüenza ajena, sobre todo a partir de la quinta temporada. Durante las cuatro primeras se lo pasaban genial y disfrutaban salvando al mundo. No parecía que sus vidas giraran en torno a sus intereses románticos, aunque los tenían. Se notaba la unión entre las hermanas. Y eso es lo que hacía especial a la serie.

Pero no todo era perfecto. Solía tirar de clichés y no mostraba mucha diversidad en su reparto. Todas son mujeres estupendas, guapas y blancas. Todo el mundo importante en sus vidas resulta ser un hombre. Y encima en las últimas temporadas cada vez tenían menos ropa, sobre todo Alyssa Milano. Mientras Burge fue productora la serie se centró en la relación entre las hermanas y la brujería como herencia familiar. Cuando entró a producir Brad Kern, las historias románticas ganaron importancia, igual que la poca ropa. Prue muere al final de la tercera temporada y entra en acción Paige (Rose McGowan) como una recién descubierta medio hermana. Pero las hermanas habían perdido esa sororidad y ya no parecían pasárselo bien salvando el mundo. Todo era un problema que entorpecía llevar una vida normal.

En 2018 CW lanzó su *remake* de la serie, sin contar con la creadora ni el reparto original. Algo que creó controversia y enfado de fans y sus protagonistas. Y no es de extrañar. Se ha vendido como serie feminista hasta la saciedad. Los guiones flaquean. Y aunque es cierto que muestra más diversidad, son

tres hermanas latinas, ya en el primer episodio vemos un *mansplaining* que ni os cuento. Phoebe, Prue y Piper aprenden por ellas mismas, descubren sus poderes y se convierten en brujas por derecho propio. Las nuevas hermanas son atadas a unas sillas por un hombre al que no conocen y que les explica qué son, cuáles son sus poderes y qué tienen que hacer.

Alyssa Milano y Shannen Doherty se llevaban a muerte. Fue una de las razones por las que Doherty dejó la serie. Rose McGowan, que dio el salto a la fama en *Embrujadas*, es una de las caras visibles del movimiento #Metoo. Y ha denunciado en su libro *Brave* que una serie de mujeres tuviera un equipo técnico enteramente masculino. Holly Marie Combs ha sido muy crítica con el *remake* de la serie.

TRUE BLOOD

Intérpretes: Anna Paquin, Stephen Moyer, Sam Trammell, Alexander Skarsgard, Rutina Wesley, Kristin Bauer van Straten | 7 Temporadas | **Cadena:** HBO | 2008-2014 | 81 episodios

LA CONTRADICCIÓN DE SOOKIE

En el pueblecito de Bon Temps, en Louisiana, la camarera Sookie Stackhouse (Anna Paquin) quiere ocultar su telequinesis a sus vecinos para que no la consideren un bicho raro. Mientras, los vampiros salen del armario e intentan convivir con los humanos, aunque algunos planean sucias estrategias para hacerse con el poder. Sookie conoce a Bill (Stephen Moyer), un caballero sureño que es un vampiro con más de un lustro a sus espaldas.

Todos nos enganchamos a los vampiros salidos de *True Blood*. Los más sexys y calientes de la televisión. No se andaban con tonterías, ni con historias romanticonas de vampiros lánguidos como en *Crepúsculo*. Nada de eso. Eran puro fuego. Quizás de ahí su éxito. Pero, ¿no os daba la sensación de que Sookie era un poco idiota de lo ingenua que era? Era una contradicción andante. Por un lado quería ser una mujer independiente pero por el otro se ataba a Bill, que era un novio de lo más decimonónico obsesionado con protegerla. Sookie no podía hacer nada sola. Parecía que las mujeres no podían defenderse por sí mismas, ni ser independientes, ni ser sexualmente activas sin ser castigadas.

Por ejemplo, Sookie y Bill se pelean en el coche camino a Bon Temps. Jessica, una nueva vampira, se ha salido de madre. Bill ejerce con ella de padre estricto, mientras Sookie quiere que viva y experimente. Bill le echa una bronca de esas patronizantes. Sookie abandona el coche enfadada, diciendo que puede cuidarse sola. Solitaria, en mitad de la noche un ser maléfico acaba atacándola y casi la mata. Cuando Sookie muestra su independencia, es castigada. Bill es un novio chapado a la antigua, demasiado, mientras Sookie lucha entre su deseo de ser independiente y sus sentimientos hacia Bill, cortados a la vieja usanza, ya que es una señorita del sur.

A pesar de ello, Sookie siempre acaba defendiéndose sola, mata a los malos, se salva no solo a ella sino que, en muchas ocasiones, también a los hombres que tan desesperadamente intentan salvarla. Todo hombre viviente y no viviente de Bon Temps se siente atraído por Sookie. Todo hombre y mujer. Puede parecer la rubia guapa y tonta del pueblo, pero es más inteligente de lo que parece. Aunque a veces, es valiente hasta el punto de la estupidez.

Sookie es lo que se ha llamado una Mary Sue. Todo el mundo la quiere, sin motivo alguno. No sabemos por qué, pero todos la adoran, se quieren acostar con ella, quieren chupar su sangre. Sobre todo los hombres. Los tres protagonistas masculinos están enamorados o la desean sexualmente (Bill, Eric y Sam). Es buena como un corderito. Todo gira alrededor de ella, es difícil que un personaje así crezca. Tiene que mantenerse estático para que el resto de la historia funcione. Y eso es lo que le ocurre a Sookie. Aunque con el tiempo desarrolla su sexualidad más abierta y desaforada, es cierto que sigue siendo la misma chica sureña buenaza y atractiva.

Hay otras mujeres en *True Blood*, pero suelen girar entorno a la protagonista. Por ejemplo, Tara (Rutina Wesley), su mejor amiga. Su madre es alcohólica, tuvo una infancia traumática, tiene mal carácter. Actúa antes de pensar. Está mucho más sexualizada que Sookie. La protagonista es sexual de una manera casi ingenua y virginal, como toda buena Mary Sue. Tara es lo contrario que Sookie, que parece un ángel caído sobre la tierra, buena hasta la saciedad. Tara es uno de los personajes de color de la serie. Muchas veces alcanzando el tópico. Aunque ambas fueron criadas por la abuela de Sookie, han crecido de forma diferente. Sookie tenía una familia perfecta y feliz, pero Tara nunca ha sabido lo que es eso. Tara se desata pero, como Sookie, acaba pagando cuando es abducida por una sacerdotisa de un culto a Dionisios obsesionada con cargarse a Sam (Sam Trammell).

Pam (Kristin Bauer van Straten) es la vampira mala. Dura como el acero y despiadada, mano derecha de Eric (Alexander Skarsgård), el jefe vampiro y uno de los pretendientes de Sookie (aunque, ¿quién no es pretendiente de Sookie?). Jessica (Deborah Ann Woll) es la nueva vampira, inocente en un principio y desbocada a medida que vaya conociendo su nueva realidad. En un inicio no quiere abandonar su vida. Fue criada en una familia creyente estricta. Y pasa de ser una virginal joven a una vampira lasciva. También es verdad que en esta serie todo el mundo acaba desatado, vampiros y humanos. Esa es la gracia, ¿no?

Los vampiros siempre han sido seres atractivos. Nos han enganchado desde los inicios de la cultura televisiva y cinematográfica. ¿Quién no querría ser un vampiro inmortal? Chupadores de sangre, con numerosas connotaciones sexuales. Ellos representan el sexo desatado. La liberación de la libido, a través de la sangre. Pero, ¿cuántas vampiras recordáis? La mayoría de vampiros son hombres. Y en la televisión, la mayoría de protagonistas de series de vampiros son mujeres objeto de deseo de vampiros. Sookie es la máxima expresión de ello. Todos la quieren. Aunque luego nos explicasen que su sangre era especialmente suculenta para los vampiros porque era mitad hada. (¿En serio?) Bueno, compramos la historia, ¿verdad?. Las mujeres siempre son la amada del vampiro. Son humanas, por lo tanto más débiles que las criaturas. Sometidas a su voluntad muchas veces. Aunque al final acaben convirtiéndose en vampiros, las protagonistas suelen hacerlo por amor o porque son víctimas de los vampiros. ¿Para cuándo una vampira fuerte y protagonista absoluta?

¿SABÍAS QUÉ?

True Blood esta basada en la serie de libros de Charlaine Harris *Southern Vampire Mysteries*, en los que Sookie es la protagonista. De hecho, los libros están escritos desde el punto de vista de Sookie, algo que en la serie no pasa. En la televisión la historia es mucho más coral. El término Mary Sue nació en 1973 a raíz de la protagonista de una parodia de *Star Trek* creada por Paula Smith. En "A Trekkie's Tale", publicada en el fanzine *Menagerie* número 3, la teniente Mary Sue es la más joven de la flota estelar, la más lista, la más talentosa y la que tiene más capacidades. Es el típico personaje perfecto, tanto que acaba sacando de quicio.

JUEGO DE TRONOS

Intérpretes: Emilia Clarke, Peter Dinklage, Kit Harington, Sophie Turner, Maisie Williams, Lena Headey, Gwendoline Christie | 8 Temporadas | **Cadena:** HBO | 2011-2019 | 73 episodios

LA LUCHA POR EL PODER

Todos alabamos a las poderosas mujeres de *Juego de Tronos*. Y más en sus últimas temporadas, donde tantas han accedido al poder. La temporada seis fue renombrada por algunos medios como "Dames of Thrones". En la siete tenemos a Cersei en el Trono de Hierro. Arya ha empezado la venganza contra sus enemigos y está tachando nombres de su lista. Sansa está en Invernalia gobernando con su hermano y con la valerosa Brienne a su lado. Daenerys ha logrado por fin llegar a su tierra respaldada con

un gran ejército. Madre de dragones, dispuesta a gobernar y recuperar lo que le pertenece. Y así podría seguir mencionando a muchas de las mujeres de la serie. Pero, mirad todo lo que han tenido que sufrir para llegar donde están.

Mujeres que gobiernan, que comandan ejércitos, mujeres fuertes y poderosas que deciden su destino y no aceptan órdenes de nadie. ¡Aleluya! Pero para eso, han tenido que padecer lo indecible a manos de los hombres y de otras mujeres. Westeros es patriarcado puro. Cersei nunca fue la heredera al trono, es una mujer y el poder se hereda de hombres a hombres o más bien dicho se roba y se mata para llegar a él. De Brienne se reían por querer ser caballero. Sansa ha sido moneda de cambio entre hombres y violada en varias ocasiones. Han decidido por ella y sobre su futuro. Sin voz ni voto. Y aunque es la heredera legítima en Invernalia, al final el que gobierna es Jon Snow. Arya ha vivido las de Caín, incluso dejando de ser ella misma, sola y lejos de su familia. Daenerys fue vendida y obligada a casarse antes de convertirse en la temible madre de dragones.

Parece que para sobrevivir en Westeros estas mujeres tienen que hacerse de acero inoxidable. Soportar lo indecible incluidas torturas, violaciones (varias veces), desprecios, confinamientos y en muchos casos, acabar muertas. Las mujeres tienen que adoptar actitudes típicamente masculinas que las lleva a ejercer exactamente la misma brutalidad que los hombres usaron contra ellas. Cierto es que las mujeres no son solamente dulces y delicadas y pueden ser fieras y luchar como cualquier hombre. Pero la violencia y la violencia sexual contra ellas en la serie es tan brutal y gratuita que tira para atrás. La masculinidad en *Juego de Tronos* es de una toxicidad asfixiante.

De hecho, la violencia es el motor de mucho o prácticamente todo lo que pasa en la serie. Y muchas veces, esta violencia va dirigida contra las mujeres que son secuestradas, torturadas y violadas a diestro y siniestro. Esas mujeres y lo que sufren es lo que provoca que lleguen al poder, porque se revelan, luchan y, si hace falta, matan sin remordimientos. Poco parece cambiar en el futuro a corta y larga vista en Westeros, porque están dispuestas a ejercer la misma violencia que sus congéneres. A pesar de ser mujeres poderosas, para liberarse tienen que sufrir un calvario, siempre en solitario. Poca sororidad hay incluso entre mujeres que son de la misma familia.

Y sí que es cierto que nos encanta ver a mujeres como Daenerys Targaryen (Emilia Clarke) que es un ejemplo de superación, de mujer que se hace a sí misma, que sobrevive a sus circunstancias, que logra darle la vuelta a la tortilla. Una mujer que se empodera y se libera. Pero es fruto de una violación, obligada a casarse con un hombre violento. Es una esclava de los hombres. Logra superar todo eso para convertirse en una mujer poderosa con el respaldo de un ejército detrás. Una mujer que libera esclavos. Madre de dragones. O Brienne de Tarth (Gwendoline Christie), una guerrera, más fuerte que cualquier hombre que está dispuesta a defender a los demás, a hacer lo correcto. Puede que sea uno de los pocos personajes buenos de verdad y de corazón de la serie. Tampoco está sexualizada, como sí lo están otros personajes femeninos.

Sansa Stark (Sophie Turner) empezó como la princesita ideal, deseando casarse y hacer lo que las princesas siempre han hecho en los cuentos. Y se ha acabado convirtiendo en una mujer dura que gobierna. Y Arya (Maisie Williams), siempre ha sido la niña que quería ser libre, que quería luchar como sus hermanos, que no quería que la tratasen diferente.

Y qué decir de Cersei Lannister (Lena Headey), malvada como ella sola. Pero también representa a una mujer poderosa, que a pesar de ser la hija más preparada de Tywin Lannister, por ser una mujer, nunca hubiera podido acceder al trono. Algo que no le parará hasta conseguirlo. Cersei se revela contra su destino como mujer.

Todo esto es cierto y son grandes personajes. Pero, ¿tienen que pasar por los infiernos que han vivido para llevar las riendas de su vida? Las mujeres de *Juego de tronos*, siempre han tenido que sufrir mucho más que sus compañeros masculinos y de forma más brutal (aunque la serie reparte ostias a diestro y siniestro y mata personajes sin compasión, hombres y mujeres). Está claro que para gobernar en Westeros, si eres una mujer, tienes que sufrir el triple. Y que las mujeres que acaban obteniendo el poder tiene un final poco digno: la muerte. La temporada final así lo confirma.¿Para llegar al poder tienes que ser una loca y pagar por ello?

¿SABÍAS QUE?

Muchas de las escenas de violencia específica contra las mujeres en la serie, no salen en los libros, fueron añadidas por los *showrunners*. Por poner un ejemplo, Daenerys da su consentimiento antes de su noche de bodas con Khal Drogo. En 2012, 160 niñas en los Estados Unidos fueron llamadas legalmente Khaleesi, el título de Daenerys Targaryen. Aunque la serie se basa en los famosos libros de G.R.R. Martin, a partir de las sexta temporada, las historias empezaron a diferir bastante del devenir de los libros. Las mujeres de Westeros cuando se casan adoptan el apellido de sus maridos, excepto la casa que se sienta en el trono de hierro. Por eso Cersei es Lannister y no Baratheon, por ejemplo. El poder te da identidad.

AMERICAN HORROR STORY: COVEN

Intérpretes: Sarah Paulson, Taissa Farmiga, Frances Conroy, Lily Rabe, Emma Roberts, Kathy Bates, Jessica Lange, Angela Bassett | 1 Temporadas | **Cadena:** FX | 2013 | 13 episodios

AQUELARRE DE BRUJAS

Las brujas, las grandes enemigas de la historia del hombre. Torturadas y quemadas vivas por el gran crimen de ser diferentes y no conformarse con ser lo que se esperaba de ellas. Son las protagonistas de la tercera temporada de esta serie de terror llena de sangre, brutalidad, sexo y dolor. *AHS: Coven* cuenta la historia de las descendientes de las brujas de Salem y la academia de Madame Robichaux en Nueva Orleans, una escuela para jóvenes brujas que quieren aprender a controlar sus poderes. La escuela y las brujas están en horas bajas, cada vez son menos y más perseguidas. Las guerras externas e internas las están eliminando poco a poco. El aquelarre tiene que protegerse, a veces incluso de las mismas mujeres que lo forman. Como Fiona Goode (una espectacular robaescenas Jessica Lange), la Suprema del Aquelarre, la elegida que pierde poder a medida que la siguiente Suprema emerja entre alguna de estas jovencitas para convertirse en su sucesora.

American Horror Story ha sido muy criticada por la forma en la que ha tratado a sus mujeres. Un ejemplo son las escenas de violación que siempre aparecen. Cansa el recurso fácil. En su primera y segunda temporada a parte de ser aterrorizadas, las mujeres son asesinadas, acosadas, violadas, embarazadas del diablo, torturadas, encerradas y mucho más. En esta tercera temporada las mujeres son las absolutas protagonistas, sacando a los hombres casi de la ecuación. Mandan las brujas.

La serie tiene un reparto enteramente femenino encabezado por Jessica Lange, Sarah Paulson, Angela Bassett como la imponente Reina Voodo Marie Laveau y Kathy Bates. Pero no solo eso sino que trata temas como la sexualidad femenina como el poder asesino de Zoe (Taissa Farmiga), las relaciones entre madres e hijas con Fiona (Lange) y Cordelia (Paulson), la fertilidad con los problemas para quedarse embarazada de Cordelia, el envejecimiento como el que teme tanto Fiona (en realidad lo que teme es perder el poder que posee como Suprema), pero también las relaciones entre mujeres.

En esta serie, aunque están, los hombres no importan. Lo que es esencial es el poder femenino y lo que puede llegar a hacer. Un poder que puede ser terrible, brutal y despiadado, ¿por qué no? Estamos hablando de una serie sobre el horror no de *La casa de la pradera*. No apto para mentes delicadas. Así nacen personajes como Madame Delphine LaLaurie (una sádica y racista Kathy Bates). Tenemos brujas ingenuas, como Zoe; otras con un sentido de la justicia desaforado como Myrtle Snow (Frances Conroy) pero también sanadoras como Misty Day (hechizante Lily Rabe) y su pasión por la bruja blanca Stevie Nicks. Todas mujeres fuertes que aprenden a no tener miedo y a usar sus poderes con toda su fuerza. Por terribles que sean las consecuencias.

¿SABÍAS QUÉ?

Muchas actrices y actores de la serie repiten temporada tras temporada, pero no siempre hacen el mismo personaje. Las historias se pueden ver independientemente. Jessica Lange y Ryan Murphy (el creador de la serie) se llevan tan bien que han colaborado a la hora de crear los personajes que interpreta. Añadiendo cosas de la cosecha de la actriz. Por ejemplo, Lange quería interpretar a una mujer elegante vestida de Chanel y así es Fiona en esta temporada.

ORPHAN BLACK

Intérpretes: Tatiana Maslany, Dylan Bruce, Jordan Gavaris, Kevin Hanchard, Michael Mando
5 Temporadas | **Cadena:** Space (Canada) / BBC América | 2013-2017 | 50 episodios

SORORIDAD, HERMANAS CLONES

Sarah Manning está en el andén del metro esperando al siguiente tren. De repente, una mujer que es exactamente igual que ella decide suicidarse tirándose a las vías. Se llama Beth Childs, es policía y resulta que es también la clon de Sarah. Es entonces cuando decide suplantar la identidad de Beth e intentar averiguar qué demonios está pasando. Sarah es una convicta, madre soltera, una oveja descarriada que ha acabado mal, pero que a través de este cambio de personalidad, logrará convertirse en toda una guerrera de la sororidad. Porque no es la única clon, tiene muchas otras hermanas a las que tendrá que salvar.

Tatiana Maslany interpreta a todas estas clones con maestría (ocho personajes en total a lo largo de la serie) y a través de ellas se explora la diversidad de la mujer pero también la forma en la que los cuerpos de las mujeres son manipulados y abusados. Y lo hace además poniendo en cuestión cómo las corporaciones juegan a ser dios, como la ciencia se pervierte en beneficio del dinero y la ganancia, sin importar el daño que hagan. Las mujeres en esta serie luchan por construir su realidad, por decidir su destino, cuando son

otros los que manejan las cuerdas de su vida. Las clones no solo son creadas para experimentar con ellas, sino que son monitorizadas y sus vidas condicionadas a beneficio de sus creadores.

Sarah no es una heroína al uso masculino. Solitaria, que salva al mundo sin necesidad de nadie más. No, ella teje toda una red de relaciones, crea una comunidad y una familia, pero al mismo tiempo mantiene su propia personalidad y su independencia. Para luchar contra los Neolutionistas, creadores de los clones, buscará la unión, que sí que hace la fuerza. Y lo hará con sus hermanas clones pero también con otras personas, mujeres y hombres, como su hermano o su madre adoptiva.

Todas luchan por su autonomía, por ser realmente ellas y no el diseño de un laboratorio. La serie habla sobre cuestiones primordiales como la identidad, la independencia y la maternidad. Sarah es el único clon que ha dado a luz, el resto son estériles y eso la convierte en un objetivo preciado para sus creadores. Conspiraciones científicas que juegan con el cuerpo de la mujer y con el fruto del mismo.

Pero el gran acierto de la serie es el retrato de la diversidad de la mujer y la sororidad que siempre está presente. Las mujeres no luchan entre ellas, no se pelean por un hombre. Aquí se apoyan las unas en las otras, se ayudan. Pero también son mujeres imperfectas. No son heroínas perfectas, tienen sus debilidades y sus virtudes. Son humanas. Se permiten ser vulnerables. Y aunque hay mujeres de diversas edades y sexualidades, como la relación entre Cosima y Delphine, la única pega es la poca representación de mujeres de color en la serie. Por lo demás, es la historia de como la sororidad logra ganar.

¿SABÍAS QUÉ?

Cosima Herter, consultora científica de la serie sirvió de inspiración para crear a uno de los clones, la científica Cosima Niehaus. Tatiana Maslany y el guionista Graeme Manson colaboraron a la hora de crear las historias de los clones, incluyendo la forma en que se criaron o la familia que tenía cada una.

LOS 100

Intérpretes: Eliza Taylor, Bob Morley, Marie Avgeropoulos, Alycia Debnam-Carey, Adina Porter, Lindsey Morgan | 6 Temporadas | **Cadena:** The CW 2014-actualidad

WOMEN POWER

¿Un futuro distópico en el que las mujeres son las líderes? Los machistas del mundo claman al cielo. La queja: todas las personas con poder de la serie son mujeres. Eso no es realista, afirman algunos. Claro que no. Estamos hablando de ciencia-ficción, una realidad en la que las mujeres pueden ser lo que quieran. Es increíble que un fan de este género, acostumbrado a increíbles imposibilidades, vea el poder de la mujer como algo improbable. Y aún van diciendo que ya hemos alcanzado la igualdad.

Los 100 tiene un buen reparto de mujeres líderes, científicas, médicas. Papeles que durante décadas han sido interpretados por hombres. Y ese es uno de los problemas principales a resolver, la falta de representatividad de las mujeres en la televisión. Porque haberlas, las hay. Como he comentado anteriormente, la ciencia-ficción es el vehículo ideal para dar esa visibilidad. Son realidades alternativas, futuros que aún no están escritos. Y *Los 100* aprovecha esa ventaja. Eso no quiere decir que no haya hombres en papeles relevantes, pero después de ver centenares de series en las que todo gira entorno al héroe de turno, esta serie llega como un soplo de viento fresco.

97 años después de una explosión nuclear devastadora que prácticamente ha eliminado la vida en la tierra, miles de personas viven en una estación espacial llamada El Arca. La comida escasea y en secreto, las autoridades envían a la Tierra a 100 jóvenes delincuentes para comprobar si aún es habitable. Allí descubren que otros humanos han logrado sobrevivir. Los 100 tendrán que luchar por su supervivencia, liderados por Clarke Griffin (Eliza Taylor). Tiene 18 años y pronto toma las riendas de la situación. Crece en responsabilidades, toma decisiones difíciles pero con criterio, pensando en el bienestar del grupo. Y además es bisexual. Esta es una de las series en las que más diversidad sexual hay. Algo inusual.

Lexa (Alycia Debnam-Carey) es la Heda, líder de los 12 clanes que han sobrevivido en la Tierra. Una mujer poderosa, sin miedo, despiadada cuando tiene que serlo para proteger a los suyos pero también compasiva. También aporta diversidad que sea lesbiana. Los personajes viven su sexualidad con absoluta normalidad. Lexa rompe estereotipos y era un personaje esencial en la serie.

También tenemos a Indra (Adina Porter), líder Grounder y Octavia Blake (Marie Avgeropoulos), una de las 100, son dos guerreras fieras, dos mujeres que han sabido ganarse el respeto mutuo. Lucharán mano a mano. Raven Reyes (Lindsey Morgan) es la mecánica del grupo, la que con su conocimiento científico logra salvar el culo al grupo en más de una ocasión. Es una mujer que supera todos los obstáculos, como su cojera o su enfermedad. No están solas, hay muchas más mujeres, guerreras y supervivientes. Heroínas y antiheroínas junto a sus compañeros. ¿Hace falta un mundo distópico para conseguirlo?

¿SABÍAS QUE?

¡Atención, spóiler! Alycia Debnam-Carey combinaba su papel de Lexa en la serie con *Fear the Walking Dead*, su contrato era temporal. Así que en la tercera temporada los *showrunners* la mataron. Las críticas arreciaron. Sobre todo por la forma estúpida en la que murió, por una bala rebotada. No luchando por su vida como la líder de las 12 tribus merecía. La serie está basada en los cuatro libros de ciencia-ficción juvenil de la escritora Kass Morgan.

PENNY DREADFUL

Intérpretes: Eva Green, Josh Hartnett, Timothy Dalton, Reeve Carney, Billie Piper | 3 Temporadas
Cadena: Showtime/Sky Atlantic | 2014-2016 | 33 episodios

EL PODER DEL MAL

Durante la Inglaterra del siglo XIX se vendía por fascículos de un penique una publicación de ficción de terror llamada *Penny Dreadful*. De ahí su nombre y el de la serie que está ambientada en una época victoriana llena de brujas, hombres lobos, vampiros y criaturas del mal. Hay dos mujeres de peso en esta serie y ambas se enfrentan a la violencia de los hombres. Como solía pasar en estas historias en las que eran asesinadas y violadas cruelmente. La acción comienza cuando un grupo de hombres tiene que salvar a la hija de uno de ellos. Pero el resto no se parece a la típica historia de salvar a la damisela en apuros.

Vanessa Ines (Eva Green) es una especie de médium atrapada entre el mundo de la luz y la oscuridad. Lucifer y Drácula la persiguen para hacerla suya. El primero quiere su alma y el segundo su cuerpo. Brona Croft (Billie Piper) es una prostituta que se está muriendo de tuberculosis. El Dr.

Frankenstein la mata en su lecho de muerte y la resucita como Lily. Es la esposa que la criatura que ha creado le ha pedido. Aunque al final se enamore de ella y la quiera para sí mismo.

Ambas mujeres no encajan con el ideal femenino de la época. Aunque Vanessa es una creyente ferviente. Sufre el acoso del mal y la culpa. La magia es fuerte en ella, pero está constantemente sometida a los embistes del mal. Es una mujer liberada para su tiempo, incluso a nivel sexual, pero eso tiene sus consecuencias. En la tercera temporada acaba ingresada en un manicomio. Allí es sometida a tratamientos terribles. Si no encajabas en el modelo de esposa ideal, si no seguías la norma, estabas loca, eras una histérica. Vanessa dice sobre el tratamiento: "Se supone que me tiene que hacer normal. Como todas las otras mujeres que conoces. Cumplidora, obediente. Un engranaje en la intrincada máquina social y nada más". Si no encajas eres una paria, un monstruo que se ha de encerrar.

Brona es una prostituta que muere miserablemente, enferma y sola. Pero resucita como Lily. No recuerda quién era y Frankenstein intenta crear en ella una identidad falsa, unos recuerdos que se adecuen a lo que quiere que sea. En realidad Lily recuerda su vida demasiado bien y acaba aliándose con Dorian Grey para crear un ejército de prostitutas en busca de venganza contra la discriminación a la que el hombre las ha sometido. Dominándolos y matándolos si hace falta.

Esas son las dos únicas opciones para las mujeres. O son esposas obedientes o son putas que satisfagan los deseos de los hombres. Nunca siendo independientes, por supuesto. Aunque ambas son mujeres poderosas, ninguna de las dos tiene un final demasiado positivo. Vanessa se sacrifica por la humanidad. Para que se pueda salvar el orden, ella debe morir. Y le pide a su amigo Ethan Chandler que la mate. Con su muerte salva a la Tierra de la oscuridad. Lily logra librarse de las cadenas de Frankenstein pero se queda sola, su ejército de mujeres ha desaparecido y ya no tiene el poder que sostenía.

¿SABÍAS QUE?

Los dos primeros episodios de la primera temporada los dirigió Juan Antonio Bayona. De los 8 episodios, solo dos los dirigió una mujer: Dearbhla Walsh. En la segunda temporada un episodio para Kari Skogland. En la tercera, ninguna mujer. Y cuatro por el sevillano Paco Cabezas.

STRANGER THINGS

Intérpretes: Millie Bobby Brown, Finn Wolfhard, Winona Ryder, Gaten Matarazzo, Caleb McLaughlin, Noah Schnapp | 3 Temporadas | **Cadena:** Netflix | 2016-actualidad

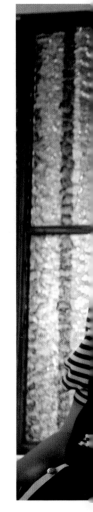

ONCE

Un pueblo pequeño, un grupo de amigos, un niño que desaparece, conspiraciones gubernamentales, superpoderes, criaturas terroríficas, mundos del revés. ¿Cómo no nos íbamos a enganchar a *Stranger Things*? Está hecha para que no nos despeguemos de la pantalla. Uno de los grandes fenómenos televisivos de los últimos tiempos tiene una protagonista femenina. Sí. Pero vuelve a sufrir el síndrome de la pitufina. Los protagonistas son ellos, el grupo de amigos. Un grupo tremendo, por otra parte, divertido, tierno y absolutamente nerd. Once (espectacular Millie Bobby Brown) es un añadido. Y a pesar de que es el humano más poderoso sobre la faz de la tierra, su papel es prácticamente secundario. Tanto en la primera como en la segunda temporada, aunque en esta cobra algo más de protagonismo. Sorprende porque ella es la fuerza motriz de la trama, la salvadora, la poderosa. Y eso mola un montón. Pero también es verdad que, como en las pelis de los ochentas a las que tanto homenajea la serie, el grupo de chicos siempre son los protagonistas.

Muchas fueron las críticas contra la serie por el tratamiento de las mujeres. La muerte de Barb (Shanon Purser) fue uno de los grandes traumas de los fans. Todo el mundo quería revivirla. Joyce (Wynona Ryder) hace un brutal papel como madre preocupadísima por salvar a su hijo y Nancy (Natalia Dyer), bueno, está en un triángulo amoroso entre Steve y Jonathan mientras su hermano lucha contra monstruos para salvar al mundo. Las mujeres están en los bordes de la historia, más que en el centro. Y sus historias giran alrededor de los hombres. Ellos son policías, científicos y por supuesto, cazadores de monstruos. Aunque al final la que tiene que arreglar todo el desaguisado sea la chica. Por lo visto, los hermanos Duffer, tomaron nota y estas críticas tuvieron su fruto con la aparición de más personajes femeninos en la segunda temporada. Max (Sadie Sink), una chica que se ha mudado a vivir al pueblo desde California y Ocho/Kali (Linnea Berthelsen), una hermana de Once, por ejemplo. Y esta vez sí, las mujeres de la historia tenían un protagonismo más activo en la acción. No se quedaban en casa esperando a que los demás las salvasen. ¡Aleluya!

Aunque claro cuando Once va a buscar a Mike, escapándose de la casa donde Hopper la ha ocultado, se lo encuentra con Max y lo que siente son unos celos tremendos. Los dos únicos personajes femeninos de la historia que son protagonistas acaban picadas por un chico. Más topicazos, por favor. Aunque esto cambia y ambas ganan aún más protagonismo. Porque Once es uno de los personajes actuales más potentes de la televisión. Es una chica que no está condicionada por su sexo, a la que le importa un pimiento su apariencia, con poderes infinitos. Ella es la verdadera salvadora de la historia. Y aunque trabajan en equipo para salvar al mundo, ella acaba siendo la pieza clave para poder sobrevivir. Sin ella, no hay *Stranger Things*.

¿SABÍAS QUÉ?

Según Millie Bobby Brown, Once tenía aproximadamente 42 líneas de diálogo en la temporada 1. Poco para una protagonista, ¿no os parece? Nancy y Barbara, dos de los personajes de la serie y muy amigas son los nombres de las dos primeras damas de los EE.UU. durante los ochenta: Nancy Reagan y Barbara Bush. La serie es un homenaje a tantas pelis de los ochenta que no acabaría nunca de mencionarlas. Eso lo dejo a vuestra curiosidad.

WESTWORLD

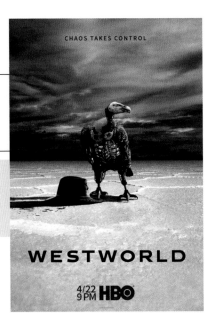

Intérpretes: Evan Rachel Wood, Jeffrey Wright, Ed Harris, Thandie Newton, Tessa Thompson, James Marsden | 2 Temporadas
Cadena: HBO | 2016-actualidad

ABAJO EL PATRIARCADO

Un parque inspirado en el salvaje oeste, creado por el Doctor Robert Ford (Anthony Hopkins) con androides que parecen personas llamados anfitriones y donde los humanos/huéspedes son invitados a satisfacer todos sus deseos y fantasías sin prejuicios ni limitaciones. Bienvenidos a *Westworld*. Los anfitriones androides son programados y reprogramados para representar esas fantasías, sin importar las consecuencias. Sus memorias son borradas y reseteadas cada vez que son asesinados por los humanos. Son meros objetos para satisfacción de sus dueños. Hasta que empiezan a despertar de su letargo cibernético y a entender que ellos también quieren ser libres. Este es el fascinante punto de partida de una de las series más originales de la televisión actual que además tiene a las mujeres como protagonistas.

Vemos la historia a través de varios personajes, pero la fuerza de la narrativa, la llevan dos anfitriones mujeres. Una es Maeve (Thandie Newton) y la otra Dolores (Evan Rachel Wood). Ambas han sufrido en sus carnes las peores fantasías de los humanos y además en innumerables ocasiones. Han vivido y revivido sus sueños más terribles. Sus pesadillas se han convertido en realidad cuando esos humanos han visitado el parque y las han usado y tirado, como si no fueran nada. Ambas representan dos arquetipos muy presentes en el audiovisual: la virgen y la puta. Dolores es una chica dulce que vive en una granja junto a su padre y que se enamora de Teddy (James Mardsen), una historia de amor que está condenada al fracaso y a la desgracia. Mientras, Maeve es la madame de un prostíbulo que ve como sus chicas sufren el uso y abuso de los clientes. Vive en el lado oscuro de la vida. Ninguna sabe que lo que están viviendo, en realidad, no es su vida de verdad. Son las narrativas que los dueños del parque han creado para diversión de los humanos. Son su razón de ser. Pero ambas despiertan, recuerdan sus vidas anteriores, la crueldad a la que han sido sometidas y encuentran su verdadero yo. Aquél que les lleva a tomar sus propias decisiones, a levantarse contra su opresor, a reclamar la libertad que merecen, para ellas y para los suyos.

Las mujeres inician una revolución, se levantan y deciden luchar. Lideran. Dolores no es de nadie, salvo de ella misma. Igual que Maeve. Ambas sufren un cambio, uno de empoderamiento digno de ver. Ya no serán un objeto nunca más, ni en el parque ni en ningún otro sitio. Eran más objetos incluso por el hecho de ser mujeres. La importancia de ambos personajes crece a medida que pasan los capítulos, sobre todo en la segunda temporada cuando ambas desatarán y liderarán la liberación de los anfitriones. Las dos son muy diferentes. Maeve quiere proteger a los suyos, a los que más quiere, como sus chicas en el burdel, como su hija perdida, a la que le arrebataron robándole la memoria de su anterior narrativa. Dolores en cambio quiere venganza, dominar el mundo, acabar con la humanidad. Después de todo lo que le han hecho, no es de extrañar. *Westworld* habla sobre la identidad, no solo la de los androides sino también la de los humanos y de lo que somos capaces de hacer, habla de dominación, de esclavitud, de intereses, de cómo los humanos jugamos a ser dioses con fatales consecuencias.

Pero *Westworld* también subvierte las narrativas tradicionales de géneros tan masculinizados como el western o la ciencia-ficción. Géneros en los que la mujer siempre es la víctima y el hombre el agresor o el salvador. Aquí no, las cosas cambian. Y aunque la masculinidad más tóxica está presente en personajes como el El hombre de negro/William (Ed Harris), obsesionado con su propio ego, no es él quien define la historia, sino las mujeres que la protagonizan. Hay escenas de desnudos, por supuesto, y también violencia contra las mujeres, aunque no se muestra de una forma deliberada sino que sirve a la narrativa e impulsa la revolución que ambos personajes liderarán. Tanto hombres y mujeres androides se muestran desnudos pero de una forma aséptica, como objetos. Son androides al fin y al cabo.

Hay otras mujeres en la serie. Humanas como Charlotte Hale (Tessa Thompson) dispuesta a todo por conseguir salvar los intereses de la compañía Delos que ha creado el parque. O Elsie (Shannon Woodward) una ingeniera de código que es la única en la que Bernard Lowe (Jeffrey Wright) confía, a pesar de todo. Pero también hay anfitriones como la prostituta Clementine (Angela Safaryan) o la pistolera Armistice (Ingrid Bolsø Berdal) que juegan un rol importante en la serie. Y hay hombres por supuesto, como el propio Bernard, pieza clave del rompecabezas; Teddy, revirtiendo el papel del enamorado que salva a la chica para ser el salvado; Robert Ford, el creador del parque y el terrible hombre de negro y su obsesión.

Reconozcámoslo, una serie de televisión no es feminista simplemente por poner a una mujer fuerte en su historia o dos o tres. Ni por darles más líneas en un guion a las actrices. Es mucho más que eso. Es crear personajes complejos, diferentes puntos de vista, diversidad, mujeres que guíen las historias,

cuyo corazón sean ellas mismas y no al revés, que no giren en torno a un centro masculinizado como tantas veces ha pasado. En eso *Westworld* ha sabido acertar y mucho. Ha dado la vuelta a la historia que siempre nos han contado y lo ha hecho creando narrativas diferentes, más realistas, en las que las mujeres tienen presencia. Ya no más presencia, sino presencia. Abrumadora, además. Menos mal.

¿SABÍAS QUÉ?

Westworld está basada en una película dirigida por el escritor Michael Crichton en 1973 del mismo nombre, aquí traducida como *Almas de metal* y su secuela de 1976, *Mundo futuro*. La primera estaba protagonizada por hombres, por supuesto. Dos amigos, Peter Martin (Richard Benjamin) y John Blane (James Brolin) iban al parque, que sufría un error del sistema y acababan perseguidos por un pistolero androide interpretado por Yul Brynner. En la segunda son dos reporteros, Tracy (Blythe Danner) y Chuck (Peter Fonda) los que investigan el parque donde ha muerto un amigo suyo. La serie ha sido creada por el matrimonio formado por Lisa Joy (guionista de *Criando Malvas* y *Último aviso*) y Jonathan Nolan (guionista de la mayoría de películas de su hermano, el director Christopher Nolan).

DOCTOR WHO

Intérpretes: Jodie Whitaker, Bradley Walsh, Tosin Cole, Mandip Gill, Sharon D. Clarke | 37 Temporadas
Cadena: BBC One | 1963- a la actualidad

¡ES UNA MUJER!

El anuncio de que el nuevo Doctor Who sería en realidad una Doctora Who trajo consigo una oleada de críticas furibundas de los señores del mundo. *Doctor Who* es una de las series más longevas de la televisión británica, nada más y nada menos que de la BBC, pero también una de esas series de culto que ha creado una mitología propia que la convierte en algo único. Aunque nació en 1963 y ha tenido anteriormente 12 Doctores Who diferentes, todos los actores que lo habían interpretado habían sido hombres. Hasta 2017. Jodie Whittaker, bienvenida al mundo del Doctor Who.

Poco se iba a pensar Whittaker que su elección levantaría tanta polvareda. ¿El Doctor Who es una mujer? ¡Habrase visto semejante desfachatez! Las críticas llovieron en cascada sin ni siquiera haber visto un capítulo. La serie aún no se había estrenado. Pero una jauría de Daleks enfurecidos (el enemigo público número 1 del Doctor Who) parecía dispuesta a demostrar que eso no podía ser. Todo lo sacrosanto masculino no se puede tocar. Y aunque los fans de la serie han aceptado sin pestañear que el doctor haya cambiado de forma masculina a lo largo de los años sin problema, por lo visto, que se convirtiera en mujer era algo demasiado duro para sus pobres corazoncitos. Pues que les den.

El Doctor Who pertenece a la raza de los Señores del Tiempo del planeta Gallifrey y tiene siglos de edad. Viaja a través del espacio y el tiempo en su TARDIS, la famosa cabina azul de policía que le sirve como nave, y siempre va acompañado de buenos ayudantes. Algo genial del doctor es que cuando muere, su cuerpo se regenera automáticamente cambiando de aspecto físico y también de personalidad. Así que cada vez que un doctor ha fallecido, uno nuevo ha renacido con un actor diferente encarnándolo. Aunque había tenido compañeras femeninas, nunca había sido una mujer. Ha tardado demasiado, ¿no os parece? Muchos somos los fans que nos hemos enganchado una y otra vez a las diferentes encarnaciones de este alienígena constante viajero. Sin ir más lejos, mi afición por las bufandas largas y de colores se la debo al cuarto Doctor Who.

Jodie Whittaker encarna al doctor número trece como una aventurera que vive con pasión sus andanzas. Y lo hace de maravilla. Tiene personalidad propia y eso es lo que realmente atrae del Doctor Who, aparte de sus bizarras aventuras. Cada doctor ha sido diferente y ha tenido sus propias características y personalidad. A la doctora de Whittaker le encanta construir cosas, siempre piensa en una solución positiva y no violenta a los problemas a los que se enfrenta y valora la amistad por encima de todo. Esta vez viaja con el joven Ryan Sinclair, su abuelo Graham O'Brien y Yasmina Khan. Un reparto variado en cuanto a sexo, raza y edad.

Whittaker apareció por primera vez en el especial navideño de las serie "Twice Upon a Time" en 2017 y empezó sus andanzas en 2018 en la temporada once. *K-9 and Company* fue el primer *spin off* de la serie protagonizado por una mujer. Aparece Sarah Jane Smith (Elisabeth Sladen), periodista de investigación y K9 un perro robot. Aunque lleva el nombre del perro como primer protagonista y ella como compañía. Ambos fueron compañeros del cuarto Doctor Who. Y la serie no pasó del especial televisivo en 1981.

EN ESPAÑOL

LAS MUJERES DE LO SOBRENATURAL

Si hay poca ciencia ficción televisiva española, protagonizada por mujeres ya ni os digo. Aunque hemos tenido alguna ejem...protagonista. En 2000 se estrenó *¡Ala...Dina!* que narraba las aventuras de Dina (Paz Padilla), una genia atrapada en una lámpara mágica durante más de 500 años. Es liberada y acaba viviendo con una família... como empleada del hogar. Aunque le prohíben usar sus poderes, al final los acaba utilizando. Un poco entre *Embrujada* y *Mi bella genio* pero a la española y con peor, mucho peor, resultado. Es tan mala como parece y se aguantaba simplemente por la gracia y desparpajo de Padilla.

En 2008 tuvimos la locura de *Plutón BRB Nero* creada por Álex de la Iglesia. Una serie del espacio hecha aquí. Pues sí, milagro. Una ida de la olla total en forma de parodia de series como *Star Trek*. En el año 2530, la nave Plutón BRB Nero, con una tierra devastada, busca un planeta habitable para los 5.000 colonos en hibernación que transporta en sus bodegas. Solo hay una mujer a bordo, una androide de cuerpo 10 con una inteligencia espectacular interpretada por Carolina Bang. La serie es un absurdo puro.

En *Los protegidos* de 2010 descubrimos un grupo de personas con superpoderes que se ven obligados a vivir como una familia para evitar ser descubiertos. No estuvo mal, teniendo en cuenta los efectos especiales de la época. Antonio Garrido era Mario, y Angie Cepeda, Jimena, los "padres" de Culebra (Luis Fernández 'Perla'), Sandra (Ana Fernán-

PLUTON
BRB NERO

dez), Carlos (Daniel Avilés), Lucas (Mario Marzo) y Lucía (Priscilla Delgado). La serie se convirtió en toda una revelación que pinchó en su última temporada, Jimena ya no estaba.

En 2011 llegó *Ángel o Demonio* protagonizada por Aura Garrido. Una serie sobrenatural para adolescentes en la línea de *Buffy*. Valeria (Garrido) es una joven que descubre que es un ángel. Deberá luchar para no caer en la tentación y convertirse en un ángel caído. Le ayuda un ángel bueno Nathael (Manu Fullola). Su gran enemiga es Duna (interpretada por la inquietante niña Carmen Sánchez, lástima del doblaje) que intentará pervertirla enviando a Damián (Jaime Olías), un ángel caído para que la seduzca. Pero, ay, se acabarán enamorando. La otra malvada era Alexia (interpretada por Mar Saura. Sí, esa Mar Saura). El rollo Edward y Bella a lo *Crepúsculo*, ya nos dice de qué va la serie. Al final el amor siempre está en el aire.

A Aura Garrido la hemos visto en una de las grandes series de lo sobrenatural de la televisión: *El ministerio del tiempo*. Se estrenó en 2015 y Garrido interpreta a Amelia Folch, una de los miembros del trío de aventureros que trabajan para este ministerio tan especial del gobierno, que se dedica a viajar en el tiempo para salvar desaguisados de la historia. Folch es una heroína, una feminista adelantada a su época, estudiaba en la universidad en el siglo XIX. Ella es la líder real del grupo. Lástima que los compromisos profesionales la alejaran de la serie. También teníamos a la malvada o no tanto Lola Mendieta (Natalia Millán) o la dura Irene Larra (Cayetana Guillén Cuervo). Mujeres todas ellas de armas tomar. Aunque al final los que toman las decisiones siempre sean los hombres.

Como las brujas son las grandes protagonistas de las series fantásticas, no podían faltar en Latinoamérica, por supuesto. En *Siempre Bruja* la colombiana Angely Gaviria interpreta a una joven mulata, esclava y bruja que viaja en el tiempo, tras ser quemada en la hoguera, desde el siglo XVII hasta la actual Cartagena. Y que intentará volver al pasado para salvar a su amado. Se puede ver en Netflix. En la también colombiana *La bruja*, Flora Martínez interpreta a una bruja gitana que también es jefa de la mafia.

SUPERPODERES, VENID A MÍ
Heroínas de la televisión

ENTRANDO EN MATERIA

Si Wonder Woman tuvo su primera película en 2017 y es la superheroína más importante y longeva del universo del cómic, no podemos esperar una avalancha de series protagonizadas por superheroínas. A la tele llegaron con fuerza en los setenta gracias a *Wonder Woman*, precisamente, ella fue la más importante en el cómic y por supuesto, tenía que ser la primera en tener su propia serie, aunque fuese tres décadas después de nacer. Y fue gracias al auge del feminismo. Antes habíamos tenido a las ultrafemeninas Batgirl y Catwoman en la kitsch y sesentera *Batman*. Los sesenta, aquellos años maravillosos en los que Sally Field era *La novicia voladora*, una monja que pesaba 40 kilos y que gracias a las alas de su toca podía volar. Sí, sí, como lo leéis. ¡Una monja voladora!

Lynda Carter fue nuestra mujer maravilla, demostrando lo poderosas que podían ser las mujeres, pero también lo atractivas. Se convirtió en un icono feminista pero también sexual para toda una generación de adolescentes. El éxito de *Wonder Woman* trajo muchas otras supermujeres en los setenta. En *Isis* (1975), Andrea Thomas (JoAnna Cameron) era una profesora de arqueología que gracias a un amuleto egipcio se convertía en la diosa Isis. Lucía minifaldas de infarto y llevaba gafas cuando era arqueóloga, pero no las llevaba cuando era Isis. Muchos adolescentes se enamoraron de la bella JoAnna. La serie tenía un toque mucho más infantil que *Wonder Woman* y sus tramas eran mucho más sencillas.

Poco después llegaría la superkitsch *Electra Woman y Dyna Girl* (1976), verla te hace sangrar los ojos o reírte a carcajadas. Ambas están lideradas por un hombre que les construye todos sus

gadgets. Aún no sé a quién se le ocurrió la brillante idea. Otra de las grandes superheroínas en los setenta fue *La mujer biónica*, la primera mujer ciborg de la historia de la televisión. Una serie de acción de nuevo con mujer protagonista y que llegaba tras el éxito de *El hombre de los seis millones de dólares*.

Pero luego, el vacío. Los ochenta fueron los de la sequía superheroica femenina. Y es extraño porque superheroínas en los cómics había, pero la televisión había perdido interés en ellas. Hasta los noventa no llegó *Xena, princesa guerrera*. Demostrando que las mujeres podían luchar. Hasta la actualidad ha habido superheroínas en la pequeña pantalla pero más bien a trompicones y con resultados bastante pobres como las adaptaciones de los cómics de *Witchblade*, aquí traducida como *La espada de la hechicera* y que ya tenía un cómic no demasiado bueno, aunque al menos el personaje vestía más ropa (o debería decir algo de ropa) o *Birds of Prey* con unas Huntress, Black Canary y Oracle en plan sexys. No os molestéis en verlas. Aún así, tuvimos a la *Dark Angel* de Jessica Alba.

El nuevo milenio ha traído un abanico de series de superheroínas. Desde Sarah Connor pasando por la impresionante Jessica Jones o la más joven Supergirl. Parece que las cadenas de televisión también se han dado cuenta de que tienen su público y han apostado fuerte por ellas. En 2018 se estrenó *Titans* y este año *Doom Patrol*. Se han decantado más por los grupos de superhéroes que por las protagonistas en solitario. Y Netflix ha anunciado la última temporada de Jessica Jones y eso no nos gusta. Esperemos que haya más series en un futuro con superheroínas protagonistas.

BATGIRL Y CATWOMAN EN BATMAN

Intérpretes: Adam West, Burt Ward, Yvonne Craig, Alan Napier, Julie Newmar, Eartha Kitt, Lee Meriwether | 3 Temporadas | **Cadena:** ABC | 1966-1968 | 120 episodios

BATGIRL Y CATWOMAN, LAS PRIMERAS SUPERHEROÍNAS TELEVISIVAS

Es una serie con protagonista masculino, lo sé, pero es imposible no mencionar a sus dos mujeres en este libro. Las primeras heroínas televisivas que nos vendrán a la mente probablemente serán Catwoman y Batgirl en la serie de *Batman* de 1966. Con todo lo kitsch que era, nos ofreció a dos mujeres, una superheroína y otra supervillana en pantalla durante dos años y 120 episodios. Yvonne Craig hizo como Batgirl, junto a Batman y Robin, un anuncio para el gobierno federal pidiendo igualdad salarial para las mujeres. El dúo maravillas estaba atado a punto de morir por la explosión de una bomba, Batgirl se negaba a salvarlos si no cobraba lo mismo que Robin. ¿Mismo trabajo y menos dinero? Ni hablar, decía la superheroína. Parece prometedor, ¿verdad? Pero al final, en la serie ambos personajes eran un cúmulo de despropósitos femeninos vistos por la mirada del hombre.

Batman parecía estar escrita en los cincuenta en vez de en los sesenta de la liberación de la mujer. Batgirl es la lista de la serie, mucho más que Batman y Robin y les salva el pellejo en más de una ocasión. A pesar de los volantes de su batmoto. ¿A quién se le ocurrió la brillante idea? Pero el personaje estaba tremendamente sexualizado y puesto constantemente en situación de ser salvada, siempre sufría comentarios sexistas o su fuerza física no era tenida en cuenta. Era muy femenina, eso sí. Y luego teníamos a Julie Newmar como Catwoman, saltaban chispas entre ella y Batman. Eso ha hecho que toda una generación de hombres la tengan como uno de sus mitos eróticos. Catwoman siempre ha sido la sexy gatita. En la tercera temporada Julie Newmar fue sustituida por Eartha Kitt, una actriz negra. Y la completa

desexualización de la relación entre ella y Batman dañaba a los ojos, no es que no nos alegremos de que las mujeres no sean sexualizadas, pero que lo hagan porque un actor blanco y una actriz negra no puedan mostrarse cariñosos juntos en *prime time*, es terroríficamente racista.

Hay un episodio absurdo titulado "Nora Clavicle and the Ladies Crime Club" que es lo más sexista que te puedas echar a la cara. La protagonista es una mujer que acaba convirtiéndose en la comisaria de Gotham, una feminista que quiere luchar por los derechos de las mujeres, y que en realidad resulta ser la mala de la película. Al final las mujeres que toman el poder en la ciudad son mostradas como unas completas incompetentes preocupadas por el maquillaje, estar guapas y lucir palmito. ¿Sabes cómo las vencen? Con ratones. Porque claro, todo el mundo sabe que a las mujeres les dan miedo los ratones. Patético. Y así empezamos nuestra andadura en el mundo de las superheroínas televisivas. Suerte que la cosa mejorará.

¿SABÍAS QUÉ?

Antes de estrenarse, la serie recibió la peor nota en la historia de los tests de audiencia de la ABC, pero se habían gastado tanto dinero que tuvieron que estrenarla igualmente. Catwoman fue interpretada por tres mujeres diferentes: Julie Newmar, Eartha Kitt y Lee Meriwether. A Julie Newmar la convencieron para que aceptara el papel los amigos de su hermano en la universidad, eran superfans de la serie. Yvonne Craig no usaba doble y hacía casi todas sus escenas de acción, también conducía el Batgirl Cycle, tenía su propia moto. Algo bastante inusual en los sesenta.

WONDER WOMAN

Intérpretes: Lynda Carter, Lyle Waggoner, Tom Kratochvil, Beatrice Colen | 3 Temporadas | **Cadena:** ABC/CBS | 1975-1979 | 60 episodios

LA MUJER MARAVILLA

Los setenta fueron los años de Wonder Woman. La llegada a la televisión de las superheroínas en esa década hablaba y mucho de lo que estaba pasando en la sociedad en aquellos años. Las luchas por los derechos de las mujeres estaban en pleno auge. Las reivindicaciones de los grupos feministas estaban surtiendo efecto y las cosas estaban cambiando. Eso lo tenía que mostrar la televisión aunque fuese en una realidad totalmente irreal como es la del mundo de las superheroínas. Por eso nació *Wonder Woman*. Y no es de extrañar que la eligieran a ella. Fue la primera gran superheroína y forma parte de la gran tríada de superhéroes. Nació en 1941 junto a Superman y Batman. En un momento en el que el mundo estaba necesitado de superhéroes para vencer al gran terror nazi.

La serie siguió la historia de los cómics y se ambientó en la Segunda Guerra Mundial. Aunque cambiaba ligeramente las tramas. Además, Lynda Carter se convirtió en todo un icono representando el papel de la gran superheroína de la historia del cómic. Cuatro temporadas exitosas en las que una mujer poderosa era la protagonista. *Wonder Woman* es una amazona que vive en la isla Paraíso rodeada de mujeres guerreras, alejadas de la humanidad, hasta que el Mayor Steve Trevor (Lyle Waggoner) cae con su avión en la isla. Diana devolverá a Trevor a su mundo pero también se quedará allí para luchar contra las injusticias y la amenaza de los nazis, ayudada por sus múltiples superpoderes. Bueno, y salvarle el culo a Trevor cada dos por tres. ¿Quién es aquí la damisela en apuros? Aunque la primera temporada estaba ambientada en la Segunda Guerra Mundial, las restantes lo hicieron en los setenta.

Steve Trevor además no sabe que Diana Prince, su secretaria en el ministerio de la guerra, es en realidad Wonder Woman. Ni tampoco Etta Candy que en el cómic era una de las aliadas de la superheroína y aquí es otra secretaria más. Diana juega a una doble personalidad. Pero la serie no tenía solamente una heroína protagonista sino que estaba rodeada de otros personajes femeninos, aunque en la mayoría de las ocasiones fueran enemigas como la nazi Fausta Grabel o la Baronesa Paula von Gunther. Más tarde también aparecería su hermana pequeña, Wonder Girl (una jovencísima Debra Winger).

Si algo demostró *Wonder Woman* fue que las mujeres podían liderar una serie con éxito, pero también que una mujer podía valerse por sí misma, luchar y ganar sin ayuda de ningún hombre. En eso, *Wonder Woman* fue totalmente radical. Representaba a una nueva mujer. Aunque evidentemente, tuvo que enfrentarse al machismo que la atacaba en cada capítulo. Y a una sexualización mucho más acentuada que el personaje original del cómic. Su creador William Moulton Marston ideó a Wonder Woman como un ejemplo a seguir para las jovencitas que leían sus cómics. Una mujer independiente que sabía valerse por sí misma y que les enseñaría valores positivos a las niñas alejados de la idea de inferioridad que pululaba en los cuarenta sobre las mujeres.

Lynda Carter interpretaba dos papeles en la serie: Como Diana, trabajaba para el ejército y ejercía como secretaria eso sí, modosita y normalita, de Steve Trevor. Como Wonder Woman era valiente y sumamente atractiva. Y siempre salvaba al mundo. Y a Steve Trevor también. Además, Trevor nunca se cansaba de remarcar lo poco atractiva que era Diana comparada con la superheroína. Para él Wonder Woman era guapísima y estupenda, pero Diana era normalita y claro, no podía competir. Aunque el pobre Steve Trevor estaba hecho todo un lumbreras. No se habría dado cuenta que Diana era Wonder Woman ni aunque se lo cantase a grito pelado.

Pero Trevor también es el personaje que se encarga de soltar los comentarios más machistas. A pesar de ejercer de galán. En el tercer episodio de la primera temporada por ejemplo, investigan unos sabotajes en una base secreta en la que van a hacer un concurso de belleza (vale, sí, el argumento no da mucho de sí. ¿No es una base secreta? ¿Un concurso de belleza?). Diana se ofrece a participar como infiltrada, pero claro, Trevor le dice que no es lo suficientemente despampanante para hacerlo. Si fuese Wonder Woman otro gallo cantaría, claro. Tonto. La serie explotaba el atractivo físico de Carter, fue reina de la belleza, a la menor ocasión. Eso es cierto. El famoso giro de Wonder Woman se convirtió también en mítico. Y no era originario del cómic, sino que fue idea de la propia Lynda Carter que aplicó sus conocimientos de ballet. Para poder transformarse en Wonder Woman, Diana Prince giraba grácil y femeninamente, sin ser vista. Cuando acababa se aseguraba de tener la diadema bien colocada. Femineidad ante todo.

En otra ocasión, Wonder Woman le dice a su enemiga Faustra Grabel: "Es usted una mujer inteligente que no debería recibir órdenes de este pobre hombre", refiriéndose a su jefe, un general nazi de lo más machista que se pasa el episodio despreciando el poder de las mujeres. Este tipo de comentarios eran habituales en la serie. Es imposible que las mujeres tengan esa valentía, fuerza e independencia, a menos que sean Wonder Woman, por supuesto. Pero simplemente rechazándolos y mostrándolos en *prime time*, *Wonder Woman* estaba realizando sin saberlo una heroicidad. Y en eso, la serie sí que rompió moldes. Puedes ser un machista, del bando de los aliados o de los nazis, da igual. Aquí estará Wonder Woman para enseñarte que las mujeres tienen poder y que saben usarlo. Y te lo va enseñar a base de bien. Son tantas las mujeres que citan esta serie como uno de los motivos para leer el cómic o querer ser una superheroína cuando eran adolescentes o niñas, que ya merece la pena. *Wonder Woman* fue un exitazo. Y no solo porque mostrase a una mujer atractiva, sino porque la mostraba haciendo cosas que nunca antes una mujer había hecho. No es que le permitieran ser una heroína. Lo era por derecho propio.

¿SABÍAS QUE?

Los ejecutivos de ABC no pensaban que *Wonder Woman* fuese un éxito. Así que hicieron dos episodios especiales antes de decidirse a hacer la temporada entera. El metal con el que están hechos los brazaletes a prueba de balas de Wonder Woman en la serie es Feminum (en los cómics era Amazonium). Ridículo, ¿verdad?

LA MUJER BIÓNICA

Intérpretes: Lindsay Wagner, Richard Anderson, Martin E. Brooks | 3 Temporadas
Cadena: ABC/NBC/CBS | 1976-1978 | 58 episodios

LA PRIMERA CIBORG

Jaime Sommers (Lindsay Wagner) fue la otra gran heroína de la televisión en los setenta. Y aunque nació como un *spin-off* de su compañero masculino, la serie *El hombre de los seis millones de dólares*, incluso superó sus audiencias y se convirtió en un icono feminista como *Wonder Woman*. La televisión reflejaba el ascenso pujante de la mujer en la sociedad y el impacto de la liberación que trajeron los años setenta. Sommers tiene superoído en su oreja derecha, un brazo derecho biónico y piernas biónicas que le hacen correr a 100 kilómetros por hora. Puede correr y pegar más fuerte que cualquier persona, excepto el hombre de los seis millones de dólares, por supuesto. No vaya a ser que se lo tenga demasiado creído.

En *El hombre de los seis millones de dólares*, Sommers era una tenista profesional que sufre un terrible accidente de paracaidismo y es operada, sustituyendo las partes de su cuerpo por elementos biónicos que le dan sus superpoderes. La operan porque él les suplica a sus jefes que salven la vida de su amada. A partir de entonces llevará una doble vida usando sus nuevas habilidades para ayudar a una agencia de inteligencia. Trabajando junto a su amado. Y aunque no necesita a un hombre para justificar su poder, son los hombres los que se lo otorgan. Al fin y al cabo, ella no decidió convertirse en mujer biónica

ni ninguno de los hombres que lo decidieron le preguntó su opinión. Sabiendo que operarse también significaba que tendría que trabajar para la agencia.

Jaime nació en *El hombre de los seis millones de dólares* para atraer a la audiencia adulta, por eso al personaje de Steve Austin (Lee Majors) le buscaron una novia. Jaime era una mujer normal, profesional, inteligente y deportista. Una vez convertida en mujer biónica trabajarían juntos. Pero como no querían limitar a su personaje masculino con un compromiso fijo, Jaime sufrió el terrible accidente. Y aunque este le proporcionó sus poderes, su cuerpo rechazaba las partes biónicas y moría. Pero fueron tales las críticas de los fans airados por la desaparición del personaje que ABC decidió crearle su propia serie. Magia. ¡En realidad no había muerto! Y así nació *La mujer biónica*.

Sin duda el personaje de Jaime Sommers fue un icono feminista porque situaba a una mujer en el territorio de la fuerza física, normalmente dominado por los hombres. Pero siempre manteniendo una apariencia de femineidad de lo más chic. Jaime no recuerda a Steve ni su relación así que puede llevar una vida propia, en su serie, sin tener que depender de él. Y eso se agradece. Además durante toda la serie, Jaime tendrá que descubrir quién es en realidad y qué cambios ha producido los elementos biónicos en su cuerpo. El gobierno evidentemente la tratará como un objeto, se han gastado mucho dinero en ella.

¿SABÍAS QUÉ?

En 2007 se hizo un *remake* de la serie. Fue un fracaso. La protagonista se llamaba igual pero era camarera y le operaba su novio médico para salvarle la vida tras un accidente de coche. Una serie que revertía el papel de la protagonista, era casi una fantasía para hombres. Con una Jaime dando patadas de karate en plan Van Damme femenino, que tenía una hermana pequeña con la que ejercía de madre. Su archienemiga era más interesante que ella. Ni a Lindsay Wagner le gustó.

XENA: LA PRINCESA GUERRERA

Intérpretes: Lucy Lawless, Renée O'Connor, Ted Raimi, Karl Urban, Kevin Smith | 6 Temporadas
Cadena: Sindicación | 1995-2001 | 134 episodios

LA GUERRERA MITOLÓGICA

Desde *La mujer biónica*, pocas mujeres se calzaron el título de heroínas, con o sin poderes. Hasta que llegó Xena (Lucy Lawless) en 1995. Son unos cuantos años, pero Xena llegó para convertirse en un hit de culto. Nacida en los noventa, marcó un antes y un después en la televisión a pesar de su aspecto kitsch. No era una simple tía buena en poca ropa. Xena debutó en la primera temporada de *Hércules: sus viajes legendarios*. Aunque al principio era una señora de la guerra malvada, Hércules la convencía para dejar el lado oscuro. El personaje resultaba tan interesante que tuvo serie propia. Y pronto la vimos recorriendo el mundo, ayudando a otros para redimir su pasado.

Xena era valiente, peligrosa, inteligente y no necesitaba a nadie que le salvase. Era una guerrera capaz de derrotar a sus enemigos sin problemas. Y mostraba a un tipo de mujer al que no estábamos acostumbrados en la televisión. El carisma de su actriz protagonista también influyó en su éxito. Que sí, que lleva una minifalda, pero cómo usa el látigo, la espada y aquel anillo tan chulo y poderoso, el Chakram. Xena era la perfecta heroína de acción y encima tenía una compañera de aventuras, Gabrielle (Renée O'Connor). Aunque se ha hablado mucho de la relación lésbica de ambos personajes, porque claro dos mujeres que viajan juntas y se hacen tan amigas y encima son guerreras tienen que ser lesbianas, ¿verdad? Pues no, o sí, qué más da. Xena es un icono gay también, y eso mola. Pero si no lo fuera tampoco importaría.

Las primeras palabras que Gabrielle le dice a Xena son: "Eso que hiciste con el aro, ¡fue increíble! ¿De dónde lo has sacado? ¿Lo has hecho tu misma? ¡Y esa patada que haces! Tienes que enseñármela". ¿No os parece genial? Dos mujeres protagonistas, heroínas de acción que no se pasan el rato hablando de tíos. Pasan el test de Bechdel con creces. Por fin dos mujeres que no son enemigas, que no se pelean por el galán de turno. Viajando solas por la antigua Grecia, en un mundo de fantasía y acción a raudales. ¿Cómo no engancharse? Son dos amigas que se van conociendo a lo largo de la serie y que lograrán crear un vínculo entre ellas irrompible. Además hay otras mujeres amigas y enemigas. Figuras poderosas de la historia como Boudica o Cleopatra aparecían en la misma, pero también su archienemiga Callisto. Gabrielle también acaba siendo una amazona. Y al final, escoge su propio camino, que quizás no es el mismo que el de Xena.

Joss Whedon ha afirmado en muchas ocasiones que sin Xena no hubiera existido Buffy. Y con razón, ella fue la precursora de muchas de las heroínas de acción que vinieron después como las protagonistas de *Dark Angel* o *Alias*, por ejemplo. Evidentemente, Xena no es perfecta y se podría mejorar, pero está claro que con la serie algo cambió sobre la percepción de lo que una mujer podía hacer en pantalla.

El planeta Eris, que se descubrió en 2005, recibió el apodo de Xena por el equipo de científicos que lo descubrió y al satélite que le acompañaba lo llamaron Gabrielle. Eran fans de la serie. En la segunda temporada Xena pasó de largo las audiencias de *Hércules*. Gracias a la serie, muchos descubrieron Nueva Zelanda como destino de rodaje. Y a actores de allí como la propia Lucy Lawless o Karl Urban.

DARK ANGEL

Intérpretes: Jessica Alba, Michael Weatherly, Richard Gunn, Alimi Ballard, Jennifer Blanc | 2 Temporadas
Cadena: Fox | 2000-2003 | 42 episodios

LA SUPERSOLDADO GENÉTICA

James Cameron creó esta serie con la que Jessica Alba lanzó su carrera. Su única serie de televisión. En el año 2009, un grupo de niños escapan de una instalación militar secreta llamada Manticore. Allí los han creado genéticamente y los han entrenado como soldados y asesinos. Entre los escapados hay una niña de nueve años. Se llama X5-452, una abreviación del código de barras que tiene tatuado en la nuca. Meses después de escapar, un grupo terrorista detona un pulso electromagnético en la atmósfera que destruye todos los sistemas de comunicación y computadoras de los EE.UU. sumiendo al país en un caos absoluto. Conocemos la historia de esa niña a través de *flashbacks*.

Diez años después, X5-452 tiene 19 años y se hace llamar Max Guevara. Mientras trabaja como mensajera, intenta encontrar a sus hermanos y hermanas. Evidentemente, Manticore querrá recuperar su mercancía. Un supersoldado es un bien demasiado preciado para dejarlo escapar. Max se alía con un ciberperiodista *underground* llamado Logan Cale (Michael Weatherly), que se hace llamar Eyes Only y que denuncia las injusticias de la sociedad. También le ayudará uno de sus hermanos, Zach y amigos como Kendra y Original Cindy o Sketchy que trabaja con ella en la compañía de mensajería Jam Pony.

En la segunda temporada, Max destruye Manticore y logra salvar al resto de sus compañeros. Con ellos, empezará una rebelión que llevará a la liberación, no solo de estas personas alteradas genéticamente, sino de toda la población. Max tiene fuerza sobrehumana. Eso la sitúa a la altura de cualquier héroe de acción masculino que la ha precedido. Pero también se preocupa por los suyos y por las injusticias. Intenta ayudar a los demás. Es una líder de los suyos. Y también del resto de la población, cuando decide luchar contra la manipulación y el control del gobierno.

Max usa su trabajo como mensajera para moverse por la ciudad, en busca de sus compañeros pero también para robar y así sobrevivir. Ocupa un edificio. Intentando mantenerse oculta. Eyes Only la ayudará en su misión contra Manticore y para salvar a su familia genética. Él está en silla de ruedas, pero usa sus conocimientos informáticos mientras ella usa su fuerza. Vale que es supersexy y viste de cuero. Vale que se enamora de Logan y tienen una relación complicada. Vale, que necesita los conocimientos de Logan para lograr sus objetivos, pero es ella la que tiene superpoderes, es la heroína de pleno derecho de esta historia. Y eso se agradece.

Eso sí, se podían haber ahorrado lo de que dos o tres veces al año a Max le de un calentón y tiene que satisfacer sus deseos sexuales de manera urgente a causa de su ADN felino. ¿No sería mejor que disfrutara de su sexualidad con libertad y que no acabara siendo una víctima de un deseo que ni siquiera es suyo sino de su ADN manipulado?

Max no es la primera heroína que creó James Cameron. Sarah Connor en *Terminator* es otra de las mujeres fuertes y decididas surgidas de la mente del director. *Dark Angel* venía además de una oleada de series de acción con mujeres protagonistas como *Buffy Cazavampiros*, *Xena: Princesa Guerrera* o *La Femme Nikita*. Todas de la década de los noventa.

TERMINATOR: LAS CRÓNICAS DE SARAH CONNOR

Intérpretes: Lena Headey, Thomas Dekker, Summer Glau, Brian Austin Green, Shirley Manson
2 Temporadas | **Cadena:** Fox | 2008-2009 | 31 episodios

LA MADRE PROTECTORA

Esta serie nació como un *spin-off* de *Terminator*, pero esta vez con Sarah Connor (Lena Headey) como protagonista. La madre del futuro líder de la resistencia, el hombre que salvará al mundo de la dominación de las máquinas. La acción sucede tras lo acontecido en la película *Terminator 2*. Después de destruir al T-1000, Sarah y John (Thomas Dekker) se convierten en fugitivos. Pero deciden no esconderse más, sino luchar y tratar de destruir Skynet antes de que exista.

La Sarah Connor de la primera película era la dama en apuros a la que había que salvar constantemente. Y a pesar de que en la segunda película se ha entrenado a sí misma y preparado para la lucha, la meten en un psiquiátrico, nadie la cree, ni siquiera su hijo. La mujer histérica a la que hay que callar.

Suena a cliché. Y la que salva el día no es ella, sino el T-800 y el salvador del mundo siempre será su hijo, no ella. Aún así es una de las pocas heroínas de acción que nos ha dado el cine.

En la serie no solo tenemos a una protagonista femenina, sino a dos. Lena Headey como Sarah Connor y Summer Glau como Cameron Phillips, una adolescente cibernética. Sí, tenemos a una chica robot en vez de al musculitos Schwarzenegger. Ha sido reprogramada para proteger a John que ahora tiene dos mujeres como ángeles guardianes. Cameron es un personaje interesante porque aparte de ser un robot, evoluciona como entidad a lo largo de la serie, a través de sus experiencias con otros humanos. Especialmente, por su profunda relación con Sarah. Están más tiempo juntas que el resto de personajes. Aunque es cierto que al final sus conversaciones acaban girando entorno a John, un hombre.

Sarah, por su parte, es una mujer que vive para su hijo. Al fin y al cabo es su razón de ser, si su hijo no existiese, su vida no tendría sentido en la narrativa de *Terminator*. Es la madre protectora que haría cualquier cosa para proteger a su hijo. Es un tema recurrente en la ficción cuando se caracteriza a personajes femeninos. Eso es cierto. Pero en la serie ella es el personaje principal y esta es su historia, no la de su hijo. Se cuenta desde su punto de vista y usa sus pensamientos y emociones para describir las tramas. Y es un personaje fuerte, una mujer que sabe defenderse a sí misma. Que muestra sus puntos fuertes pero también sus debilidades. Un ser humano, al fin y al cabo. Una mujer compleja y real.

¿SABÍAS QUÉ?

Los fans de la saga criticaron duramente a la actriz Lena Headey porque según ellos estaba demasiado delgada para interpretar el papel. No tenía los músculos de Linda Hamilton. La propia Hamilton estaba satisfecha con el trabajo de la actriz. No le importaba que no tuviera bíceps, sino que hiciera bien el papel y eso lo hacía con creces. Debut de Shirley Manson, cantante de Gargage como Catherine Weaver, una terminator que ocupa un puesto de CEO en una compañía de alta tecnología. Emilia Clarke, compañera de Lena Headey en *Juego de Tronos*, interpretó a Sarah Connor en *Terminator: Génesis*.

AGENTE CARTER

Intérpretes: Hayley Atwell, James D'Arcy, Chad Michael Murray, Enver Gjokaj, Dominic Cooper
2 Temporadas | **Cadena:** ABC | 18 episodios | 2015-2016

LA SUPERHEROÍNA ENCUBIERTA

Primer proyecto de Marvel con protagonista femenina. La agente Carter llegó con las ideas muy claras. Las mujeres pueden hacer lo que quieran, a pesar de los obstáculos que les pongan. Peggy Carter (Hayley Atwell) trabaja en un ambiente laboral enteramente masculino. Aunque es una agente en la SSR (Reserva Científica Estratégica), la relegan a trabajos de secretaria. Estamos en los años cuarenta y la serie critica el sexismo en el lugar de trabajo en aquella época, pero puede resonar perfectamente en la actualidad. A Peggy como agente la consideran inferior por ser mujer y por eso le dan tareas burocráticas. A pesar de ser más competente. Pero ella no se conforma con eso y demuestra que es tan válida como sus compañeros. Estamos en la América de la postguerra, aquella en la que los hombres desearían que sus mujeres volvieran a casa como hacían antes de la guerra. Pero es demasiado tarde, se ha abierto la puerta y las mujeres desean tener una vida más allá de su casa y sus hijos.

Cuando acusan de traición a su amigo Howard Stark, Peggy empezará a investigar junto a su mayordomo Edwin Jarvis, lo que la llevará a peligrosas misiones. Y aunque Peggy Carter nació como "la novia del Capitán America", en esta serie consigue establecerse como un personaje complejo, que lucha con sus emociones y su carrera tanto encubierta como en la SSR. Ha superado la historia con el Capitán América y ahora es simplemente la agente Carter, no la novia de. Una mujer que se ha hecho a sí misma. Y aunque no tenga poderes, se convierte en una superheroína de pleno derecho rompiendo y desafiando estereotipos.

Es difícil mostrar un pasado histórico como el de finales de los cuarenta cuando la mujer estaba muy relegada en el papel que ejercía. Pero se agradecería más presencia femenina en la serie y no tanto hombre blanco. Aunque tenemos a Angie Martinelli (Lyndsy Fonseca), la fiel amiga de Peggy, camarera y aspirante a actriz que permanecerá a su lado contra viento y marea. Tampoco tienen tantas escenas juntas. También tenemos a Dottie Underwood (Bridget Regan), una asesina rusa entrenada por una organización como la que creó a la Viuda Negra. Y a Whitney Frost/Agnes Cully (Wynn Everett) como una científica con poderes, una de las más inteligentes del mundo que se esconde detrás de la máscara de la atenta esposa. Lástima que estas mujeres no tengan más presencia.

La segunda temporada nos mostró a una Peggy mucho más convencional y el personaje sufrió con ello. Introduciendo los intereses amorosos de la protagonista parecía que la serie se alejaba de lo que la hacía interesante, esa rebeldía que caracterizaba a la protagonista y la hacía diferente. Demasiados triángulos amorosos, gracias guionistas por fastidiarla. Cuando la serie empezó a centrarse más en las relaciones de la protagonista y no en sus aventuras, la serie perdió. Peggy Carter se merecía algo mejor que eso.

¿SABÍAS QUÉ?

The Griffith Hotel, la residencia para mujeres donde Peggy Carter vive se basa en el Barbizon Hotel for Women de Nueva York. Empezó a admitir hombres en 1981. Señoritas solteras viviendo en un entorno más protegido, solo de mujeres, era más respetable en los cuarenta.

JESSICA JONES

Intérpretes: Krysten Ritter, Rachael Taylor, Eka Darville, Mike Colter, Carrie-Ann Moss | 3 Temporadas | **Cadena:** Netflix 2015-2019 | 39 episodios

YA NO SOY UNA VÍCTIMA

Jessica Jones (Krysten Ritter) ya no quiere ser una superheroína. Dejó colgado el traje hace tiempo y ahora simplemente desea que la dejen en paz. Trabaja como detective privado, intenta olvidar su terrible pasado y pasar desapercibida. Pero ese pasado al que tanto teme volverá para acosarla de nuevo. Fue poseída por un villano controlador de mentes que la hizo hacer cosas que no quería, que usó su mente y su cuerpo. Jessica tendrá que enfrentarse a sus peores temores, pero no es una víctima cualquiera, esta vez Jessica estará preparada y va a devolver todos y cada uno de los golpes.

Una de las cosas que más fascina de Jessica Jones es que no se trata de una superheroína al uso. Ni en la serie de televisión, ni en el cómic de Marvel. No quiere serlo, no quiere salvar al mundo, ni vestir un ridículo traje, quiere vivir su vida. Eso no significa que no use sus poderes, los usa para su trabajo. Aunque es cierto que al final, los utilizará para ayudar a la gente, no solo para cobrarles por resolver el caso.

Jessica esconde un pasado oscuro. Kilgrave (David Tennant) la dominó con control mental y eso la traumatizó. Pero Jessica no es la típica víctima. En las narrativas de los cómics, del cine, de la literatura, la mayoría de las víctimas femeninas existen únicamente para dar vida al héroe. Para que él se convierta en héroe, para que se vengue y la salve. Aquí es al revés, la heroína es la víctima pero también es el héroe. Reescribe la narrativa de la víctima de una vez por todas.

Kilgrave no solo controlaba la mente de Jessica. El violador siempre se justifica. "¿Qué parte de hospedarte en hoteles de cinco estrellas, comer en los mejores lugares, hacer lo que quieras, es una violación?". Jessica le contesta: "¡La parte en la que no quería hacer nada de eso! No solo me violaste físicamente, sino que violaste todas las células de mi cuerpo y cada pensamiento de mi maldita cabeza". Tanto ella como su amiga Trish (Rachael Taylor) son víctimas, de diferentes miedos y terrores. Pero ninguna de ellas se queda sentada esperando a ser salvada. Y eso es algo que la televisión ha obviado durante décadas. Son mujeres fuertes que son capaces de sobrevivir y defenderse.

En una entrevista en *The Guardian*, Ritter afirmaba que las mujeres se le acercaban en la calle llorando porque era la primera vez que se sentían representadas por la protagonista. Por primera vez no nos cuentan la historia del abusador o del macho que decide vengarse, no. Esta es la historia de la víctima y sus traumas. Y de como se enfrenta a ellos, sin miedos, sin callarse, sin sentir remordimiento ni culpa. Porque la víctima nunca es la culpable a pesar de lo que intenten hacernos creer para justificarse. Bravo, Jessica Jones. Gracias por existir.

¿SABÍAS QUÉ?

La mayoría del equipo de producción está formado por mujeres, entre ellos la productora y *showrunner* Melissa Rosenberg. Rosenberg prefirió eliminar escenas de violación de la serie y centrarse en el trauma posterior precisamente porque se ha utilizado millones de veces como excusa para que el personaje masculino se ponga en acción. Rosenberg recibió insultos y amenazas antisemitas por mostrar en televisión una relación sexual entre un hombre de color Luke Cage y una mujer blanca, Jessica.

SONRÍA POR FAVOR
Las mujeres en las comedias

ENTRANDO EN MATERIA

La comedia siempre ha estado llena de mujeres. Eso es cierto. Ya durante los primeros años del medio, muchas tuvieron sus propios shows. Allí nació el éxito de Lucille Ball con *Te quiero, Lucy* en 1951, la mujer que sentó las bases de las *sitcoms*. Después vinieron muchas otras que siguieron su camino, todas cortadas con el mismo patrón. Siempre eran las esposas, las hijas o las novias de alguien. Dependiendo siempre de una entidad masculina que era el juicioso y con los pies en la tierra. Ellas, mientras, eran mentes alocadas y muy divertidas pero no precisamente un ejemplo de dignidad y buen hacer. En *I Married Joan*, un juez intenta arreglar los desaguisados de su alocada esposa; *My little Margie* nos hablaba de la pizpireta hija de Vern. Nótese los títulos, eran las protagonistas pero desde la perspectiva del hombre y como posesión: *Te quiero, Lucy*, *Me casé con Joan* y *Mi pequeña Margie*, todas de 1952. Divertidísimas pero llenas de estereotipos sobre las mujeres. En *December Bride* de 1954, la protagonista es una viuda a la que su hija y su yerno intentan buscarle pareja. Una mujer sola, impensable. Hay que ponerle un hombre al lado, *ipso facto*, no sea que se nos desmadre.

En los setenta llegó la revolución del movimiento de liberación de la mujer. Empezaron a aparecer personajes femeninos independientes, con trabajos, solteras que revertían el rol de madres y esposas que nos había mostrado la televisión. Series como *Esa chica*, *Laverne y Shirley* o *La chica de la tele* son un buen ejemplo de ello. *Maude* además nos presentó a la primera feminista televisiva. En 1977 se estrenó *All that Glitters*, una serie en la que se revertían los roles de la so-

ciedad. Las mujeres eran las que trabajaban y los hombres se quedaban en casa cuidando a los hijos. La idea era buena pero no cuajó. Además esta sátira de la sociedad americana fue duramente criticada y tuvo poca audiencia. Aunque la mayoría de estos shows estaban escritos y dirigidos por hombres, así que daban la visión masculina de la historia.

Los ochenta nos trajeron a otro tipo de mujer. A las maduras de *Las chicas de oro*, demostrando que hay vida más allá de los cincuenta como hacen hoy en día *Grace y Frankie*. De las pocas representaciones de mujeres maduras interesantes en la tele. También teníamos madres trabajadoras como la peculiar *Roseanne* o la gran periodista que fue *Murphy Brown* y el escándalo que provocó su maternidad en solitario. Las madres cambian su papel radicalmente. En los noventa tuvimos a *Ellen*, la primera protagonista lesbiana de una serie, aunque hasta el episodio 22 de la cuarta temporada no salió del armario. La variedad empezó a ser la tónica y muchas series nuevas y con personajes muy diferentes aparecieron en televisión.

Con la llegada de *Sexo en Nueva York*, la televisión empezó a hablar a las mujeres de tú a tú. Conectando con ellas de una manera como antes nunca había hecho y además desde un punto de vista femenino. En eso tenemos suerte, hay mucho talento en mujeres directoras, guionistas y *showrunners* que están ofreciendo historias como *Girls* o *Insecure*. Pero han tenido que ser ellas mismas las que cuentan sus propias historias para que la mujer tenga un reflejo decente en la comedia televisiva.

TE QUIERO, LUCY

Intérpretes: Lucille Ball, Desi Arnaz, Vivian Vance, William Frawley, Richard Keith | 6 Temporadas | **Cadena:** CBS | 1951-1957 | 182 episodios

ELLA INVENTÓ LA COMEDIA

Definida como una de las primeras grandes comedias televisivas *Te quiero, Lucy* también fue una serie progresiva, a su manera. Su principal protagonista era una mujer: Lucille Ball, que también era la productora. Ball fue la primera mujer en dirigir su propia productora, primero junto a su marido en Desilu productions y después en solitario en 1968 con Lucille Ball Productions. Su marido Desi Arnaz era Ricky Ricardo, su esposo en la ficción. Lucille tuvo que pelearse con CBS para que él pudiera interpretar el papel. Por lo visto la cadena y su espónsor, cigarrillos Phillip Morris, no lo veían con buenos ojos, pensaban que al público no le gustaría que un hispano fuese su marido.

Cuando en 1952 Lucille Ball se quedó embarazada, pensaron que el show sería cancelado o

postpuesto. Pero los guionistas decidieron incluir la historia en la serie. No se podía nombrar embarazada, según CBS era una palabra demasiado vulgar, así que la sustituyeron por *expecting*. Lucy estaba esperando y el título del capítulo fue "Lucy is enceinte", usaron la palabra francesa para estar en cinta. Fue Phillip Morris quien parece que llamó a un sacerdote, un rabino y un pastor para que revisaran los guiones del capítulo. Las consecuencias del sexo no podían mostrarse en televisión. ¡Dios nos salve de mostrar a una mujer embarazada! La historia fue un éxito y el pequeño Ricky llegó al mundo al mismo tiempo que la actriz tuvo a su hijo, Denis Jr.

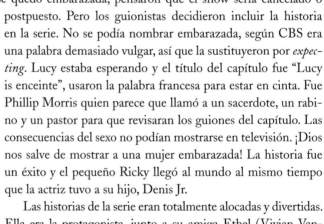

Las historias de la serie eran totalmente alocadas y divertidas. Ella era la protagonista, junto a su amiga Ethel (Vivian Vance). Ambas se metían en problemas constantemente sobre todo para evitar que sus maridos descubrieran los entuertos que liaban. Eran dos amigas que se apoyaban siempre la una a la otra. Pero lo cierto es que Lucy era un ama de casa que tenía que pedir permiso a su marido para comprar cosas, como los muebles de casa. El personaje tiene una necesidad imperiosa de agradar y de llamar la atención que la lleva a hacer las tonterías más locas. Está desesperada por trabajar fuera de casa, pero no puede. Las mujeres son menospreciadas y están sometidas al marido. Así, aunque era una de las mujeres más poderosas de la televisión, en la pequeña pantalla Lucille Ball dependía por completo de un hombre.

Ball acabaría divorciándose. Él, celoso de su éxito, la engañó múltiples veces y tenía problemas con el alcohol. Ella continuó siendo una de las reinas de la televisión con *El show de Lucy* en 1962 y *Aquí está Lucy* en 1968. En la primera interpretaba a Lucy Carmichael, una viuda que se va a vivir con su mejor amiga divorciada Vivian Bagley (Vivian Vance) y que fue la primera mujer divorciada en una serie regular. En *Aquí está Lucy* también era viuda. Así se ahorraba tener que depender de un marido y si estaba muerto, le daba un aire de respetabilidad, podía estar sola sin que se viera como algo negativo. Shows con mujeres protagonistas sin maridos no eran muy usuales en la época.

¿SABÍAS QUÉ?

A pesar de su gracia, parece que trabajar con Lucille Ball era bastante difícil. Trataba mal a otros actores que participaban en las series y a sus directores, algunos acabaron llorando en el *set*. La compañía de Lucille Ball fue la que lanzó a *Star Trek* a las ondas televisivas.

EL SHOW DE DONNA REED

Intérpretes: Donna Reed, Paul Petersen, Carl Betz, Shelley Fabares, Patty Petersen | 8 Temporadas
Cadena: ABC | 1958-1966 | 275 episodios

EL AMA DE CASA PERFECTA

Si hay una madre televisiva perfecta, esa es Donna Reed. Los títulos iniciales de *Los Munsters* la parodiaban y con razón. Donna Reed era perfecta ama de casa, madre, esposa, cocinera y todo lo que la sociedad de finales de los cincuenta quería imaginar y adoraba. Reed formó su propia compañía para crear la serie. Era así, una de las dos únicas mujeres que tenían su propia productora, la otra era Lucille Ball. Ambas eran las mujeres más poderosas de la televisión pero también mostraban un retrato de la mujer alejado de la realidad. La serie fue criticada por el movimiento feminista porque idealizaba la vida de las amas de casa. Donna siempre estaba impecable, vestía elegantemente hasta cuando cocinaba, cuidaba de su marido y sus hijos a la perfección y arreglaba todos los desaguisados familiares sin problema. Demasiado perfecta. A pesar de ello, fue la primera serie de televisión y además comedia en centrarse en el papel de una madre. Un papel que el medio obviaba por completo como protagonista.

Reed interpreta a Donna Stone, un ama de casa cuyo marido Alex (Carl Betz) trabaja como pediatra en una consulta en su casa en el pequeño pueblo de Hilldale. Él está demasiado ocupado para estar con su familia. Y su esposa se convierte en el centro de todo, la que organiza, la que prepara, la que hace que todo funcione en su perfecta familia de perfectos valores tradicionales. Un tipo de esposa y madre inexistente, creada por los guionistas y los espónsors que facilitaban el dinero. Aún así, fue

un éxito durante ocho temporadas. Donna Stone estaba muy alejada de las madres no tan perfectas que trajeron en los ochenta series como *Roseanne*. Madres de carne y hueso que podían equivocarse. A Donna Stone no se le movía un pelo de sitio, ni en la peor de las circunstancias, nunca demasiado terribles. Era una comedia muy familiar, tanto que nunca pasaba nada malo.

Modelo de sociedad idealizado. Sueño americano. El ama de casa convertida en heroína. Sin ninguna falta, casi una diosa de la perfección. Las mujeres debían quedarse en casa con la única ambición de hacer felices a sus maridos y cuidar a sus hijos. Estaban contentas de dedicarse a ello en exclusividad y no querían hacer nada más. ¿Quién quiere un trabajo? ¿Quién quiere realizar sus sueños? ¿Sueños? ¿Qué sueños? La televisión y los anuncios las presentaban como mujeres felices entregadas a sus deberes familiares, pero en la realidad en sus casas estaban insatisfechas, porque eran algo más que esposas y madres. Como mostraba el libro de Betty Friedan *La mística femenina*. No es de extrañar que los movimientos feministas de la época la criticaran por perpetuar la imagen de la mujer complaciente y contenta de quedarse en casa. Ella misma, fue una madre de cuatro hijos que vio su personaje asociado a su persona para siempre.

¿SABÍAS QUÉ?

En el episodio 14 de la primera temporada de *Las chicas Gilmore*, Rory y Dean discuten a raíz de un episodio de *El show de Donna Reed* y el tratamiento que hace de las mujeres. Aunque Donna Reed era la productora, su nombre no salía como tal y alguna vez dirigió algún episodio sin acreditar también. Tanto poder tenía que cuando la cadena quiso cambiar el formato de la serie, ella se negó en redondo y amenazó con marcharse. Le firmaron por dos temporadas más conservando el formato.

ESA CHICA

Intérpretes: Marlo Thomas, Ted Bessell, Lew Parker, Bernie Kopell, Rosemary DeCamp | 5 Temporadas | **Cadena:** ABC | 1966-1971 137 episodios

POR FIN INDEPENDIENTE

Ann Marie se ha mudado a Nueva York para perseguir su sueño: ser actriz. Ha dejado atrás a sus padres y vive en un pequeño apartamento mientras trata de ganarse la vida en pequeños papeles. Ese es el espíritu de la serie. Fue la primera en mostrar a una mujer soltera e independiente que vive sola y que trata de ganarse la vida por ella misma. Marlo Thomas, su protagonista y también productora, intentó retratar el día a día real de las mujeres de aquella época que empezaban a perseguir sus sueños y salían de la idea tradicional que de una mujer se tenía. Y lo hacía en tono de humor.

Thomas ha comentado en varias ocasiones que a los hombres les costaba entender y aceptar que ella era la jefa. Y muchas veces se la acusó de tener ese poder simplemente por ser hija de Danny

Thomas, un famoso comediante de la época. Claro, porque las mujeres solas no pueden triunfar, ¿verdad? Pero Thomas trabajó duro para crear la serie y convenció al productor ejecutivo Edgar Scherick después de sugerirle que leyese el libro de Betty Friedan *La mística de la femineidad*, un clásico del feminismo. Scherick no paraba de mandarle guiones sobre mujeres que eran la mujer de alguien, su secretaria, su hija, pero no eran en realidad la protagonista.

En la serie hay varios personajes masculinos, el padre de Anne Marie, Lew Marie (Lew Parker) y su novio, el periodista Don Hollinger (Ted Bessell) al que conoce en la ciudad. Muchas veces sus personajes eran los que intentaban que Anne Marie se ciñese al papel que como mujer se esperaba que representara, cosa que ella no hacía, por supuesto. Pero eso no quitaba que la cadena ABC y su *sponsor* Clairol lo intentaran. En uno de los episodios Anne Marie le decía a su padre: "No sé si quiero casarme", pero la obligaron a añadir un "aún". Para una mujer decir algo así era un sacrilegio en los sesenta. Evidentemente, también insistieron en acabar la serie con un "final feliz", en boda, por supuesto. Algo a lo que Thomas se negó categóricamente. Creía que era una traición al personaje y a todas las mujeres que seguían la serie. Era como decir, al final la chica se casa, porque es lo que tiene que hacer para ser feliz pero ese no es el único final posible. Aunque la pareja se comprometía, la serie terminaba con ambos yendo a una reunión del movimiento de liberación de la mujer.

La cadena tampoco quería que viviera sola y sugirieron que viviese con una tía, en plan carabina. Thomas se negó de nuevo. Nadie se iba a la gran ciudad a ganarse la vida con su tía, ni su madre, ni su abuela. Se supone que quieres ser independiente. Y claro, ¿qué clase de chica vive sola y lleva a su novio a su apartamento? ¡Indecencia! Así que, aunque Anne Marie tenía novio, Don la dejaba en su piso cada noche y se despedía de ella castamente.

¿SABÍAS QUÉ?

Marlo Thomas fue una de las socias fundadoras junto a la gran Gloria Steinem de la Ms. Foundation for Women. También creó el programa de entretenimiento para niños y niñas "Free to Be...You and Me" fomentando la neutralidad de género y abogando por enseñar valores de igualdad a los más pequeños. Uno de los títulos que se consideró para la serie fue "Miss Independent", así es como Danny Thomas llamaba a su hija por su espíritu independiente.

LA CHICA DE LA TELE

Intérpretes: Mary Tyler Moore, Edward Asner, Gavin MacLeod, Ted Knight, Cloris Leachman
7 Temporadas | **Cadena:** CBS | 1970-1977 | 178 episodios

MUJER LIBERADA

Aunque aquí se tradujo como *La chica de la tele*, el programa se llamó originalmente *The Mary Tyler Show*, demostrando que el nombre de la actriz era importante como para liderar su propia serie. Ya era conocida por su papel en *El show de Dick Van Dyke* como Laura Petrie, una bailarina que se convierte en madre y esposa. En ambos shows rompió barreras de género y en la forma en la que representaba a las mujeres, sirviendo de inspiración a muchas actrices y feministas que siguieron su ejemplo. En el primero llevó pantalones, algo bastante inusual. La actriz quería representar la mujer que era, a las

mujeres que conocía que vestían pantalones pero que en la televisión siempre lucían faldas o vestidos. De hecho CBS se negó en un principio, igual que los anunciantes, y solo le permitía vestir sus famosos capris en una escena por episodio. Van Dyke y ella se las arreglaron para introducirlos cada vez más hasta que se convirtió en algo icónico del personaje.

En su propia serie interpretaba a Mary Richards, una joven de 30 años soltera e independiente que se muda a Mineápolis y empieza a trabajar en la redacción de un programa televisivo. No solo era protagonista de su historia sino que además lo hacía interpretando a una mujer con una profesión liberal y muy masculinizada. Seguía la estela de Marlo Thomas en *Esa chica*, a pesar de ello, en aquellos años, la mayoría de mujeres en la televisión estaban casadas y representaban el papel de madres y esposas, alejadas de lo que muchas mujeres vivían. Así que su papel representó a miles de mujeres que empezaban sus carreras profesionales en la vida real y que se sentían identificadas con las vivencias de Mary.

Durante los años de emisión del programa, se mostraron temas que antes no habían sido tratados en televisión y que afectaban directamente a la mujer como el aborto, la igualdad salarial o la píldora anticonceptiva. Algo que seguramente tenía que ver con el equipo de mujeres guionistas que participaban en la serie. En uno de los episodios, Mary visita a sus padres y sale a dar una vuelta con su padre, su madre dice: "No olvides tomarte la píldora". Y ella y su padre dicen a la vez: "¡No lo haré!". Así con una gran sutileza se introducía que Mary usaba la píldora y era una mujer con vida sexual.

Evidentemente el tema del matrimonio estaba presente en la serie. El personaje se veía sometido a las expectativas de la sociedad, las suyas propias por tener pareja y las de su vecina también soltera Rhoda (Valerie Harper) y su vecina casada y con hijos, Phyllis Lindstrom (Cloris Leachman). Todas querían que tuviese pareja.

¿SABÍAS QUÉ?

Mary Tyler Moore firmó con CBS por diez años, con una cláusula que decía que podría crear su propia serie a los cinco años. El mismo día que pasaron los cinco, presentó su proyecto. Evidentemente, la cadena no daba un duro por el programa. Lo colocó a la peor hora posible. La prensa lo dejó de vuelta y media. *Time* lo calificó de desastre y algunos medios llamaban al personaje solterona. El éxito de la serie hizo que se tragaran sus palabras. A pesar del feminismo de la serie, Mary Tyler Moore rechazó la invitación de Gloria Steinem para unirse al movimiento feminista asegurando que las mujeres tenían un rol principal como madres y que era muy necesario que se quedaran con sus hijos.

MAUDE

Intérpretes: Bea Arthur, Bill Macy, Conrad Bain, Adrienne
Barbeau | 6 Temporadas | **Cadena:** CBS 1972-1978
141 episodios

FEMINISTA TELEVISIVA

No es para nada la esposa y ama de casa ideal que la televisión nos había vendido durante años. Bea
Arthur es Maude Finlay, una mujer liberal, abierta, valiente y que no tiene pelos en la lengua. Estamos
en pleno movimiento de liberación de las mujeres y eso se tiene que notar en la televisión. Maude es
una feminista convencida. Vive en Tuckahoe, Nueva York, con su cuarto marido, Walter (Bill Macy);
su hija Carol (Adrienne Barbeau) que está divorciada de su segundo marido y Phillip, el hijo de esta.
Maude tiene opiniones propias sobre los derechos de las mujeres y participa abiertamente en activi-
dades del movimiento de liberación de la mujer. Y constantemente habla sobre el rol de la mujer y

la igualdad. Aunque lo hace desde una perspectiva cómica, es indudable la importancia de la serie, ya que presentaba un rol hasta entonces desconocido en la televisión. Una serie radical para la época. Muchas veces Maude chocaba con las opiniones de su marido. Está claro que era un nuevo tipo de mujer, se acabaron las amas de casa perfectas que atienden a sus maridos como si fueran dioses a los que adoran.

Maude tiene una edad, se acerca a los cincuenta, no es una jovencita perfecta como podría ser Donna Stone. El episodio 10 de la primera temporada, "Maude's Dilemma", es uno de los más icónicos de la serie. Maude se entera de que está embarazada a los 47 y piensa que quizás podría abortar. La guionista Susan Harris (también de *Las chicas de oro*) escribió esta historia para mostrar los sentimientos de la protagonista que defiende absolutamente el derecho a decidir pero que aún así se siente culpable debido al estigma con el que creció sobre el aborto. Aún a día de hoy es difícil ver en televisión a un personaje que decida abortar y cuando lo hace probablemente lo pierde antes de forma natural. Este episodio creó gran controversia y muchas críticas pero se adelantó dos meses a la decisión de la Corte Suprema de los Estados Unidos en el Caso Roe vs Wade, por la cual se despenalizó el aborto.

Vemos a Maude luchar por sus derechos, por trabajar fuera de casa, por ser independiente y tener su propio dinero, por todas esas cosas que ahora damos por hecho pero que en los setenta estaban comenzando a hacerse realidad para muchas mujeres. En algunos episodios a Walter le resulta difícil aceptar que su mujer no quiera ser simplemente ama de casa y dedicarse a cocinar y cuidar de su marido. Pero como activista política demócrata, Maude no podía dejar de luchar por la igualdad de las mujeres y también la igualdad racial. Maude se convierte en congresista en la sexta temporada, aunque la actriz se cansó del personaje y la serie tocó a su fin.

¿SABÍAS QUÉ?

Fue un *spin-off* de la serie *Todo en familia*. Cuando William S. Paley, director ejecutivo de CBS vio el personaje de Maude, prima de uno de los protagonistas, llamó al creador de la serie Norman Lear esa misma noche y le dijo que hiciera una serie para ella. El tema principal de *Maude*, "And Then There's Maude" refleja el feminismo del personaje comparándolo con mujeres fuertes de la historia como Juana de Arco, Lady Godiva, Annie Okley, la reina Isabel, Lisístrata y las mujeres que quemaban sus sujetadores.

LAVERNE Y SHIRLEY

Intérpretes: Penny Marshall, Cindy Williams, Michael McKean, David Lander | 8 Temporadas
Cadena: ABC | 1976-1983 | 178 episodios

LAS MEJORES AMIGAS

Laverne De Fazio (Penny Marshall) y Shirley Feeney (Cindy Williams) son dos amigas que comparten apartamento en Milkwake a finales de los cincuenta y principios de los sesenta. Trabajan en una fábrica embotelladora de cerveza, un entorno en aquella época muy masculinizado, y llevan una vida independiente.

Laverne nació como secundaria en la serie *Días felices*, dirigida por Garry Marshall, hermano de Penny. Garry ha comentado en diversas entrevistas que los personajes de Laverne y Shirley nacieron como una revisión de los de Lucy y Ethel de *Te quiero, Lucy*. Marshall trabajó para Lucille Ball en *El show de Lucy*. Eran el reverso de las esposas y madres alocadas que viven para sus maridos y que se meten en líos siempre, hasta que un hombre pone un poco de cabeza en todo. Laverne y Shirley no están casadas, no necesitan a ningún hombre que resuelva sus vidas y sus problemas, se bastan ellas solas. No son mujeres histéricas que se comportan como niñas.

La canción de la serie también era significativa de los tiempos que vivían. A pesar de estar ambientada en los sesenta, representaba los ideales del feminismo en tono de comedia. Decía la sintonía: "Danos alguna posibilidad que la aprovecharemos/ Déjanos cualquier regla que la romperemos/Vamos a hacer nuestros sueños realidad/Haciéndolo a nuestra manera".

Laverne no era el típico personaje femenino, no sabía cocinar, y eso era motivo de muchos momentos humorísticos en la

serie. Recordad que es una serie pensada por hombres. Las madres de Laverne
y Shirley también representaban el rol
tradicional que las comedias anteriores
habían mostrado, criticando en ocasiones a sus hijas por vivir solas en la ciudad. También es verdad que la serie llegó cuando la Federal Communications
Commission declaró la Family Viewing
Hour, lo que regulaba de manera muy
estricta los contenidos. Así, mientras
en *La chica de la tele*, Mary Tyler Moore
podía hablar tranquilamente sobre sexo,
en *Laverne y Shirley* ni siquiera se podía
mencionar la palabra. Aunque fuera evidente que las protagonistas tenían vida
sexual. Ellas le llamaban "hacer vo-de-
o-do-do".

Aunque eran dos grandes amigas
para el público, las peleas entre Marshall y Williams eran antológicas. La
segunda se quejaba que Marshall recibía
los mejores diálogos. Williams también
abandonó la serie cuando se quedó embarazada en la vida real. Evidentemente,
la salida fue típica y tópica, en la serie se
quedaba embarazada y se iba a vivir con
su marido al campo, como una buena esposa tradicional. Una lástima.

¿SABÍAS QUÉ?

Laverne y Shirley fue la serie con protagonistas femeninas que estuvo más
tiempo en el aire, hasta que en 2006
Embrujadas la superó. Penny Marshall
empezó a dirigir episodios hacia el final de la serie y después se lanzó a la
dirección, convirtiéndose en una de las
pocas directoras reconocidas durante los ochenta y noventa con películas como *Jumpin' Jack Flash* con
Whoopi Goldberg o *Big* con Tom Hanks, primera película dirigida por una mujer que alcanzó los
100 millones de dólares en taquilla. También dirigió *Ellas dan el golpe*, una de las primeras películas de
éxito de los noventa en tener a mujeres como protagonistas y en papeles normalmente reservados a los
hombres, en un equipo de béisbol profesional.

LAS CHICAS DE ORO

Intérpretes: Bea Arthur, Betty White, Rue McClanahan, Estelle Getty | 7 Temporadas | **Cadena:** NBC
1985-1992 | 177 episodios

MUJERES MADURAS Y MUY VIVAS

Dorothy Zbornak (Bea Arthur), Rose Nylund (Betty White), Blanche Devereaux (Rue McClanahan) y Sophia Petrillo (Estelle Getty) son cuatro mujeres mayores que viven juntas. Tres de ellas son viudas y una está divorciada. Como en su momento pasó con *Se ha escrito un crimen*, *Las chicas de oro* demostró que las mujeres maduras podían, no solo ser protagonistas de su propia serie, sino también tener éxito. Con su excelente y desternillante humor inteligente, también hicieron patente que las mujeres podían ser divertidas a cualquier edad. Aún a día de hoy es raro ver personajes femeninos de edad como protagonistas, tanto en la televisión como el cine, que no representen simplemente a la madre o la abuela de alguien. ¿Cuántas series habéis visto últimamente en la que las protagonistas no sean mujeres jóvenes y estupendas? Imaginaros en 1985 cuando se estrenó *Las chicas de oro*. Buena parte del éxito de la serie, no solo fue por sus magníficas interpretaciones, sino también sus diálogos acertados y que una mujer estuviera detrás de la misma, Susan Harris.

La serie mostraba a cuatro mujeres mayores de 50 años que tenían vida después del matrimonio, ni el divorcio ni la viudedad eran el fin. Al contrario, las protagonistas no solo tenían vida sexual sino que hablaban abiertamente de ella. Pero la serie también trataba otros temas como el acoso sexual, el sida, las relaciones entre personas del mismo sexo, la violencia de género o la menopausia, un tema que pocas veces se trata en televisión. Además, nuestras protagonistas eran mujeres totalmente independientes que se querían a ellas mismas y que se apoyaban y ayudaban las unas a las otras. No eran mujeres definidas por los hombres de su vida, sino por ellas mismas y sus acciones. Son asertivas y no tienen miedo de decir lo que piensan. Muestra la importancia de la amistad. Sus historias importan. Y demostraron que eran interesantes e interesaban al público.

Dorothy es la mujer dura, continua desarrollando el papel que interpretaba en Maude. Una mujer con una carrera, quizás la más seria de todas. Blanche es la más abierta sexualmente. Aunque su vida romántica es un torbellino y es señalada por ello, vive su vida con libertad, disfruta de su sexualidad. Muchas veces el audiovisual nos muestra a las mujeres maduras como asexuales, por lo visto, una abuela no puede tener deseos libidinosos. En cambio los hombres son casanovas con canas sin problemas. Rose es la más ingenua de todas, es la más chapada a la antigua, pero aún así ofrece un contrapunto al resto de personajes. Sophia es la madre de Dorothy, pero no ofrece un retrato típico de madre y eso es genial, porque se puede ser madre y tener vida propia, por mucho que a tu hija le haga ponerse colorada.

¿SABÍAS QUÉ?

Estelle Getty no era la mayor de las chicas de oro a pesar de interpretar el papel de Sophia, el de más edad. De hecho, era más joven que su hija en la ficción Bea Arthur. Betty White era la mayor. Entre la primera y la segunda temporada Getty se operó la cara para parecer más joven lo que hizo que maquillaje se las viera y se las desease para poder hacerla parecer aún más mayor. Bea Arthur no quería participar en la serie porque pensaba que sería repetir su papel en Maude.

MURPHY BROWN

Intérpretes: Candice Bergen, Grant Shaud, Robert Pastorelli, Faith Ford, Charles Kimbrough | 11 Temporadas | **Cadena:** CBS 1988-2018 | 260 episodios

LA GRAN PERIODISTA

Cuando Murphy Brown debutó en televisión, una ola de conservadurismo atacaba duramente América e intentaba cargarse todo lo que habían conseguido la lucha por los derechos civiles, el colectivo LGTB y el feminismo. Pero Candice Bergen, en su papel protagonista, se convirtió en un verdadero icono feminista de la cultura pop difícil de olvidar. No solamente por ser una mujer adulta (en la cuarentena), sino porque no tenía pelos en la lengua, trabajaba duro para conseguir estar donde estaba, se sacrificaba por ello, estaba segura de sí misma y de su éxito, disfrutaba del sexo y de su independencia. Una mujer inteligente, bien pagada y profesional reconocida en su trabajo, con una carrera firme y que era respetada. Un verdadero modelo a seguir para muchas mujeres.

Creada por Diane English, Murphy Brown era una periodista televisiva independiente y con carácter que trabajaba en el programa FYI. Tenía una misión en la vida: denunciar la corrupción sobre todo de los poderes conservadores. Algo que ponía nervioso a más de uno, incluso en la vida real. Murphy Brown se convirtió en un icono del feminismo cuando decidió ser madre soltera, tras quedarse embarazada por accidente. El entonces vicepresidente de los Estados Unidos, Dan Quayle, criticó en un mitin duramente al personaje por ser madre soltera. Según él, se estaban perdiendo los valores de

la familia y Brown se burlaba de la importancia del padre, al educar a su hijo sola. En la première de la siguiente temporada, ya siendo madre, Brown respondía desde el programa televisivo a Quayle. Su definición sobre lo que era una familia no era aceptable y era dolorosamente injusta. "Quizás es hora de que el vicepresidente amplíe su definición y reconozca que, ya sea por elección o circunstancia, las familias vienen en todas las formas y tamaños. Y, en última instancia, lo que realmente define a una familia es el compromiso, la atención y el amor", le espetó. 70 millones de americanos vieron nacer al hijo de Murphy en televisión.

Murphy Brown fue más que una serie de televisión. Sus capítulos abrían debates importantes. En la época en la que el postfeminismo intentaba convencernos de que las mujeres no lo podíamos tener todo y que era vital escoger entre una carrera y una familia, Brown puso encima de la mesa temas como la maternidad en solitario, la igualdad salarial, el cáncer de mama, el alcoholismo... Pero es que la simple existencia de Murphy Brown daba cancha a las mujeres en un mundo que en aquel momento era totalmente masculino como el de los presentadores de informativos. Las periodistas Barbara Walters, Katie Couric o Diane Sawyer hicieron cameos en la serie. Lástima que a su lado, Corky Sherwood (Faith Ford) representase el papel de la típica rubia tonta. No era un show perfecto pero sí que fue importante en la historia de la televisión por cómo reflejaba a las mujeres.

¿SABÍAS QUÉ?

CBS quería inicialmente que Heather Locklear interpretara a Murphy Brown, una actriz 15 años más joven que Candice Bergen. Pero Diane English insistió en que fuera ella. En la última temporada Murphy descubría que tenía cáncer de mama, un hecho que hizo que el programa concienciara a muchas mujeres sobre la enfermedad y aumentó el número de mamografías.

ROSEANNE

Intérpretes: Roseanne Barr, John Goodman, Laurie Metcalf, Sara Gilbert, Sarah Chalke
10 Temporadas | **Cadena:** ABC | 1988-2018 | 230 episodios

UNA MADRE REAL

Antes de los ochenta, las madres televisivas solían ser perfectamente conservadoras. Amantes madres y esposas, preocupadas por sus hijos y sin vida propia. Esto cambió, con la llegada de *Roseanne*, que reflejaba una realidad que se vivía en todos los hogares de los Estados Unidos. *Roseanne* mostraba a una familia más real de lo que la televisión jamás había enseñado. La crisis había provocado que tanto padres como madres tuvieran que trabajar fuera de casa demasiadas horas y las madres dedicaban menos tiempo a sus hijos, haciendo malabarismos entre ganarse la vida y continuar siendo el pilar de la familia. El salario mínimo se había congelado durante años, los de la era Reagan, y los ricos cada vez eran más ricos y los pobres más pobres. *Roseanne* mostraba las dificultades que muchas madres, y por lo tanto muchas familias americanas, tenían en aquellos años.

Roseanne es la matriarca del clan Conner. Directa, sin pelos en la lengua, dice lo que piensa y toma sus propias decisiones. Una mujer de clase trabajadora que no se avergüenza y se siente orgullosa de ello, se convirtió en un modelo para muchas madres trabajadoras en la década de los ochenta y los noventa. Desde luego, no dejaba indiferente a nadie, e incluso molestaba a más de uno. Era necesario que la televisión reflejara esa realidad que había ocultado, las madres que trabajaban y sus dificultades reales.

Las familias televisivas tendían a ser perfectas en actitud y en apariencia. Pero los Conner eran una familia disfuncional, con dos padres con sobrepeso que no tenían cuerpos perfectos ni melenas rubias al viento. Eran gente normal. Roseanne podía ser una mala madre y no sentirse culpable, entendiendo como mala madre todo aquello contrario a lo que la tele nos había vendido como buena madre durante décadas: la perfección absoluta que simplemente llevaba a la frustración más dolorosa. Esas madres no existían, solo eran posibles en la televisión. Cuando tienes dos empleos para mantener a tu familia y aún así no llegas a final de mes, no puedes sonreír como Donna Reed mientras haces pasteles vestida como si fueras a un cóctel.

La serie además trataba temas reales como los problemas de dinero de muchas familias, la obesidad, la inexistencia de seguridad social y lo que conllevaba o los derechos de la comunidad LGTB. Mostraba así una familia que luchaba por sobrevivir con las dificultades reales de la vida. Parece algo simple, pero cuando llevas décadas viendo familias perfectamente perfectas, un poco de cruda realidad bañada con una buena dosis de humor te pone en situación. Además, abrió las puertas de la televisión a una nueva mujer, una que no acababa de nacer, sino que llevaba existiendo en la realidad desde hacía mucho tiempo.

¿SABÍAS QUÉ?

En 2018 *Roseanne* volvió a la tele, pero por poco tiempo. La nueva Roseanne era votante de Trump. Pero Roseanne Barr, la actriz que la protagonizaba, hizo unos tweets racistas que llevaron a la cancelación fulminante de la serie. Su twitter ya tenía algunos comentarios islamofóbicos pero la gota que colmó el vaso fue cuando comparó a la asesora de Barack Obama, Valerie Jarrett, con un mono. Fue el final de *Roseanne*. Aunque casi mejor, el programa fue un intento descarado de ABC para atraer a los votantes de Trump tras las elecciones presidenciales. Todo por la audiencia.

SEXO EN NUEVA YORK

Intérpretes: Sarah Jessica Parker, Kim Cattrall, Kristin Davis, Cynthia Nixon, Chris North | 6 Temporadas | **Cadena:** HBO | 1998-2004 | 94 episodios

HABLEMOS DE SEXO

Tres décadas después de series como *Esa chica* o *La chica de la tele*, aún había pocas representaciones televisivas de mujeres solteras y mucho menos, de mujeres solteras y liberadas. Pero entonces llegó *Sexo en Nueva York* para resolverlo. Carrie, Miranda, Charlotte y Samantha revolucionaron la televisión. Y lo hicieron llevando a la pequeña pantalla a cuatro mujeres en su treintena rozando la cuarentena con carreras de éxito, independientes, que no tenían hijos y decidían vivir y disfrutar de la vida y, sobre todo, del sexo, con libertad absoluta. Ellas reflejaban la realidad, salvando las distancias, de muchas mujeres a finales de los noventa. Una realidad que se había obviado por completo. Desde luego, no era una serie perfecta y muchas feministas pusieron el grito en el cielo al verla, pero también se llevó muchos

comentarios misóginos. Al fin y al cabo era una serie de mujeres hablando sobre sexo. Eso tenía que levantar ampollas.

El mundo en el que viven es ficticio, ¿quién demonios puede comprarse zapatos de 3000 dólares trabajando de columnista *freelance*? Nadie. El nivel de vida que llevan los personajes es imposible, pero la amistad entre ellas es real. Tanto, que la serie se convirtió en todo un éxito para millones de mujeres, porque se vieron reflejadas en ellas. Pocas veces la televisión ha mostrado la amistad entre mujeres de esa forma, tan sincera y directa. Aunque todas buscan un hombre, al final la relación más importante es la que tienen entre ellas, por encima de todo. Hay un momento en el que Charlotte dice que quizás son el alma gemela las unas de las otras y los hombres son solo cosas con las que divertirse y quizás tiene razón. Porque pase lo que pase siempre están ahí para las otras. Por ejemplo, Miranda le presta el dinero que necesita Carrie para pagar su apartamento y Carrie está allí para Samantha cuando le detectan el cáncer de mama.

También es cierto que la serie no muestra nada de la diversidad de razas y culturas de Nueva York. Es excesivamente consumista y sus protagonistas están demasiado obsesionadas con conseguir un hombre. Viven en una burbuja, en un Nueva York irreal en el que todo el mundo tiene dinero, vive bien, es blanco y bebe Manhattans. La mayoría de conversaciones son sobre hombres, los que fueron, los que tienen, los que serán. No sé si pasaría el test de Bechdel para comprobar si se cumplen los estándares mínimos para evitar la brecha de género. Pero fue la primera comedia en mostrar lo que muchas mujeres vivían entonces. Ahora puede parecer de lo más normal con series como *Girls*, pero en los noventa no era lo habitual.

La serie habla de los sentimientos, preocupaciones, ansiedades de las mujeres de manera accesible y directa para que otras mujeres se puedan identificar con ellas. Pueden ser superficiales pero en el fondo son mujeres complejas. Y esa fue la clave de su éxito. Nadie nunca había hablado a las mujeres así en televisión. Ah, evidentemente, el final de Carrie es de lo más convencional. Se casa con Mr. Big.

LAS CHICAS GILMORE

Intérpretes: Lauren Graham, Alexis Bledel, Keiko Agena, Melissa McCarthy, Kelly Bishop | 8 Temporadas | **Cadena:** The WB / The CB / Netflix | 2000-2007 | 154 episodios

MADRE E HIJA

Lorelai (Lauren Graham) tiene 32 años y es madre soltera. Tuvo a su hija Rory (Alexis Bledel) cuando tenía 16 años. Ambas viven en Stars Hollow, Connecticut. Para desgracia de sus padres, Lorelai decidió no casarse con Chris, el padre de Rory, sino que se marchó de la mansión familiar y empezó una vida como madre soltera. Decidiendo sobre su futuro de manera totalmente independiente. *Las chicas Gilmore* es una serie sobre dos mujeres, una madre y una hija, sus aspiraciones, sus sueños y, sobre todo, la relación entre ambas. Pocas series de televisión han mostrado una relación así.

Siete exitosas temporadas nos muestran a dos mujeres independientes, rebeldes y que no siguen las normas. Que pueden hacer lo que se proponen. Historia también de una madre soltera. Lorelai no quiere que su hija cometa sus mismos errores y por eso la apoya siempre y la educa para que ponga por encima de todo sus sueños. Incluso recurriendo a sus padres para que le paguen los estudios que ella no le puede proporcionar, aunque eso sea lo último que hubiera querido hacer. Lorelai le dice a Rory cuando no quiere cambiarse a una mejor escuela porque su novio no irá a la misma: "No me malinterpretes. Los chicos son geniales. Soy un gran fan de los chicos. No te quedas preñada a los 16 siendo indiferente a los chicos. Pero, cariño, los chicos siempre van a estar ahí. Esta escuela no. Es más importante. Tiene que ser más importante".

Lorelai es una mujer hecha a sí misma, empieza como doncella en el hotel para convertirse en mánager y posteriormente crear su propio negocio con Sookie (Melissa McCarthy), su mejor amiga y excelente cocinera. Hay otras mujeres en la serie: Paris (Liza Weil) y Lane (Kieko Agena), las amigas de Rory o Emily (Kelly Bishop), su abuela. Con su abuela muestra tres generaciones de mujeres, muy diferentes unas de las otras. Emily es una madre tradicional, esposa que se quedó en casa renunciando a todo para que su marido tuviera éxito profesional.

Pero no todo es perfecto en Stars Hollow. Ninguna parece darse cuenta de lo privilegiadas que son. Solo hay dos personajes recurrentes en toda la serie que no son blancos, Lane y su madre Mrs. King de origen coreano. Y aunque Lane es un ejemplo también de chica rebelde y que no se conforma con lo que la sociedad espera de ella. Quiere montar su propia banda de punk, lo consigue y se va de gira, a pesar de su madre, que es muy tradicional y quiere que se case con un doctor coreano. En la temporada siete, la más floja de todas y la última, Lane acaba casándose con su novio, uno de los miembros de su banda y quedándose embarazada la noche de bodas. Un final decepcionante para el personaje.

¿SABÍAS QUÉ?

El personaje de Sookie St. James iba a ser lesbiana y el de Luke era una mujer, pero la cadena pensó que había demasiadas mujeres y había que poner un poco de testosterona, el elemento gay fue totalmente descartado. Amy Sherman-Palladino es la escritora, creadora y productora de la serie, pero la dejó en la última temporada por una disputa contractual. En 2016 Netflix lanzó *Las cuatro estaciones de las chicas Gilmore*, con Rory volviendo a Stars Hollow con su madre diez años después. No fue lo mismo.

GIRLS

Intérpretes: Lena Dunham, Allison Williams, Jemima Kirke, Zosia Mamet, Adam Driver | 6 Temporadas
Cadena: HBO | 2012-2017 | 62 episodios

NO TENGO POR QUÉ GUSTAR

Pocas series han cambiado el panorama televisivo tanto como *Girls*. La serie de la que se ha hablado más en los últimos tiempos. Controvertida, chocante, directa, sin pelos en la lengua, fue creada por Lena Dunham, amada y odiada a partes iguales. Y aunque es una comedia muchas veces nos ha hecho sufrir más que reír. Y también ha servido para redefinir la forma en la que las mujeres en la veintena son mostradas en la televisión. Hannah (la propia Dunham), Marnie (Allison Williams), Jessa (Jemina Kirke) y Shoshanna (Zosia Mamet) son las protagonistas, que lejos de ser cuatro atractivas jovencitas estupendas y maravillosas listas para agradar, se convirtieron en personajes complejos que hasta aquel momento eran casi inexistentes en la televisión.

Girls fue una serie innovadora y arriesgada. Normalmente las series con mujeres como protagonistas las muestran siempre como personajes atractivos y agradables. Mujeres sonrientes. A pesar de sus diferencias, todas siguen un patrón que las hace atractivas, tenemos a la desinhibida, a la clásica y más tradicional, a la divertida, etc,... *Girls* no. Esto es diferente. Es alta televisión pero también es cierto que podemos llegar a odiar a sus protagonistas, nos caen antipáticas, no las entendemos,... Pero no importa. Ese es el acierto de la serie. No tenemos por qué sonreír, no tenemos por qué agradar mientras las historias sean buenas y las de esta serie lo son. Dunham le dijo a HBO que no se veía ni a ella misma ni a sus amigas reflejadas en la televisión y que quería hacer algo al respecto. Y así nació *Girls*.

A Dunham también le han llovido las críticas, sobre todo por mostrar su cuerpo desnudo en demasiadas ocasiones. Pero es algo buscado, pocos cuerpos así veréis en la televisión y mucho menos desnudos. Ella misma lo dice, soy imperfecta, pero como yo millones de mujeres, ¿por qué todas las mujeres de la televisión tienen que ser estupendas y maravillosas? No son reales, nosotras sí. Dunham se ha pintado a sí misma de manera poco favorecedora. Es una mujer joven y con una educación superior pero que está obsesionada consigo misma, con lo que la rodea. Y eso no gusta. Porque las mujeres siempre tienen que agradar y sonreír. Eso es a lo que nos han limitado. Las protagonistas son casi monstruos, aunque no del todo. No son perfectas ni glamurosas, al contrario. Es una serie llena de humor negro, que apuesta por la brutalidad en la forma de presentar las relaciones y el sexo entre personas en la veintena. Son mujeres privilegiadas pero al mismo tiempo complicadas y problemáticas. Han tomado decisiones terribles, se han metido en relaciones en las que nunca tenían que haber caído, como muchos hemos hecho en nuestra vida, pero también han crecido y evolucionado como personas.

A pesar de sus aciertos, *Girls* tenía el mismo problema que *Sexo en Nueva York*. Quince años después, en Nueva York, la ciudad más cosmopolita y multicultural de los Estados Unidos, parece que solo viven blancos.

¿SABÍAS QUÉ?

El show es obra de Lena Dunham pero se ha rodeado de mujeres a la hora de escribir los guiones. Jenni Konner, es también la creadora y productora. Después de las críticas por la falta de diversidad de la serie, Dunham creó el personaje que interpretaría el actor Donald Glover. A Jemina Kirke, Lena Dunham tuvo que convencerla para que aceptara el papel. De hecho, en la segunda temporada quiso marcharse, nunca se ha considerado buena actriz, prefiere dedicarse a la pintura y el arte.

GRACE Y FRANKIE

Intérpretes: Jane Fonda, Lily Tomlin, Sam Waterston, Martin Sheen | 5 Temporadas | **Cadena:** Netflix 2015-actualidad

HAY VIDA DESPUÉS DE LOS 50 Y DE LOS 70 TAMBIÉN

¿Cuántas películas o series recordáis protagonizadas por mujeres de más de 50 años? ¿Y de 70? Decir que se pueden contar con los dedos de una mano es quizás ser demasiado optimista. El audiovisual ignora a la gente mayor, sobre todo si son mujeres. Los hombres pueden lucir canas como atractivos maduritos, siempre al lado de actrices mucho más jóvenes, por supuesto. Las mujeres no. O se convierten en abuelas o peor, en brujas. La representación de las mujeres de una cierta edad en la televisión brilla por su ausencia, salvo honrosas excepciones como *Grace y Frankie*.

Grace Hanson (Jane Fonda, 79) y Frankie Bergstein (Lily Tomlin, 77) son las protagonistas de esta serie. Dos mujeres muy diferentes que se ven obligadas a vivir juntas cuando descubren que sus respectivos maridos han tenido un romance, el uno con el otro, durante años. No son amigas, no se conocen tanto, de hecho, los que son amigos son sus maridos. Pero cuando ellos deciden abandonarlas

para vivir su amor abiertamente, ambas mujeres tendrán que convivir y aprender a conocerse con todas sus diferencias.

Grace y Frankie es un soplo de aire fresco en la televisión actual, tremendamente divertido además. Ambas actrices han sabido llevar con maestría y orgullo la tercera edad a la pantalla. Y lo hacen mostrando una visión de las mujeres de 70 años más cercana a la realidad de la que nunca nos ha mostrado la televisión. Sí, las mujeres mayores tienen vida y son complejas, divertidas, inteligentes y oh sorpresa: ¡también tienen vida sexual! No, no se pasan el día haciendo galletitas y tejiendo jerseicitos para sus nietos sentadas durante horas en sus mecedoras vestidas de negro y con un clásico moño como único adorno. ¡Basta ya de tópicos!

La serie muestra a una mujer diferente, una realidad que muchas mujeres viven y que nadie parece interesado en mostrar. Tuvieron que llegar ambas actrices y la creadora de la serie Marta Kauffman para contarnos su historia. Muestra su realidad en clave de comedia, pero también todos los problemas a los que se tienen que enfrentar las protagonistas por el simple hecho de tener una determinada edad y sexo. Las mujeres mayores se vuelven invisibles en la televisión y si no muestras una realidad, parece que no existe. En la serie se habla de maternidad, de adicciones, de matrimonio, de trabajo, de sexualidad, de expectativas cuando todo el mundo piensa que te quedan dos días y que las expectativas no van contigo. Son dos mujeres que han llegado a una edad en la que lo han visto todo en la vida y que se encuentran un momento en el que tienen que empezar de cero. Pero que nos muestra que hay mucho aún por descubrir y vivir.

¿SABÍAS QUÉ?

Después del estreno en Netflix de la serie, en una entrevista las actrices expresaron su malestar por cobrar lo mismo que sus maridos en la ficción (Martin Sheen y Sam Waterston) a pesar de que ellas son las protagonistas. Hubo incluso una campaña de recogida de firmas de fans para que les subieran el salario. Pero resulta que las actrices están contentas de cobrar igual que sus compañeros y que fue una broma que hicieron que se sacó fuera de contexto.

INSECURE

Intérpretes: Issa Rae, Yvonne Orji, Jay Ellis | 3 Temporadas | **Cadena:** HBO | 2016-actualidad

YOUNG, GIFTED AND BLACK

Tampoco nos engañemos. La televisión siempre nos da una visión blanca y occidental del mundo. Una en que las mujeres son rubias, perfectas y de piel clara. Pocos ejemplos hay de protagonistas de color, ya hemos mencionado algún ejemplo como *Julia*. Pero la mayoría de series que nos han hablado de la comunidad negra, lo ha hecho desde la perspectiva masculina. Una en la que los hombres siempre han sido los protagonistas y las mujeres han sido sus mujeres, novias o hijas pero nunca las protagonistas. Series como *Cosas de casa* o *El príncipe de Bel Air* tuvieron mucho éxito, había mujeres en ellas, pero nunca las protagonizaban.

La primera serie que nos mostró las vivencias de la juventud negra con mujeres como protagonistas fue *Living Single* en 1993 con Queen Latifah. Las pocas mujeres de color protagonistas tanto en la televisión como en el cine han tenido que ganarse su público mucho antes de poder dar el salto al audiovisual. Queen Latifah lo hizo con la música, Whoopi Goldberg con la comedia. Ya tenían su público de base y Hollywood simplemente abrió sus brazos a nuevos espectadores. Si exceptuamos las series de Shonda Rhimes, por supuesto, donde las mujeres de color siempre han sido protagonistas o han tenido una fuerte presencia.

A Issa Rae en *Insecure* le ha pasado lo mismo. Rae creó, mientras estudiaba en la Universidad de Standford, una webserie en Youtube que se convirtió en todo un éxito: *The Misadventures of an Awkward Black Girl*. En ella narraba las dificultades que vivía como chica negra en el entorno universitario. HBO acogió su idea y con ellos ha creado *Insecure*. En ella nos narra las vicisitudes de Molly (Yvonne Orji) e Issa (Issa Rae), dos amigas jóvenes que viven en la ciudad, en ese salto hacia la edad adulta en el que las responsabilidades empiezan a aparecer, en el que tienes que encontrar tu sitio. Ambas son muy diferentes, pero viven experiencias parecidas en sus relaciones con los hombres, con su entorno, con su trabajo, con el racismo que viven. Divertida y certera, *Insecure* es una comedia fuera de tópicos y de clichés, fresca y excelente.

Issa y Molly son muy diferentes. Molly es una abogada de nivel que trabaja para un bufete. Issa en cambio trabaja para una ONG. Ambas sufren el racismo, desde dos puntos de vista diferentes. Molly está soltera y quiere tener pareja, Issa tiene una relación pero no sabe si quiere seguir en ella. Todo ello con la ciudad como telón de fondo, la vida moderna, las expectativas de la juventud y el crecimiento

personal hacia la madurez de dos mujeres que vienen de entornos completamente diferentes, Molly creció en el barrio, mientras Issa viene de familia bien. La serie es capaz de, con la diversidad y complejidad de sus dos protagonistas, mostrar el sexismo, el racismo y el clasismo que sufre la comunidad negra, en especial las mujeres.

¿SABÍAS QUÉ?

La creadora y protagonista de la serie Issa Rae se graduó en 2007 de la Universidad de Stanford, donde obtuvo su licenciatura en estudios africanos y afroamericanos. Allí grabó la webserie con su móvil y la ayuda de una amiga. *Insecure* se basa en sus memorias que publicó en 2015 tras el éxito de la serie y que se titulan igual que la misma, *The Misadventures of An Awkward Black Girl*.

LA MARAVILLOSA SRA. MAISEL

Intérpretes: Rachel Brosnahan, Alex Borstein, Tony Shalhoub | **2 Temporadas** | **Cadena:** Amazon Prime Video | 2017-actualidad

LAS MUJERES TAMBIÉN SON DIVERTIDAS

Aquí tenemos de nuevo a Amy Sherman Palladino, la creadora de *Las chicas Gilmore*. Esta vez nos cuenta esta historia ambientada en los años cincuenta. Miriam "Midge" Maisel (Rachel Brosnahan), es una ama de casa con dos hijos. Proviene de una familia judía de clase alta de Nueva York. Vive una vida acomodada y perfecta hasta que su marido la deja por su secretaria. Midge, como buena esposa de los cincuenta, ha intentado ayudar a su marido en todo lo que ha podido, siendo la esposa ideal, representando el papel a la perfección. Incluso le apoyará con su deseo de convertirse en cómico actuando en el Gaslight Cafe de Nueva York. Allí, borracha tras el abandono, Midge se subirá al es-

cenario y dará el monólogo de su vida. Divertido a rabiar, resulta que la verdadera comediante es ella. Desgraciadamente, su lenguaje obsceno acaba llevándola a pasar la noche en la cárcel. De allí la saca Susie Myerson (Alex Borstein), que trabaja en el café y que se convertirá en su amiga y mánager en esta nueva carrera profesional.

Midge lleva una doble vida, sus padres no aceptarán jamás esa nueva faceta suya. Debe obedecer al patriarca y se traslada a vivir con ellos cuando pierde su apartamento. Se tiene que buscar un trabajo normal y aceptable para una mujer como ella, como dependienta. Aunque tiene igualmente la vida resuelta gracias a sus padres. Pero luego está el escenario que la llama. A través de él evolucionará como persona y como mujer. Antes, Midge se acostaba con el maquillaje puesto y se levantaba siempre antes que su marido para arreglarse el destrozo que la noche podía producir en él, para estar siempre perfecta. Su vida estaba tan encorsetada al papel que se le había asignado, que apenas había tenido tiempo de ser ella misma y respirar. El abandono de su marido supondrá un reto para ella, que descubrirá un talento que jamás imaginó que tuviese y además, se atreverá a usarlo en un mundo como el de la *stand-up comedy* de los años cincuenta. Aquello era territorio masculino 100%.

Hay un modelo de mujer aceptable y Midge se ha adaptado a él toda su vida. Ha hecho lo que siempre se ha esperado de ella. Ahora, a través de la comedia se encuentra a sí misma. A la verdadera Midge, a una que ni siquiera sabía que existía, pero que estaba esperando despertar. A todos aquellos que clamaban que las mujeres no eran divertidas y no sabían hacer reír, ella les tapó la boca con las carcajadas que les provocó cuando les demostró que no estaban en lo cierto.

¿SABÍAS QUÉ?

La serie ha recibido críticas porque el personaje no parece preocuparse demasiado por sus hijos. Por lo visto, a algunos les parece una mala madre. Pero la actriz protagonista ha afirmado en alguna entrevista que nunca se dice que los padres sean malos padres por no prestar atención a sus hijos. Nadie dice nada de Joel, un hombre que abandona a su mujer y sus dos hijos por su secretaria. Nadie le critica ni le llama mal padre. Pero a ella sí.

EN ESPAÑOL

¿REÍMOS O LLORAMOS?

La comedia siempre ha sido un campo abierto para las mujeres, quizás porque se la ha considerado menos que el drama. Pero las protagonistas absolutas no llegaron hasta la década de los noventa. Aunque también es cierto que lo han hecho desde el estereotipo y el tópico. Desde unas jóvenes actrices como Carme Conesa y Diana Peñalver que se trasladan a Madrid buscando hacerse nombre en *Las chicas de hoy en día* en 1991, pasando por *Canguros* en 1994 con una joven Maribel Verdú estudiante de medicina, que convivía en un apartamento con tres compañeras (Silvia Marsó, Ana Risueño y Lia Chapman), canguros en sus ratos libres. Muy ligeras y poco profundas, mostraban a chicas jóvenes en una ciudad extraña con muchos líos amorosos entre medio. En aquellos años también se estrenó *Hostal Royal Manzanares*, con Lina Morgan haciendo de tonta del pueblo que llega a la capital en busca del amor de su vida. Los tópicos típicos estaban a la orden del día.

En *Ellas son así* de 1999, cuatro hermanas (María Barranco, María Adánez, Neus Asensi y Maribel Verdú), regentaban el restaurante de su padre fallecido mientras lidiaban con sus vidas personales. El nuevo milenio trajo algún que otro horror, como *Ana y los 7* de Ana Obregón. Una *stripper* que acaba por equivocación de niñera de un banquero viudo con siete hijos. Evidentemente, al final se enamoran, faltaría más. En 2005 descubrimos a la gran Carmen Machi en *Aída*. Una comedia alocada que nos presentó a una madre muy singular en una familia más singular aún. El primer *spin off* de una serie en nuestras tierras, *7 Vidas*. Gran éxito televisivo. Allí brillaba también Amparo Baró en el papel de Sole, la madre del protagonista y también descubrimos a Blanca Portillo y Paz Vega. Ese mismo año también estrenó Rosa María Sardà *Abuela de verano*, una comedia de una sola temporada centrada en los veranos que pasa una mujer con sus 13 nietos.

Luego llegó la adaptación de la novela colombiana *Yo soy Betty la fea*, como *Yo soy Bea*. Se la podían haber ahorrado sin problema. Si el original ya no era de altura, imaginaros la copia. Oye, que eres muy inteligente pero como eres fea no te hago caso, pero luego eres guapa y veo lo lista que eres. Ay cuánto te quiero. Bla, bla. En 2008 se adaptaba la serie argentina *Lalola*, en la que un mujeriego se despertaba un día para descubrir que se había convertido en mujer a causa de un maleficio. Sí, sí, es tan mala como parece.

En 2010 se estrenó un verdadero fenómeno entre el público juvenil que conectó enseguida con *La pecera de Eva*, sobre una psicóloga en un instituto. Eva Padrón (Alexandra Jiménez) que trata los problemas de los alumnos del centro, a la vez que lidia con su vida personal. Los temas de la serie reflejaban la realidad de muchos adolescentes y era la primera vez que la televisión se acercaba a ellos de esa manera. Ese mismo año TVE estrenaba su *remake* de *Las chicas de oro*. En 2014 nos llegó otro *remake* esta vez de una serie argentina, *Ciega a citas*. Lucía (Teresa Hurtado) es una periodista treinteañera soltera y con sobrepeso, que se siente poco valorada y que tiene una hermana perfecta que se va a casar. Su madre y su hermana apuestan a que irá sola a la boda. Como no quiere que eso pase, urde un plan para encontrar novio express. ¿Terrible verdad?

No podemos olvidar a la ya mencionada *Yo soy Betty la fea*, hay un antes y un después de esta comedia colombiana, adaptada tanto en España como en Estados Unidos como *Ugly Betty* y que lanzó a la fama a América Ferrara. La mexicana *Tres generaciones* mostraba de forma excelente la historia de tres mujeres de una misma familia, dirigida y protagonizada por Carmen Montejo junto a Angélica María y Sasha Sökol. Era un retrato de la mujer en los años ochenta a través de tres generaciones.

¿LA ESPÍA QUE ME AMÓ?
Las mujeres como agentes secretos

ENTRANDO EN MATERIA

No hay otra espía que haya quedado grabada en la mente de los espectadores tanto como la Emma Peel de Diana Rigg en *Los vengadores*. Y eso que ella no fue la primera. Honor Blackman fue su predecesora como Cathy Gale. Ambas sentaron las bases de lo que serían las mujeres espías en la televisión. La serie inglesa se convirtió en uno de los éxitos televisivos más importantes de los sesenta, no solo en Inglaterra sino también en los Estados Unidos. Allí también tuvieron a su primera espía, April Dancer (Stephanie Powers) en *The Girl from U.N.C.L.E.* de 1966. Un *spin off* de *The man from U.N.C.L.E.* Pero al contrario que sus compañeras inglesas y a pesar de ser la protagonista, el peso de la acción recaía en su compañero masculino, un inglés llamado Mark Slate (Noel Harrison). La serie solo tuvo una temporada y fue un fracaso. Trabajando encubierta, April podía aplicar su entrenamiento como bailarina, imitando a Mata Hari, por ejemplo. Sus atractivos femeninos eran su arma principal junto con un bote de perfume que rociaba gas o pendientes y brazaletes que explotaban al lanzarlos. Perdía toda la gracia y la fuerza que las mujeres de *Los vengadores* tenían. Al final era siempre una damisela en apuros a la que su compañero tenía que salvar.

Hasta dos décadas después no tuvimos una nueva espía y fue, precisamente, una ama de casa en *El espantapájaros y la sra. King*. Una espía inexperta y sin talento para ello que acababa metida en agente secreto sin comerlo ni beberlo. Tras las duras luchas feministas, las mujeres espías eran reducidas a simples amas de casa. Los puñetazos y las patadas las daba el Espantapájaros, por supuesto. El género de espías es quizás uno de los más masculinizados, cuando se

piensa en ellos, lo primero que viene a la cabeza es James Bond y eso es lo más masculino que te puedas echar a la cara, muchas veces en el peor sentido de la palabra. Así que para las mujeres no ha resultado fácil hacerse un hueco. Los ejemplos son escuetos y no demasiado positivos.

Luego llegaron *Nikita* y *Alias* y aunque las mujeres se convertían en verdaderas expertas en luchar cuerpo a cuerpo y vencer a los malos, la sexualización de los personajes se convertía en algo central. Las protagonistas de *Alias* y *Nikita* eran mujeres fuertes y sexys, sí, pero al menos tenían más carácter que la protagonista de *Covert Affairs* que parecía que lo único que la movía eran los hombres o su relación con ellos. Por supuesto, todas estas espías siempre tienen un mentor/supervisor masculino, y si al final se enamoran mejor que mejor.

Pero se estrenó la excelente Carrie Mathison de *Homeland*, aunque claro, entre lo desquiciada que acababa y sus locuras amorosas, no dejaba en demasiado buen lugar a las mujeres espías. En 2015 tuvimos dos mujeres protagonistas en el FBI, la Jane Doe (Jaimie Alexander) de *Blindspot*. Una mujer que no recuerda quién es y que se convierte en un objeto gracias a los tatuajes de su cuerpo. Y en *Quantico* Alex Parish (Priyanka Chopra), una recién graduada de la academia del FBI que es acusada injustamente de un atentado terrorista. No sé si es la mejor manera de empezar para la primera actriz india que ha liderado su propia serie. Al final si pareces mínimamente asiático ya no puedes ser otra cosa que terrorista. Por cierto, en la serie todos son guapísimos. Incomprensiblemente, las mujeres espías eran mucho más interesantes en los sesenta, si exceptuamos a *Killing Eve*, por supuesto.

LOS VENGADORES

Intérpretes: Patrick Macnee, Diana Rigg, Honor Blackman | 6 Temporadas
Cadena: ITV/ABC/Thames | 1961-1969 | 161 episodios

LAS REFERENTES

Aunque fueron tres las mujeres que acompañaron a John Steed (Patrick Mcnee) en sus aventuras como espía, es probablemente Emma Peel (Diana Rigg) la que ha permanecido en el imaginario como la primera gran espía televisiva. Aunque ella no debutó hasta 1967 y las mujeres no aparecieron hasta la segunda temporada de la serie como verdaderas compañeras en igualdad de condiciones. En un principio los protagonistas eran dos hombres, el Dr. Keel (Ian Hendry) se unía a Steed para investigar el asesinato de su novia. Hendry dejó la serie por el cine y Honor Blackman, como la Dra. Cathy Gale, fue la primera compañera de Steed. Una antropóloga experta en judo. Segura de sí misma, fuerte y embutida en cuero para las escenas de acción.

Como ya tenían escritas las escenas con el personaje de Keel en mente, simplemente Blackman las interpretó tal cual. Era más barato que reescribir el papel. Así que gracias a la marcha de Hen-

dry, Gale tuvo la libertad que un hombre hubiera tenido para actuar. El éxito fue tal que el personaje mantuvo sus características a lo largo de la serie. Blackman no necesitaba dobles en las escenas arriesgadas, no era la típica rosa inglesa, sin duda. Algunos de los que pelearon con Blackman pueden atestiguarlo. Evidentemente, Steed intentó ligar con Gale y había una cierta tensión sexual, pero ella siempre le rechazaba. Honor Blackman sentó las bases de lo que serían sus compañeras, aunque la mayoría de personas, sobre todo hombres, recuerde más a Diana Rigg como Emma Peel. Blackman estuvo dos temporadas y se fue para interpretar a la gran Pussy Galore en *Goldfinger*.

Los vengadores nos muestra un mundo de fantasía en el que todos son de clase alta y viven bebiendo champán y vistiendo a la moda. Una Inglaterra ideal, soleada y brillante. John Steed era un *gentleman*, un dandi con una chica guapa siempre a su lado. Pero sus compañeras de aventuras eran igualmente capaces. Los dos eran expertos espías.

Emma Peel es totalmente independiente y capaz de salvarse a sí misma y a quien haga falta, incluido Steed. Pero no olvidemos que era una serie escrita desde la perspectiva masculina. Así que no sorprende un episodio como "A Touch of Brimstone". Peel aparecía vestida como una dominatrix con un body de cuero, botas altas y un collar de perro. En una especie de

Hellfire club, era ofrecida a una turba de hombres hambrientos por el malo de turno: "Es vuestra, haced con ella lo que queráis". La escena posterior en la que Peel era atacada con un látigo por el villano fue censurada. Demasiado fuerte para la mentalidad inglesa.

Diana Rigg dejó la serie y pasó el testigo a Linda Thorson como Tara King. Una actriz de veinte años, que al contrario que sus predecesoras estaba enamorada de Steed, un hombre mucho mayor que ella. Aunque, agente de pleno derecho, era inexperta, al contrario que sus compañeras que a pesar de ser amateurs tenían todo el talento necesario para convertirse en excelentes espías.

EL ESPANTAPÁJAROS Y LA SRA. KING

Intérpretes: Kate Jackson, Bruce Boxleitner, Beverly Garland **|** 4 Temporadas
Cadena: CBS **|** 1983-1987 **|** 89 episodios

LA AMA DE CASA CONVERTIDA EN ESPÍA

Esta serie llegó en plena era Reagan, una época de gran conservadurismo en los Estados Unidos. Una etapa en la que las mujeres estaban empezando a disfrutar de lo ganado con la lucha feminista pero también en la que se empezó a atacar duramente el feminismo desde la derecha más recalcitrante. Muchas mujeres divorciadas y con hijos empezaban a entrar en el mercado laboral, como la protagonista de esta serie, aunque ella lo hiciese de una forma inusual.

Amanda King (Kate Jackson), una ama de casa divorciada con dos hijos se ve por casualidad metida en una trama de espías cuando se encuentra en una estación de tren con el agente secreto Lee Stetson (Bruce Boxleitner), nombre en clave: Espantapájaros. Stetson la confunde con una agente y le entrega un paquete que no está destinado a ella. Aquí empiezan sus aventuras. Al final, ella desvelará el secreto del misterioso paquete, salvará a Stetson después de ser capturado y además vencerá a los enemigos de la agencia para la que trabaja.

Tras lo cual, empezará a trabajar para ellos, primero en la oficina pero luego recibiendo entrenamiento y convirtiéndose en agente de campo. Su familia no sabe nada sobre su nuevo trabajo, ni su madre ni sus dos hijos. Y aunque Stetson al principio se resiste a trabajar con una novata, acabarán formando un gran equipo.

Amanda tiene que mantener oculta su nueva faceta como espía e intentar mantener a su familia y su trabajo haciendo malabarismos. Porque aunque muchas mujeres consiguieron trabajar y ser independientes, seguían ocupándose de la casa y de sus hijos, con un doble trabajo sobre sus espaldas, que los hombres no asumían ni asumen. Aunque parece que mantiene el control perfecto de ambas partes, tiene a su madre Dottie para ayudarla. Además, se sentía culpable de dejar de lado su labor como madre por su trabajo. Y eso es un estereotipo típico que la televisión mostraba sobre las mujeres.

Pero Amanda crece y evoluciona como mujer y como persona gracias a su ambición, su curiosidad y su trabajo. Con el paso del tiempo, se libera y confía en sí misma y en sus capacidades. Y esa es una imagen positiva. A pesar de empezar como un estereotipo de la ama de casa indefensa que perpetuaba un rol anticuado. Y aunque su relación con Stetson empieza como una asociación de trabajo, también es cierto que acaba en relación amorosa. Y boda. No podía faltar.

Al contrario que Emma Peel o Cathy Gale, Amanda King había dado un salto mortal hacía atrás, la acción y lo tiros eran para Lee. Ella resolvía los misterios gracias a su habilidad con la recetas o con el secador de pelo. Su conocimiento siempre venía de su experiencia como madre y ama de casa. Su talento no tiene nada que ver con terrenos considerados masculinos. No digamos con pegar patadas como las vengadoras.

Martha Smith interpretaba a la espía Francine Desmond. Siempre trataba a la señora King con desprecio por ser ama de casa. Además, a pesar de ser la espía experta, era vista como una descarada y se insinuaba que había llegado donde estaba por su relación con sus jefes. Terrible, ¿verdad?

NIKITA

Intérpretes: Peta Wilson, Roy Dupuis, Matthew Ferguson, Don Francks, Maggie Q | 5 + 4 Temporadas | **Cadena:** CTV / USA Network / The CW | 1997-2001 | 96 episodios

LA REBELDE RECLUTADA COMO ESPÍA

Nikita nació como un *remake* de la película de Luc Besson de 1990, *Nikita, dura de matar*. Y el personaje ha tenido tanto éxito que no ha sido el único *remake* que se ha hecho en forma de serie. Besson sentó las bases de un nuevo arquetipo de personaje. La mujer joven que es entrenada para matar y ejercer como agente encubierta. "Fui acusada falsamente de un crimen horrible y condenada a cadena perpetua. Una noche, me llevaron de mi celda a un lugar llamado Sección Uno: el grupo antiterrorista más secreto del planeta. Sus fines son justos, pero sus medios son despiadados. Si no juego según sus reglas,... moriré". Esta es la introducción a la serie que difiere de la original, ya que Nikita era arrestada por un asesinato que realmente cometía.

Nikita es entrenada por un hombre mayor y más experto pero también por un sistema masculinizado y dirigido por hombres. En la serie, Nikita (Peta Wilson) acaba enamorándose de su entrenador Michael Samuelle (Roy Dupuis). Obvio, ¿no? Es la fantasía del hombre enseñando a la mujer joven a ser una mujer de verdad, para ello tendrá que disfrazarse y vestirse, si es de forma provocativa y sexy mucho mejor. Parece una chica buena pero en realidad es una perfecta asesina entrenada para matar, así es como engaña a sus adversarios. O eso es a lo que parece reducir el arquetipo a esta mujer, si quieres triunfar como asesina tienes que ser sexy y atractiva para engañar a los malos, ese es tu poder.

A pesar de ello, como el diálogo inicial de la serie nos dice, Nikita es la voz principal de la serie. Es ella la que nos invita a conocer esta doble vida en la que el gobierno la obliga a hacer lo que ellos quieren o morir. No hay alternativa, pero no por eso Nikita deja de ser ella misma. Nikita consigue mantener su moralidad intacta, la de la joven sin hogar que se vio en el momento y lugar equivocados. Aprovechará todo ese entrenamiento, todo ese conocimiento que la convierte en un arma mortal, para liberarse y vengarse, como la serie de McG mostró con su *Nikita* de 2010. En ella, la protagonista ha logrado escapar de su cautiverio forzado y aunque la agencia tiene un ojo sobre ella, Nikita siempre va un paso por delante.

Es una mujer fuerte que se ha liberado a pesar de los que han pretendido dominarla. Mujer de acción como pocas se habían visto hasta entonces en la televisión, pero también mujer sexy y atractiva. Una heroína que empezaba a ponerse de moda en los noventa. Y que mostraba a una mujer capaz de defenderse a sí misma y a los demás a pesar de estar tremendamente sexualizada.

La serie se canceló en el 2000 pero tras una fuerte campaña de los fans, volvió para una última temporada. La cancelación tuvo que ver con una disputa entre la actriz protagonista y los productores. A Peta Wilson le ofrecieron el papel de Jean Grey en la película *X-Men* de ese año y pidió que la liberaran de su contrato antes para poder participar. Los productores se negaron.

ALIAS

Intérpretes: Jennifer Garner, Ron Rifkin, Michael Vartan, Bradley Cooper, Victor Garber, Lena Olin
5 Temporadas | **Cadena:** ABC | 2001-2006 | 105 episodios

PUEDO SER QUIEN QUIERA SER

Alias se convirtió en serie de culto, precisamente por su mezcla entre el género de espías y la ciencia ficción, creando el *spy-fi*. Tenía un toque retro que remitía más a las protagonistas de los sesenta. Jennifer Garner es Sydney Bristow, una joven que acaba de terminar la universidad y que es reclutada por una agencia secreta, el SD-6, que le hace creer que trabaja para la CIA. Algo que es falso, en realidad trabaja para una organización criminal. Poco después de descubrir el engaño, Sydney empezará a trabajar como agente doble para la verdadera CIA. En medio tenemos al profeta Rambaldi, el elemento mitológico que le da el toque sobrenatural a la serie.

Una desconocida hasta entonces, Garner llevaba el peso de la serie sobre sus espaldas de forma excelente. Siempre fue una heroína fuerte y con un carácter y personalidad marcadas. En la línea de

personajes como Buffy o Xena, Sydney era una mujer hecha a sí misma, independiente y totalmente capacitada para defenderse, para trabajar encubierta y vencer a los malos. Y lo hace luchando con toda una serie de instituciones tremendamente patriarcales y masculinizadas como son las agencias de espías, las reales y las inventadas. El modelo de espía que nos han vendido es el de un hombre atractivo y fuerte vestido con un esmoquin, bebiendo cócteles y con una rubia despampanante al lado. Siempre era un hombre. Así que tener a una mujer espía fuerte y decidida como Sydney es un acierto.

Sydney ve divididas sus lealtades entre su padre Jack Bristow (Victor Garber), agente de la CIA y su madre Irina Derevko (Lena Olin), una profesora de inglés supuestamente muerta en un accidente de coche que resulta estar viva y ser una espía rusa. Cuando Sydney es reclutada, no tiene ni idea que su padre también es un espía, de hecho piensa que es un aburrido banquero. Tiene una complicada relación con él, aprenden a conocerse de nuevo. Con su madre tiene un problema mayor. Irina nunca quiso ser madre y no se corta un pelo en decírselo a Sydney, incluso consideró matarla de niña. Ella fue un error.

Sydney es una mujer que parece una cosa pero resulta ser otra. Gracias a esos alias, puede ser quien quiera. Pero, ¿escoge realmente ser ella? ¿O lo hace simplemente por trabajo? Y es representada de forma muy sexualizada en sus alias. Pero siempre diferenciándola de la verdadera Sydney que siempre viste ropa cómoda o práctica. En la tercera temporada y dentro de la profecía de Rambaldi se supone que ella será la futura madre del profeta, así que en la narrativa sufre una operación para robarle sus óvulos y fecundarlos sin su permiso. O sea una violación. Aunque consigue destruir los huevos fecundados y por tanto, ejerce su derecho a decidir. En la quinta temporada finalmente se queda embarazada y es deseado, debido al embarazo real de Garner. Entonces será la mentora de una nueva espía.

HOMELAND

Intérpretes: Claire Danes, Mandy Patinkin, Damian Lewis, Morena Baccarin | 7 Temporadas
Cadena: Showtime | 2011-actualidad

NADA ES LO QUE PARECE

Carrie Mathison (Claire Danes) es una oficial de operaciones de la CIA que cree que un marine capturado por Al Qaeda y torturado durante años se ha convertido al Islam y está planeando un atentado contra la seguridad nacional. Nicholas Brody (Damian Lewis), es sargento de los Marines de EE.UU. que había sido dado por muerto y reaparece años después. Vuelve a casa convertido en un héroe, pero no ha engañado a todo el mundo. Carrie sabe que esconde algo turbio y no cejará en su empeño por descubrirlo, cueste lo que cueste.

Cuando se estrenó *Homeland* nos enganchamos a ella. Es una serie adictiva, gracias en gran parte a la increíble interpretación de su protagonista. Carrie Mathison es la superespía por excelencia. Es una de las mejores en su trabajo, capaz y resolutiva, con personal a sus órdenes y en un puesto de mando. Pocas cosas se le escapan. Es uno de los personajes más complejos e interesantes que nos ha dado la televisión en los últimos años. ¿Quién no ansiaba cada capítulo de *Homeland* gracias a ella y su obsesión? Eso es lo que la hace funcionar, su obsesión compulsiva por descubrir la verdad. Es una gran serie, sobre todo en sus primeras temporadas, pero si exploramos al personaje y sus motivaciones, quizás no es el mejor ejemplo de mujer espía que podamos encontrarnos.

Carrie no solo es una gran agente, respetada en su trabajo. También sufre de un trastorno bipolar, pero ese trastorno es una de las cosas que la convierte en la obsesiva agente que llega hasta el final para averiguar la verdad y conseguir desmontar las tramas terroristas que giran a su alrededor. De hecho, es algo que oculta a sus superiores porque sabe que la despedirían inmediatamente. Una agente encargada de lucha antiterrorista con una enfermedad mental es inconcebible. Aunque Carrie es una agente competente, cuando sus superiores no le hacen caso sobre sus teorías sobre Nicholas Brody, no se queda quieta, actúa por su cuenta. Lo espía, le persigue, lo investiga, se obsesiona. Pero incluso va más allá, acaba acostándose con él para conseguir información. Y lo que es peor, acaba enamorándose de él y ahí es donde Carrie descarrila. No por su enfermedad. Carrie está entregada en cuerpo y alma a su trabajo y tiene una lealtad inquebrantable hacia su país. Hasta que abandona todos sus ideales por un hombre que ha estado a punto de poner una bomba y matar a miles de personas. Carrie abandona todo lo que es importante para ella por un hombre. Y entonces, visto desde esa perspectiva, no parece una mujer tan fuerte, ¿verdad?

Por supuesto, Carrie tiene un mentor. Digo yo que habrá más mujeres trabajando en la CIA a estas alturas para que todos los mentores tengan que ser hombres. Pero lo aceptamos porque, a pesar de ello, Saul Berenson (Mandy Patinkin) es otro de los grandes personajes de la serie. Y su relación con Carrie es de lo mejor de *Homeland*. Pocas personas la apoyan tanto como él. Pero también es cierto que necesita de su aprobación muchas veces y eso la hace débil. La serie ha tenido también muchas críticas sobre su representación de los árabes y musulmanes, sobre todo los hombres. Todos son terroristas, no se salva ni uno y las mujeres que están casadas con ellos sufren de maltrato, están controladas por sus maridos, etc... Da una visión tan sesgada del mundo que a veces da miedo. Aunque tal y como está el

patio en la Casa Blanca, no es difícil imaginar esa demonización de todo lo árabe como algo normalizado en la CIA.

Con todo esto no quiero decir que *Homeland* no sea una buena serie. Lo es. Pero cuando la estás viendo no puedes evitar pensar: ¿Por qué para ser la mejor agente tienes que estar medio loca? ¿Por qué tienes que tener una vida torturada, solitaria y gris fuera de tu trabajo? ¿Por qué para triunfar simplemente no puedes tener vida si eres mujer? ¿Por qué la mayoría de espías son supermegacompetentes y se les ve como cuerdos a pesar de estar grillados? ¿Y por qué la mayoría de mujeres espías de los últimos años son mujeres vulnerables dependientes de una figura paterna y atrapadas en un sistema dominado por hombres? Carrie deja que los hombres le digan cómo vivir su vida y sus actos influyen en la manera en la que ella se desenvuelve en el mundo. A pesar de ser una crack, la mejor espía y tener razón en sus temores, no la creen. Y cuando intenta demostrar sus teorías entra en una espiral de autodestrucción obsesiva que parece no tener fin.

La serie muestra las flaquezas de sus personajes, no solo de los terroristas sino de las personas que se supone que tienen que perseguirlos y evitar que cometan actos de terrorismo. En sus primeras temporadas incluso mostraba en qué se había convertido América y su política internacional después del 11 de septiembre, pero la serie ha desbocado tanto en sus tramas que muchas veces es incomprensiblemente desastrosa en lo que a política internacional se refiere. Carrie es uno de esos personajes que amas u odias, no hay término medio. Ha pasado por mucho. Se quedó embarazada de Brody, se esforzó por limpiar su nombre y salvarlo, dejó la medicación, intentó ahogar en la bañera a su hija, la abandonó. Luego intentó recuperarla, secuestraron a su mentor. No está teniendo una vida fácil. Y ahí está aún, sobreviviendo.

La serie es la adaptación del drama israelí *Hatufim* (2009) (que podría ser traducido como secuestrado). Gideon Raff creó la serie basándose en los soldados israelíes que habían sido capturados durante largas temporadas y tenían que readaptarse a la vida normal al volver a casa. En la original, el protagonista es el soldado que vuelve y el papel de Carrie no existía. El personaje no era en principio bipolar, fue añadido después por deseo de la cadena Showtime. Varios artistas del graffiti que fueron contratados para crear eslóganes en un supuesto campo de refugiados que salía en la temporada cinco de la serie se dedicaron a escribir graffitis anti-*Homeland*. Nadie se dio cuenta hasta que los mostraron en sus redes sociales. Lo hicieron en protesta por la representación que la serie hace de los musulmanes.

KILLING EVE

Intérpretes: Sandra Oh, Jodie Comer, Kim Bodnia, Fiona Shaw, Owen McDonnell, Sean Delaney
2 Temporadas | **Cadena:** BBC | 2018-actualidad

OBSESIÓN ASESINA

Asesinas, espionaje a alto nivel y humor negro son tres de las características de una de las mejores series que hemos visto en los últimos tiempos. *Killing Eve* nos cuenta la historia de Eve Polastri (Sandra Oh), una oficial del MI5 de perfil bajo, que se aburre en su trabajo hasta que se convierte en la perseguidora de una brutal asesina llamada Villanelle (Jodie Comer) que trabaja para una organización internacional secreta llamada los Doce. Mientras más cerca está de Villanelle, más se mete Eve en su cabeza y viceversa, convirtiendo su relación de perseguida y perseguidora casi en una obsesión.

Phoebe Waller-Bridge, su creadora, ha acertado en esta trama de gata caza a ratona, ofreciéndonos una obra maestra de las series de espías pero dándole la vuelta a la historia. La que siempre nos han contado, el apuesto espía que seduce a la rubia de turno y que establece una relación obsesiva con su archienemigo al que persigue hasta la saciedad. Siempre dos hombres, por supuesto. Es la primera vez que las protagonistas de esta historia son mujeres. Dos per-

sonajes complejos y profundos. Al principio Eve y Villanelle parecen polos opuestos. Eve es una mujer casada con un trabajo aburrido, Villanelle es una asesina independiente y feliz con su trabajo. Pero a medida que van confluyendo de camino al choque final, ambas van convergiendo y empatizando la una con la otra. Se establece entre Eve y Villanelle una relación como pocas se han visto en televisión. Una que las llevará al límite.

La serie reescribe lo que hemos visto hacer a las mujeres en televisión. O mejor dicho lo que no hemos visto nunca hacer. El papel de Villanelle es impresionante y por fin, permite a una mujer ser una asesina psicópata sin los tópicos a los que habría estado sometida si hubiera sido una serie pensada por hombres. Estas mujeres son auténticas, son reales, son poderosas pero también tienen sus puntos débiles. Son creíbles.

Fiona Shaw interpreta a Carolyn, la jefa de Eve en el MI6, cuando es reclutada para perseguir a Villanelle. El personaje originalmente iba a ser un hombre pero Waller-Bridge, lo cambió, acertadamente. Cuando Waller-Bridge volvió a la segunda temporada de *Fleabag*, resultó imposible compaginar ambas y la escritora y también actriz Emerald Fennell la sustituyó como guionista principal en la serie. Además tenemos a una protagonista de ascendencia oriental, algo bastante inusual. Por fin Sandra Oh deja de ser la mejor amiga de la protagonista para ser ella misma el centro de la historia. Y vaya historia y vaya dos actrices. No tienen ni que hablar, con sus miradas y sus caras expresan todo y mucho más.

¿SABÍAS QUÉ?

La serie es la adaptación de la novela *Codename Villanelle* de Luke Jenning. Adaptada por Phoebe Waller-Bridge tras el éxito de su comedia *Fleabag*, protagonizada por ella misma. En la novela, publicada en 2014 en Amazon Kindle, el personaje de Eve ni siquiera aparece. La protagonista es Villanelle, una estudiante universitaria brillante que tiene un desorden de personalidad y que se convierte en asesina para una organización internacional. Eve saldría en las siguientes novelas de la serie.

REMOVIENDO CONCIENCIAS
Historias dramáticas

ENTRANDO EN MATERIA

El drama, ese gran género que tanto nos hace sufrir. Es cierto que ahora las mujeres son grandes protagonistas del drama televisivo, pero hace unas décadas, las cosas no eran así. La mayoría de ficciones dramáticas estaban interpretadas por hombres o las mujeres tenían reservado,
evidentemente, un papel secundario de madre, esposa, hija, etc. Mientras en otros géneros
como la comedia eran más protagonistas aunque con el mismo rol, en el drama la cosa era
diferente.

La primera gran protagonista fue *Annie Oakley* y lo hizo dentro del western, ese género tan
macho y tan americano que dominó la televisión de los años cincuenta. En una época en la que
triunfaban *El llanero solitario* o *Bonanza*, Annie fue la única mujer capaz de disparar y montar a
caballo como ellos. Era un rara avis. Y la primera gran protagonista fue la dulce Laura Ingalls de
La casa de la pradera, bastante tiempo después.

Antes de mediados de los setenta, protagonistas en el drama brillaban por su ausencia. Algo
que no pasaba en la comedia. El drama era algo serio, algo de hombres. La comedia se conside-
raba un género menor y secundario, pero aunque fueran protagonistas siempre lo había sido a
costa de su libertad como mujeres, de ser representadas muchas veces como una caricatura de lo
que significa ser mujer.

En los ochenta llegaron los grandes culebrones televisivos. En *Retorno a Edén* de 1983 una rica mujer es lanzada por su marido a los cocodrilos para quedarse con su fortuna. Ella volvía con la cara operada en busca de venganza. El dinero, el poder, los hombres o la venganza eran los temas favoritos de aquellas series en las que las mujeres eran malas malísimas o demasiado buenas y en las que eran siempre un objeto sexual por el que competir. *Falcon Crest, Dallas, Flamingo Road, Dinastía*, etc... Las mujeres en aquella época luchaban encarnizadamente en la televisión por el dinero, el poder y los hombres. Mujeres como Angela Channing, la gran mala de la televisión o Alexis Carrington de *Dinastía*. Y las buenas buenísimas como Krystle Carrington (Linda Evans). Una tenía que acabar alcoholizada como Sue Ellen, si estaba casada con J.R.

Pero no ha sido hasta las últimas dos décadas cuando hemos encontrado el lugar que nos merecíamos en la historia del drama televisivo. Diversidad, historias profundas y complejas, personajes dignos. La televisión en los últimos años nos ha brindado verdaderas joyas desde dramas carcelarios como *Orange is the New Black*, hasta la escalofriante distopia de *El cuento de la criada*, pasando por los secretos y la sororidad de *Big Little Lies*. Las mujeres han necesitado la voz de las propias mujeres para tener historias dignas en la televisión. Las tres series que acabo de mencionar están basadas en libros escritos por mujeres. En primera persona. Como tiene que ser. Se acabó eso de que los hombres nos cuenten cómo somos, cómo sentimos, cómo hablamos.

ANNIE OAKLEY

Intérpretes: Gail Davis, Brad Johnson, Jimmy Hawkins, Bob Woodward | 3 Temporadas
Cadena: Sindicación | 1954-1957 | 81 episodios

LA MUJER MÁS RÁPIDA AL OESTE DEL RÍO PECOS

Basada ligeramente en la vida de Annie Oakley, la famosa tiradora que se unió al show de Buffalo Bill, esta serie fue única en su especie. Dentro del western, ella fue la única protagonista femenina entre tanto machote. Y lo cierto, es que tampoco hubo otras después que siguieran su estela.

En el pueblo de Diablo, Annie (Gail Davis) vive con su hermano Tagg y su tío el sheriff Luke MacTavish. También estaba Lofty Craig, su pretendiente silencioso, el ayudante del sheriff que echa-

ba una mano a Annie para luchar contra ladrones y bandidos. Experta tiradora y montadora a caballo, Annie acababa resolviendo los problemas que asolaban la ciudad desde los robos hasta las cuestiones más insignificantes que afectaban a sus habitantes. Su tío, el sheriff, parecía estar siempre en alguna misión importante fuera del pueblo y ella se encargaba de suplir su ausencia junto a Lofty. El hermano de Annie, un adolescente muy espabilado, era el que aportaba el toque cómico. Aunque los guiones no eran para tirar cohetes y las historias bastante sencillas, la presencia de Gail Davis ya justificaba el visionado de la serie. Sin duda, se sostenía gracias a ella.

La actriz hacía todas sus escenas sin necesidad de dobles, disparaba a la perfección y montaba a caballo con maestría, era una jinete experta en acrobacias. De hecho, se dedicó a ello posteriormente. De todos los shows televisivos que proliferaron en la época sobre el oeste, el de Annie fue sin duda el que tuvo a una verdadera vaquera de los pies a la cabeza. Las escenas de acción que tenía que hacer una mujer en aquella época, las realizaban siempre hombres con peluca. Las de Gail Davis no. Ella siempre estaba al pie del cañón.

A pesar de ello, evidentemente, para suavizar al personaje, no vaya a ser que los hombres se acojonen, Annie era una experta cocinera y tenía pavor a los ratones. Todo tópicos muy femeninos, incluido su traje, que siempre era el mismo en todos los episodios. Tenía diversos modelos exactamente iguales y siempre lucía unas trenzas rubias perfectas. Pero Annie tenía además un gran sentido de la justicia

y siempre luchaba contra los atropellos que sufrían los demás. Aún así, la mayoría de personajes recurrentes en la serie eran hombres. Estos, además, solían resolver sus problemas a golpes, Annie era más lista y astuta. Si en la televisión Annie era un rara avis, en la serie también. Pocas mujeres había como ella. Era una excepción.

¿SABÍAS QUÉ?

El famoso cantante de country Gene Autry era el productor ejecutivo de la serie. Gail Davis había trabajado para él en su programa *El show de Gene Autry*. Davis dejó su carrera como actriz. Los productores la veían siempre como Annie Oakley y la rechazaban. Incluso le sugirieron que se tiñera el pelo.

LA CASA DE LA PRADERA

Intérpretes: Michael Landon, Melissa Gilbert, Karen Grassle, Melissa Sue Anderson | 9 Temporadas
Cadena: NBC | 1974-1983 | 205 episodios

LA ¿IDÍLICA? VIDA DE LAURA INGALLS

Una de las series más famosas de la televisión está basada en los relatos de la escritora Laura Ingalls Wilder. Sus famosos libros hablan sobre su propia vida y la de su familia. En *La casa de la pradera* conocíamos las aventuras y desventuras de esta familia que trataba de encontrar su lugar en el mundo en un territorio desconocido y muchas veces hostil. Una familia además con mayoría de mujeres y con una protagonista, una de las hijas. La serie sigue la lucha incansable de Laura Ingalls (Melissa Gilbert) y su familia para salir adelante, para encontrar su camino. En una vida errante por estados como Wisconsin, Kansas o Missouri. A la búsqueda de un hogar en el que asentarse y ser libres en los años pioneros de 1880.

A lo largo de nueve temporadas vivimos la niñez, adolescencia y la vida adulta de Laura hasta que se casa. Objetivo final de toda buena muchacha que se precie. Y aunque Laura era casi un chicazo cuando era pequeña, ya que no se comportaba como una niña se suponía que debía hacerlo, su rol estaba muy determinado por el hecho de ser mujer. Trabajó primero como costurera y luego

como profesora. Y al final, evidentemente se casó. Pero también es cierto que la serie daba excesivo protagonismo al padre de familia, Charles Ingalls. Un Michael Landon de pecho orgulloso, sonrisa perfecta y tirantes que le aguantaban los pantalones. No es de extrañar, Landon era productor de la serie y dirigió muchos de los capítulos de la misma.

Pero párense a pensar. ¿A qué padre se le ocurre llevar a su mujer y cuatro hijas a labrar la tierra en las duras praderas del oeste? Al final todo se centraba en el pobre Charles, incluso cuando muere su hijito, todas las mujeres de la familia se preocupan más por Charles que por ellas mismas. ¿Cómo le afectará que su hijito haya muerto? Su mujer, la matriarca, poco pintaba a parte de dedicarse a la casa y a la cocina. Pero a pesar de ello, es la primera serie que narra la vida de una mujer desde el punto de vista de esa mujer, a través de las novelas que hicieron famosa a Laura Ingalls. El salvaje oeste visto desde el punto de vista de una mujer que rechazó decir "I obey" (yo obedezco), en los votos matrimoniales. Eso sí, la nación Osage ha condenado las novelas de Ingalls por romantizar algo tan dramático como la expulsión de los nativos de su propia tierra. Los Ingalls ocuparon ilegalmente su territorio. Algo que la serie también promovía.

Cuando Michael Landon decidió dejar la serie, en la temporada nueve, esta se retituló como *Un nuevo comienzo* y se centró más en los personajes de Laura y su marido Almanzo. También es cierto que *La casa de la pradera* rezumaba almíbar por los cuatro costados. Incluso cuando salía la insufrible Nellie Oleson, la niña rica hija del dueño de la tienda que parecía hacerle la vida imposible a Laura.

¿SABÍAS QUÉ?

La escritora Laura Ingalls escribió nueve novelas que fueron la base para la serie de televisión. También escribió una autobiografía anotada que no se publicó hasta casi 60 años después de su muerte y que narra que en realidad, no todo era tan bonito, en aquella casita en la pradera que hizo tan famosa a la familia Ingalls. Miseria y violencia estaban a la orden del día.

FALCON CREST

Intérpretes: Jane Wyman, Robert Foxworth, Susan Sullivan, Lorenzo Lamas, David Selby
9 Temporadas | **Cadena:** CBS | 1981-1990 | 228 episodios

¡VIVA EL MAL, VIVA ANGELA CHANNING!

Los ochenta fueron los años de los grandes culebrones, series con innumerables mujeres como protagonistas. Quizás no por los motivos adecuados, ya que las mujeres en aquella época luchaban encarnizadamente por el dinero, el poder y los hombres. Y eran mayoritariamente ricas. Mujeres como Angela Channing (Jane Wyman), la mala más mala que jamás ha tenido la televisión. Pero había muchas otras mujeres inolvidables como la terriblemente sibilina Alexis Carrington (Joan Collins) de *Dinastía* o

buenas buenísimas como Krystle Carrington (Linda Evans) de *Dinastía* o a la Maggie Gioberti (Susan Sullivan) de *Falcon Crest*. O acabar alcoholizada como Sue Ellen (Linda Gray), esposa del terrible J.R. de *Dallas*. Peor destino era ser lanzada a los cocodrilos por tu marido como Stephanie Harper (Rebecca Gilling) que volvía de entre los muertos convertida en Tara Wells, cirugía mediante, en busca de venganza.

Las mujeres en los ochenta eran ricas, guapas y terriblemente desgraciadas. O muy buenas o muy malas, no había término medio. Y esas mujeres sentaron las bases de todos los culebrones que vinieron después. Ríete tú de *Fatmagül* y todas las telenovelas turcas que tanto han triunfado por estas tierras últimamente. No han inventado nada, pero siguen perpetuando los mismos estereotipos. Y haciendo que la vida de estas protagonistas se convierta en verdaderos calvarios. Violadas, secuestradas, engañadas, vilipendiadas, desheredadas, perseguidas…, escoge algo terrible, nombra cualquier desgracia que se te pueda ocurrir y les habrá pasado a todas y cada una de ellas. Varias veces. Estas mujeres estupendamente guapas han venido al mundo para sufrir. Los ricos no lloran, dicen. Pues vamos a hacer que lo hagan, debieron pensar los guionistas, sobre todo si eres mujer. Las tragedias y malicias de los ricos parece que enganchan. El drama vende y cuanto más truculento mejor. De eso, los culebrones tienen para dar y vender.

Las mujeres son pues esposas, viudas, ex esposas, amantes, ex amantes y un largo etcétera de floreros al servicio de los hombres. Mujeres que se tiraban de los pelos por conseguirlos. Para poder destacar, para poder triunfar, para no ser una secundaria, tenías que ser como Angela Channing, mala hasta el tuétano. Las mujeres buenas eran siempre las amantes esposas, madres estupendas que se entregaban al 300% a sus maridos y sus hijos.

Así que para triunfar y tener poder tenías que ser un enviado del mal sobre la tierra y de eso la Channing sabía un rato. Con esas miradas que eran capaces de congelar el mismísimo infierno, la dueña y señora de Falcon Crest movía sus hilos para hacer lo que le viniera en gana. Ella tenía poder y era malvada, sí, pero qué placer nos daba verla ejerciéndolo. Aunque para tener poder la única opción que tenían estas mujeres fuese llevarse a todo el que se pusiera por delante.

¿SABÍAS QUÉ?

Jane Wyman fue la primera mujer de Ronald Reagan. Ahora lo entiendes todo, ¿verdad? Barbara Stanwyck fue la primera opción de la cadena para interpretar a Channing. Wyman aceptó el papel a cambio de no convertirse en el J.R de los viñedos.

ES MI VIDA

Intérpretes: Bess Armstrong, Wilson Cruz, Claire Danes, Devon Gummersall, Jared Leto
1 Temporada | Cadena: ABC | 1994-1995 | 19 episodios

DIVINA ADOLESCENCIA

Es mi vida es como la adolescencia misma, breve, intensa y para qué negarlo, totalmente egoísta. Ese momento en el que pensamos que el mundo gira a nuestro alrededor y nada más importa. O que lo que nos importa a nosotros es lo realmente esencial. Quizás por eso supo retratarla tan bien. Duró solo una temporada pero se convirtió en una serie de culto. La adolescencia es muchas veces insatisfactoria y decepcionante. Una época de ilusiones rotas y expectativas que no se cumplen. Unos años que pasan muy rápido, casi sin darte cuenta, en un suspiro. Y de cuya importancia no nos damos cuenta hasta mucho más tarde.

Angela Chase (Claire Danes) es la protagonista de esta serie que representa a la perfección la angustia existencial de los adolescentes. En especial la de una chica que lucha contra las expectativas de una sociedad que le dice día sí y día también que tiene que ser guapa, que es lo que se espera de ella y poco más. Angela vive intensamente, crece, evoluciona e intenta encontrarse a sí misma en 19 episodios. Además *Es mi vida* nos muestra la vida de Angela con constantes críticas a lo que se espera que una mujer joven sea. Tanto la protagonista como sus mejores amigas, Rayanne y Sharon, son mostradas como personajes complejos. No las típicas chicas adolescentes de la televisión, la virgen y la puta, sobre todo en un entorno tan cruel como el instituto. No son perfectas, sino complejas y diferentes.

El acierto de la serie además es tratar temas atemporales, los dramas adolescentes. Siempre son los mismos. Se han vivido así durante décadas. Por eso es una serie que resiste el paso del tiempo. Pero también un rara avis que no muestra a los adolescentes de una forma totalmente inocua y desalmada. La creadora y guionista de la serie, también productora Winnie Holzman usó muchas de sus vivencias de adolescente para crear el personaje de Angela. El tener un punto de vista femenino ayuda a mostrar la adolescencia de una chica de una forma mucho más realista de la que los guionistas masculinos lo han hecho durante años.

La sexualidad de Angela es parte importante de la serie, pero también la de sus compañeras. Incluso la de Rickie, su amigo gay. El primer personaje abiertamente gay adolescente que apareció en televisión. Es de apreciar que se muestre esta con realismo, con sus miedos, sus confusiones, su excitación fuera de tópicos, que los personajes la vivan con libertad y sin ser juzgados. Porque las mujeres no pueden ser sexuales, si no se las estigmatiza. En cambio en esta serie se muestra que todos tenemos deseos independientemente del sexo que tengamos. Y que los roles pueden ser muy diferentes de cómo nos los han inculcado. Y que se puede mostrar la sexualidad femenina de forma natural y sin estereotipos. Esta serie lo hizo. Es una lástima que durara solo una temporada. Como esa adolescencia que pasa volando y nos lleva a la dura vida adulta.

¿SABÍAS QUÉ?

Alicia Silverstone fue la primera opción para interpretar a Angela Chase. Jared Leto interpretaba a su enamorado Jordan Catalano. Danes tenía 15 años y él 23. Es de agradecer que Jordan fuera el objeto de deseo y no al revés, por una vez.

L.

Intérpretes: Jennifer Beals, Erin Daniels, Leisha Hailey, Laurel Holloman, Marlee Matlin
6 Temporadas | **Cadena:** Showtime | 2004-2009 | 70 episodios

MUJERES QUE QUIEREN A OTRAS MUJERES

L. fue la primera serie que tuvo a mujeres lesbianas como protagonistas. Hasta entonces los personajes no heterosexuales eran pocos y muchas veces eran más sugeridos sutilmente que otra cosa. Pero esta fue una serie que rompió moldes a pesar de las críticas. No fue una serie perfecta pero tuvo su importancia. *L.* sigue la amistad entre un grupo de mujeres lesbianas y bisexuales de Los Ángeles. Todas ellas se reúnen en el café The Planet. Los principales personajes son Bette (Jeniffer Beals, ¿os acordáis de su mítico papel en *Flashdance*?) y Tina (Laurel Holloman), una pareja que lleva siete años junta y que están intentando tener hijos. Tim (Eric Mabius) y Jenny (Mia Kirshner) son una pareja y vecinos de las protagonistas. Su relación está en jaque, por la atracción que siente Jenny por la propietaria del café, Marina (Karina Lombard). Otros personajes son Alice (Leisha Hailey), una periodista bisexual; Dana (Erin Daniels), tenista profesional; Shane (Katherine Moennig), peluquera; Kit (Pam Grier), una cantante con problemas de alcohol en el pasado.

En temporadas posteriores también su unieron al círculo de amigas Carmen (Sarah Shahi), una dj de éxito que no ha salido del armario delante de su católica familia, Moira (Daniela Sea) que está en transición de mujer a hombre para transformarse en Max, o Tasha (Rose Rollins), una militar que se enfrenta a la normativa sobre homosexualidad del estamento, entre otros personajes. En las temporadas 4 y 5 también tuvimos a Jodi Lerner (la oscarizada Marlee Matlin por *Hijos de un dios menor*) que interpreta a una escultora sordomuda. Todas aportaban una gran diversidad al elenco de actrices.

La serie mostraba personajes complejos, imperfectos, que disfrutaban de la vida, de sus amistades, del sexo con total naturalidad. Eso sí, todas eran guapísimas, de clase alta y muy femeninas. Tenían el mismo problema que las mujeres de *Sexo en Nueva York*, en una ciudad además que es tan multicultural como Los Ángeles. Una de las grandes críticas que tuvo la serie, incluso de la propia comunidad

LGTBI, era la poca representación de la variedad del movimiento queer (personas que no se identifican con los roles binarios de género: hombre-mujer) en sus protagonistas. Eran tan femeninas, que resultaba obvio que intentaban atraer también la mirada masculina. *The New York Times* llamó a la serie "fantasía sáfica de *Playboy*". Y con razón, ya que mostraba las hipersexualizadas escenas de sexo entre las protagonistas, sobre todo en sus últimas temporadas. La publicidad de la serie solía mostrar a sus protagonistas tremendamente sexis y escuetas de ropa. Y aunque la serie rompió muchas barreras en la época lo hizo siempre desde el *mainstream* y con sus estereotipos pegados en la piel.

Los personajes más jóvenes tienen escenas de sexo muchas veces casi demasiado explícitas. Pero personajes como Kit (Pam Grier) o más tarde Phyllis (Cybill Shepherd) que son mujeres de mediada edad y más voluptuosas que el resto de sus delgadísimas compañeras, a pesar de tener historias importantes en la serie, su sexualidad parece que no interesa ser mostrada. A pesar de todos estos problemas, no hay duda de que la serie mostró una realidad inexistente en la televisión, la de la comunidad gay y más la de sus mujeres. Si no se ve, no existe. Así que la serie de Ilene Chaiken ya merece un lugar en la historia de la televisión por hacerlo durante sus seis temporadas.

¿SABÍAS QUÉ?

El título original de la serie *The L Word* (La palabra L), hace referencia al código para decir lesbianismo sin decirlo. La creadora de las serie, Ilene Chaiken intentó incluir directoras abiertamente lesbianas como Lisa Cholodenko, Kimberly Peirce, Allison Anders y Marleen Gorris en cada temporada.

MUJERES DESESPERADAS

Intérpretes: Teri Hatcher, Felicity Huffman, Marcia Cross, Eva Longoria, Nicollette Sheridan | 8 Temporadas | **Cadena:** ABC | 2004-2012 180 episodios

AMAS DE CASA, ¿PERFECTAS?

Esta serie se convirtió en todo un fenómeno televisivo, pero no nos engañemos, el retrato que hace de las mujeres deja mucho que desear. Igual que Carrie, Samantha, Charlotte y Miranda eran guía de estilo, Lynette, Susan, Gabrielle y Bree también lo fueron. Y eso no es precisamente halagüeño, porque *Mujeres desesperadas* no es una serie sobre mujeres liberadas que disfrutan de la amistad, el sexo y la vida en general. Sino sobre mujeres casadas amargadas que viven en sus bonitos suburbios residenciales dedicadas a sus maridos y a intrigar unas contra otras, aunque se supone que son amigas. ¿En el barrio de Wisteria Lane, las mujeres no trabajan? Por lo visto, parece que hemos vuelto a los años cincuenta y las mujeres se quedan en casa cuidando del hogar y los niños, aunque eso las haga desgraciadas. Y a pesar de tener un nivel adquisitivo bastante, bastante por encima de la media.

Bree (Marcia Cross) está obsesionada con la perfección de toda su casa, hasta la más simple servilleta tiene que estar doblada meticulosamente. Pero su vida no tiene nada de perfecta. La presión es tal que acaba alcoholizada. Lynette (Felicity Huffman) ha dejado su prometedora carrera en el mundo de la publicidad para cuidar de sus hijos. Gabrielle (Eva Longoria) es una ex modelo que se ha convertido en una mujer trofeo y que se aburre tanto que se busca un amante... ¡el jardinero! Suerte que no era el entrenador personal. Vivan los tópicos. Además siempre tiene que usar su atractivo femenino para satisfacer a su hombre. Cuando detienen a su marido y tiene que trabajar, se esconde para que sus vecinos no la vean. Porque claro, trabajar es algo tan... vulgar. Y Susan (Teri Hatcher) está obsesionada con su ex y con encontrar pareja. Es la única divorciada y tiene que ejercer de madre soltera, pero es que además nunca sabes cómo se gana la vida para mantenerse en un barrio tan lujoso. Edie (Nicolette Sheridan) es vista como un putón verbenero por ser activa sexualmente, el resto de mujeres la critican por ello. Curiosamente tiene trabajo, como agente inmobiliaria.

Aunque es una serie moderna, en realidad está perpetuando estereotipos anticuados que sitúan a la mujer varias décadas atrás. A pesar de tener un reparto de actrices protagonistas y ser todo un éxito televisivo. Cada episodio empieza con una imagen perfecta de la vida en Wisteria Lane, con sus vallas blancas de madera, sus flores en el jardín y sus perfectas amas de casa. Mientras los hombres cumplen con sus roles tradicionales: Son los que traen el pan a casa, los que mantienen a la familia. Para más inri,

esa visión de amas de casa perfectas es falsa y todas y cada una de las mujeres desesperadas no alcanzan esa perfección, de hecho, sus fallos son objeto de ridículo constante como esposas y madres. Mujeres que mienten, que intrigan, que matan para encubrir sus mentiras. Mujeres y sus maquinaciones.

El personaje de Bree está basado en la propia madre del creador de la serie Marc Cherry. No sé cómo deja eso a su madre. Pero según él, su madre le dijo que criarlo a él y a sus hermanos con su padre siempre ausente por trabajo la desesperaba. Cherry también es el creador de la serie *Criadas y malvadas*. Más tópicos, esta vez sobre criadas latinas.

GOSSIP GIRL

Intérpretes: Blake Lively, Leighton Meester, Penn Badgley, Chace Crawford, Taylor Momsen, Ed Westwick | 6 Temporadas
Cadena: The CW | 2007-2012 | 121 episodios

LAS REDES SOCIALES ESTÁN AQUÍ

Gossip Girl fue todo un fenómeno televisivo. Por primera vez, las redes sociales se convertían en protagonistas en este drama adolescente que se centraba en las vidas de Serena van der Woodsen (Blake Lively) y Blair Waldorf (Leighton Meester). Un cuento sobre la vida de los niños ricos del Upper East Side de Nueva York o más bien de las niñas ricas, guapas y blancas de la alta sociedad. Es un producto de su época evidentemente, parecía que solo siendo guapa y teniendo dinero para vestir de lujo podías triunfar en la vida. ¿Os acordáis de que Paris Hilton estaba en pleno auge?

Serena es la chica problemática que no sigue las normas sociales establecidas. La rebelde que vuelve a Nueva York para descolocar la vida de los que la rodean. Blair por el contrario es la chica perfecta, la que hace todo lo que la sociedad espera de ella. Dos caras de la misma

moneda. Dos mujeres que deciden lo que quieren hacer y cómo llevar sus vidas. Dos personajes complejos alrededor de los que giran todos los demás. Sobre todo, los hombres, que no salen demasiado bien parados. Dan (Penn Badgley) quería ser escritor y aunque todos eran extraricos menos su familia, los Humpreys que vivían en Brooklyn, al final parecía capaz de todo por triunfar. Su pequeña hermana Jenny (Taylor Momsen) crecerá queriendo convertirse en una de esas estrellas rutilantes, famosas simplemente por el hecho de tener dinero. Pagará caro por ello, será la mala de la serie. Pero también, la única que realmente decidirá seguir su propio camino y alejarse de todo ese mundanal ruido que solo servía para corromperla. Nate (Chance Crawford) era el chico guapo por el que todas se volvían locas y Chuck Bass (Ed Westwick) era el malo malote pero aún así atractivo. Vamos, para darles un par de ostias a todos.

Pero las verdaderas protagonistas de esta historia eran Serena y Blair. Su relación de amistad y la importancia que tenía para su devenir como personas. A pesar de que a veces se odiasen, su amistad era la parte más realista y convincente de esta serie sobre excesos y cotilleos escampados por las redes sociales. Dos mujeres poderosas a su manera. Y dos retratos de una generación que estábamos viendo crecer en las revistas y los programas del corazón. Existen sí, esperemos que no vivan esa vida, no se la desearía a nadie. Pero para ser mujer de éxito, tenías que ser guapa a rabiar, como Serena. Blair era mucho más ambiciosa y empoderada pero su reputación pesaba demasiado sobre ella, dispuesta a aplastar a cualquier mujer que se pusiera por delante para conseguir sus objetivos, hombres también. Al final ambas viven oprimidas por las expectativas sociales que como mujeres les han impuesto.

¿SABÍAS QUÉ?

El 26 de enero es el Día de *Gossip Girl* en Nueva York, declarado por el entonces alcalde Michael Bloomberg. No solo visitó el *set* de la serie sino que además alabó la manera en la que esta mostraba Nueva York. Bloomberg es uno de los hombres más ricos de América así que supongo que sobre la Nueva York más glamurosa sabe un rato, de la de los pobres no estoy tan segura.

MILDRED PIERCE

Intérpretes: Kate Winslet, Guy Pearce, Evan Rachel Wood, Melissa Leo, James LeGros
1 Temporadas | **Cadena:** HBO | 2011 | 5 episodios

UNA MUJER ADELANTADA A SU TIEMPO

Una joya para Kate Winslet dirigida por el gran Todd Haynes. Mildred Pierce es una madre coraje, empresaria, luchadora…Una mujer adelantada a su tiempo que en 1931 decide separarse cuando descubre que su marido la ha engañado y emprende una nueva vida siendo independiente y valiéndose por sí misma. Aunque no será fácil. Son los años de la Gran Depresión en EE.UU. y ella vive en California. Tiene dos hijas a las que quiere sacar adelante con su esfuerzo, pero también está acostumbrada a un nivel de vida bastante alto y no ha trabajado nunca. Como mucho se dedica a hacer tartas para sus amigos. Un entretenimiento que se convertirá en su sustento y que la hará una emprendedora y empresaria de éxito.

La serie se centra sobre todo en la relación que tiene Mildred (Kate Winslet) con su hija mayor, Veda (Evan Rachel Wood). Mildred no quiere rebajarse, ni tampoco quiere que sus hijas sufran a

causa de su divorcio. Así que se sacrificará para que ello no suceda. Madre abnegada intentará hacerse un hueco en un mundo en el que la mujer no tenía muchas opciones para subsistir salvo casarse y ser mantenida por su marido o trabajar como una mula si eras pobre como una rata.

Las hijas de Mildred son la razón de su existencia, por ellas se desvive. No quiere que pasen por las mismas situaciones que ella. Se convierte en una madre protectora. Sobre todo con Veda, una hija algo altiva y que la desafía, a veces incluso odiosa pero con talento. Es una joven diva de la canción que está dispuesta a todo por conseguir lo que quiere, por encontrar su propio camino. Incluso traicionar a su madre. La relación entre ambas es uno de los grandes puntales de la serie. Sus padres fueron sobreprotectores, Mildred lo sigue siendo. Pero también proyecta sus sueños como mujer sobre el talento de su hija. ¿Una vida que podía haber tenido si no se hubiera casado y sido madre?

Pero esa nueva vida no estará exenta de pasiones como la que Mildred siente por Monty (Guy Pearce). Brian F. O'Byrne es su ex marido Bert y James LeGros es Wally Burgan, abogado y amante breve de Mildred. Pero sobre todo, es una serie sobre mujeres y su relación, sobre una madre y una hija. Es un melodrama en estado puro con pasión, desamor, sufrimiento y mucha emoción. Brillantemente interpretado. Historia de una mujer que a pesar de las dificultades encontró la fuerza para seguir adelante.

¿SABÍAS QUÉ?

La serie está basada en un libro de James M. Cain del mismo título. Ya tuvo una versión cinematográfica en 1945 dirigida por Michael Curtiz y protagonizada por Joan Crawford traducida aquí como *Alma en suplicio*. El director Todd Haynes decidió que la serie estuviera contada desde el punto de vista de Mildred y por eso Kate Winslet está tan presente en todas las escenas de la misma. Si quieres contar la historia de una mujer, ¿qué mejor que hacerlo desde su punto de vista?

ORANGE IS THE NEW BLACK

Intérpretes: Taylor Schilling, Danielle Brooks, Taryn Manning, Laverne Cox, Laura Prepon
6 Temporadas | **Cadena:** | 2013-a la actualidad

HISTORIAS CARCELARIAS

¿Cuántas historias de hombres encarcelados nos han mostrado en la tele y el cine? Cientos. Los presos que se fugan, la dura vida carcelaria. De mujeres más bien pocas, aunque cada serie ha tenido algún episodio en una cárcel. Sobre todo las series policíacas, como cuando los ángeles de Charlie se infiltraban en una cárcel en la que sus cuerpos eran meros objetos sexuales para los y las guardas de la prisión. Porque para eso han servido las cárceles con mujeres dentro en el audiovisual, al menos hasta que llegó *Orange is the New Black*.

Pocas series han mostrado a la mujer en todas sus formas y variedades de edad, raza, origen, género o sexualidad. Es una producción diversa que muestra a mujeres muy diferentes. Su creadora

Jenji Kohan ha conseguido dar una patada a lo habitual y con su reparto variado ha demostrado como de convencional es la televisión que nos muestra siempre protagonistas blancas, guapas, delgadas y probablemente putas o santas. En cambio, *Orange is the New Black* muestra la realidad de las cárceles americanas y en fin, de la sociedad estadounidense. Porque miras sus calles y te sorprende que la televisión obvie la existencia de prácticamente la mayoría de su población no blanca. Y lo muestra a través de personajes complejos.

Piper Chapman (Taylor Schilling) es condenada a 15 meses por un delito de drogas que cometió hace una década. Lleva una vida tranquila y resuelta junto a su novio que se trunca de golpe y porrazo cuando acaba metida en una cárcel de mujeres donde aprenderá lo que es la vida de verdad. Allí experimentará con su sexualidad, con sus emociones y sus miedos. *Orange is the New Black* fue todo un hito cuando se estrenó. Una serie que tuvo a su primera protagonista transexual interpretada por una persona transexual, Laverne Cox como Sophia Burset. Pero también trató la sexualidad de la mujer de una manera que antes no se había visto. Y no solo la sexualidad de las jovenzuelas, las mujeres mayores también tienen vida sexual así que dejemos de obviarlo en la televisión como si no existiera. Ahí tenemos el personaje de Kate Mulgrew, la rusa Galina 'Red' Reznikov.

Pero también toca temas como el racismo, la homofobia o la violación como la que sufre el personaje de Tiffany "Pennsatucky" Doggett (Taryn Manning) a manos de uno de los guardias. Ese hombre piensa que no está violándola, que puede hacer lo que quiera con ella. Con eso, la serie muestra una realidad totalmente terrorífica y cierta de lo que muchos hombres piensan de sus actos y de cómo la violación es justificada. Es una serie que plantea preguntas, que remueve conciencias y con eso cambia

percepciones. Una serie que hace visible una realidad invisible, la de las mujeres que son marginadas por la sociedad cuando entran en prisión y lo que les sucede a sus vidas. Y eso en sí, ya es todo un logro.

¿SABÍAS QUÉ?

La serie está basada en las experiencias de Piper Kerman, que tras pasar 13 meses en la cárcel por tráfico de drogas y blanqueo de dinero se convirtió en activista en defensa de los derechos de las presas en los Estados Unidos, sobre todo de las de color, que son mayoría entre la población penitenciaria del país. Kerman aboga por una reforma penitenciar justa.

BIG LITTLE LIES

Intérpretes: Reese Witherspoon, Nicole Kidman, Shailene Woodley, Zoë Kravitz, Laura Dern, Meryl Streep | 2 Temporadas | **Cadena:** HBO | 2017- actualidad

SECRETOS ENTRE MUJERES

Este es un proyecto que nace de mujeres, primero de la escritora Liane Moriarty y después, de las actrices Nicole Kidman y Reese Witherspoon que compraron los derechos para adaptar el libro. *Big Little Lies* nos cuenta la vida de un grupo de madres que parecen llevar una vida perfecta en una zona residencial de California hasta que pierden el control de todo.

Kidman es Celeste Wright, una abogada que ha dejado su carrera para cuidar a sus hijos gemelos y que vive en una relación en apariencia perfecta y que no lo es para nada. Su marido Perry (Alexander Skarsgård) abusa de ella. Whitherspoon es Madeline Mackenzie, una mujer que quiere tener el control de todo y que vive un matrimonio plácido pero aburrido con su segundo marido y tiene rifirrafes con su ex Nathan Carlson (James Tupper) que se ha vuelto a casar con la enigmática Bonnie interpretada por Zoë Kravitz. Laura Dern es Renata Klein, una empresaria hecha a sí misma que choca con Madeleine y cuya hija parece que es objeto de bulliying en el colegio. Completa el reparto Shailene Woodley como Jane Chapman, una joven madre soltera que acaba de mudarse a Monterrey y a cuyo hijo de seis años acusan de abusar de la hija de Renata.

Big Little Lies es una serie que trata temas tan peliagudos como la violencia de género o la violación y que explora la maternidad de una forma diferente y siempre desde el punto de vista de la mujer. Es refrescante encontrarse con un proyecto así, que cuida su guion, sus historias y a sus personajes complejos y profundos, con aristas, como mujeres reales. Mujeres con sus miedos, sus frustraciones, sus secretos ocultos. También es una historia de amistad, de cómo las mujeres se cuidan las unas a las otras. Cómo se protegen.

La serie desmitifica y desmonta tópicos sobre la violencia de género. Cualquier mujer la puede sufrir, incluso las mujeres más pudientes, porque la violencia está incrustada en la base de nuestra sociedad y no entiende de clases. El caso de Celeste está tratado con realismo y crudeza, pero con total cuidado. Un no es no, el consentimiento es clave, la serie trata el tema de la violación con tacto exquisito pero sin dejar de denunciarlo. A las mujeres se las juzga constantemente cuando son madres. Las

que no quieren serlo porque no quieren serlo, las que lo son porque no renuncian a su trabajo para dedicarse en exclusiva a sus hijos como le pasa a Renata. O cuando son madres solteras como le pasa a Jane por no tener un padre al lado, pero luego no se critica que ese padre no ejerza como tal, como cuando Nathan abandonó a Madeline. Todos estos comportamientos los acaban aprendiendo los hijos y las hijas de las protagonistas, por lo que ven, por lo que oyen, por lo que sienten. El papel de los niños también es importante.

Pero sobre todo, *Big Little Lies* es una serie sobre la sororidad. Sobre mujeres que se ayudan las unas a las otras. Mujeres que viven sus vidas sin prejuicios, buscando sentirse libres, tomando sus propias decisiones sin ser juzgadas.

¿SABÍAS QUÉ?

Está basada en la novela del mismo nombre de Liane Moriarty. Aunque tenía que ser una miniserie de una temporada, tras el éxito y el deseo de las actrices de trabajar juntas de nuevo, Moriarty escribió la continuación que no se publicó como libro y que David E. Kelley ha adaptado para la televisión. Meryl Streep se ha unido al reparto.

EL CUENTO DE LA CRIADA

Intérpretes: Elisabeth Moss, Yvonne Strahovski, Joseph Fiennes, Alexis Bledel | 3 Temporadas
Cadena: HBO | 2017-actualidad

EL TERROR YA ESTÁ AQUÍ

El cuento distópico que Margaret Atwood escribió magistralmente en 1985 ya tuvo su versión cinematográfica pero nada nos había preparado para la serie de televisión que Hulu estrenó en 2017. Una verdadera revolución televisiva que ha llegado en el momento más adecuado. En ese futuro irreal pero totalmente plausible, la polución ha dejado estéril al 90% de la

población. En Gilead (lo que antes eran los Estados Unidos), tras una guerra, han esclavizado a las mujeres fértiles. Las llaman sirvientas. Las tienen en casa para hacer los recados y cada mes ser violadas por el amo de la casa para dejarlas embarazadas y posteriormente, robarles a sus hijos para que los dirigentes del país puedan seguir teniendo prole. Terrible.

El cuento de la criada cuenta la historia de June (Elisabeth Moss) y cómo es obligada a convertirse en una criada llamada Defred, en referencia al comandante al que servirá de criada, Fred Waterford (Joseph Fiennes). Las criadas son del hombre de la casa. Una propiedad. Su mujer Serena (Yvonne Strahovski), será la futura madre del bebé que June y Fred engendrarán en un ritual de violación en la que ella misma participa. Las mujeres son relegadas a meras esposas y madres, si son mujeres de los dirigentes de Gilead. Para el resto, solo queda ser una criada si eres fértil para dar hijos a Gilead o una Martha, una sirvienta que cocina y limpia, si no eres fértil. Esa es la utilidad para la que han quedado las mujeres en este mundo terrible que el fanatismo de Gilead se ha inventado. Una dictadura de la sinrazón en la que las mujeres están sometidas y anuladas. Por supuesto también está Jezebel, el lugar donde tienen a otras mujeres infértiles como prostitutas para satisfacción de esos hombres tan pulcros y temerosos de las leyes de Dios, cuando les interesa, claro.

En estos tiempos en los que diversos estados conservadores de los Estados Unidos, sobre todo del sur, usan a Dios para crear leyes restrictivas contra el aborto, *El cuento de la criada* está de plena actualidad. Los conservadores siempre han aprovechado el menor resquicio para cortar las alas a los derechos que las mujeres han conseguido tras décadas de lucha. Los derechos de las mujeres son derechos adquiridos, nos los hemos tenido que ganar a base de pelear. Tanto, que intentan arrebatárnoslos a la mínima. Hace tan solo 100 años que las mujeres podemos votar, y no en todas partes del mundo. No nos olvidemos de esto.

En mayor o menor medida, en muchas partes del mundo las mujeres viven su propio cuento de la criada real como la vida misma. Mujeres como Malala, disparada en la cabeza por querer estudiar; mujeres violadas y asesinadas por el simple hecho de ser mujeres como pasa en la India o las que desaparecen en México; mujeres violadas en guerra civiles como arma para desmoralizar al enemigo; mujeres que sufren ablaciones en África; niñas violadas por creencias populares que afirman que acostarse con una virgen cura enfermedades como el SIDA; mujeres forzadas a ser vientres de alquiler para sobrevivir; mujeres que no pueden decidir con quien casarse; niñas obligadas a casarse con hombres 20 años mayores que ellas; mujeres que mueren porque un juez decide que no pueden abortar a un niño que no nacerá como le pasó en 2012 a Savita Halappanavar en Irlanda... ¿En serio *El cuento de la criada* os parece tan duro y terrible? Esto no es un cuento, es la cruda realidad para muchas mujeres.

La primera temporada de la serie seguía el libro fielmente. La segunda va más allá. Quizás es la que ha recibido más críticas por su dureza y crueldad. Es cierto que los personajes pasan verdaderos calvarios. Las mujeres que viven como criadas, pero también las que son enviadas a las colonias. Pero lo que cuenta la serie ha pasado o está pasando en algún lugar del mundo actualmente. La historia nos la cuenta June, con sus ojos azules profundos y penetrantes, vivimos el sufrimiento a través de ella. Es la lucha por la supervivencia, por no dejar de ser tú misma, por mantener la cordura ante tanta locura, por conservar tu alma cuando intentan borrar todo lo que has sido: tu vida, tu familia, tu trabajo, tu sexualidad y todo lo que te ha definido como persona, para convertirte en una simple vaina, un vientre del que abusar.

En esa lucha June encontrará aliados y aliadas. La resistencia. El despertar. Otros hombres y mujeres que no están de acuerdo con el orden impuesto y que son capaces de arriesgarlo todo, incluso su vida, para luchar por la libertad. Pero también habrá otras mujeres cómplices, las esposas o las tías que controlan como perras guardianes a las criadas, como los SS en un campo de concentración nazi. Las mujeres no pueden trabajar, tener una cuenta corriente, opinar, ni siquiera pueden leer. Ni la Biblia a la que tanto recurren los hombres de Gilead para dictar las leyes y establecer sus sádicos rituales. Las mujeres no aprenden salvo a ser lo que deben ser: sumisas, obedientes, vientres. Incluso las mujeres de los comandantes, las que se supone que son las privilegiadas de esta historia han tenido que renunciar a sí mismas para ser una posesión más. No pueden ni entrar en el despacho de su marido. Es territorio prohibido, no pueden escribir o tener bolígrafos o revistas. Leer está prohibido para ellas también. Tienen que decorar su casa, cultivar flores y marchitarse esperando a poder ser madres de una criatura arrebatada a una mujer tras ser violada.

El cuento de la criada es una serie que abre debates, obliga a pensar, pone el dedo sobre la llaga, llama a las cosas por su nombre, muestra realidades aunque no queráis creerlo, porque lo son. *El cuento de la criada* ya está aquí. Despertad.

¿SABÍAS QUÉ?

Margaret Atwood se ha implicado en los guiones de la serie como *consulting producer*. 8 episodios de los 10 de la primera temporada están dirigidos por mujeres: Kari Skogland, Floria Sigismondi y Reed Morano. El resto por el creador de la serie Mike Barker. En la segunda temporada este último dirigió cinco de los 13 episodios y dos por Jeremy Podeswa. El resto fueron dirigidos por Kari Skogland y Daina Reid.

HERIDAS ABIERTAS

Intérpretes: Amy Adams, Patricia Clarkson, Chris Messina, Eliza Scanlen, Matt Craven
1 Temporadas | **Cadena:** HBO | 2018 8 episodios

MUJERES QUE MALTRATAN A OTRAS MUJERES

Muchas series empiezan con la muerte de una adolescente o una mujer. Es lo que arranca la acción. Esta también. Lo que la diferencia es que las mujeres son las víctimas pero también los verdugos. El relato del padre, novio, hombre malo que mata se subvierte, las mujeres también pueden matar. En Wing Gap, Missouri, las mujeres son el perfecto ideal de feminidad. Infantilizadas o convertidas en putas, no tienen poder ni sobre ella mismas. No hay término medio. Todo lo que se sale de la norma "niña buena, adolescente que se comporta como una señorita, mujer delicada, esposa sumisa, madre amorosa", sufre el ostracismo de la comunidad. Por eso Camille (espectacular Amy Adams) no encaja allí y tiene que huir. Es reportera en un diario en Chicago y tiene que volver a su ciudad natal a cubrir la misteriosa muerte de una adolescente.

En esta serie la diferencia es que las mujeres actúan no como hombres, sino como siempre se les ha permitido actuar a los hombres y no a las mujeres. Pueden tener la misma sed destructiva, pueden ser igual de malvadas. Eso es lo que les permite la autora del libro y coautora del guion, Gillian Flynn (también autora de *Gone Girl*). Sus mujeres se permiten ser lo que son. Eso la diferencia de otras series. Porque, reconozcámoslo, se piensa siempre que las madres que maltratan a sus hijos son peores que los padres que lo hacen, porque una madre, nunca podría hacer algo así, simplemente porque es madre. Falso. Las series que han tenido a madres abusadoras no son novedad, pero sí el tratamiento que *Heridas abiertas* le da a este hecho. Los hombres siempre son los violentos asesinos y violadores, las mujeres no y menos una madre. Nadie en Wind Gap piensa en un asesino en femenino. Nadie. Las mujeres son buenas, porque cuando son malas tienen poder.

La serie refleja también algo muy común en la sociedad, uno de esos arquetipos: que todas las mujeres quieren y deben ser madres. Si no lo son, algo raro pasa. Pero los personajes femeninos de esta serie demuestran lo contrario. La primera pregunta que le hacen a Camille sus ex compañeras de instituto es si tiene hijos. En esa reunión de lenguas viperinas, sus ex compañeras se pasan el rato llorando por sus hijos o porque sus maridos no quieren tener más (una de ellas ya tiene cuatro). La viperina mayor del reino asegura que Camille no puede sentir el dolor de la pérdida por las jóvenes asesinadas porque nunca ha tenido hijos. No tiene en cuenta que Camille perdió a su hermana cuando era adolescente, mucho antes que sus compañeras fueran madres. Ser madre, por lo visto, te da un superpoder que alguien que no tiene hijos jamás puede tener. El mismo personaje incluso asegura que no se sintió mujer hasta que tuvo a su hija en el vientre. Una mujer no está completa o no es capaz de cuidar de otros si no ha sido madre, ese es el mensaje. A pesar de ello, Camille demuestra que es una de las pocas personas que realmente se preocupa de los demás, de las jóvenes asesinadas, de su hermana muerta y de Amma (Eliza Scanlen), su hermanastra adolescente.

Adora (Patricia Clarkson), la madre de Camille, es la madre perfecta. Perdió a su hija, lo que le da un estatus prácticamente intocable, es madre amantísima de su hija adolescente. Pero también de todo el pueblo, es de una de las familias más ricas de la ciudad. Provee para los suyos en el más amplio sentido de la palabra. Se preocupa por las familias de las niñas desaparecidas, cuida de sus hijas cuando están

enfermas, menos de Camille porque no le sigue el rollo. Pero al final debajo de toda esa perfección se esconde una mujer terrible con síndrome de Münchausen por poder. Necesita que su hija le siga el juego, si no no le interesa. Si no cumples los roles, no encajas.

Las mujeres en esta serie tienen que reflejar unos ideales de femineidad que no les permiten realizarse como personas, solo como "mujeres" según la definición de otros. Hasta que llega Camille y se rebela. Adora le dice sin piedad: "Nunca te he querido". Camille no quiere ser la hija perfecta, quiere ser ella. Y eso a Adora no le sirve. Amma sí, porque hace lo que su madre quiere, aunque se hace la rebelde cuando no la ve. De día es la hija perfecta, o lo aparenta. Quiere seguir el rol y ser aceptada, sobre todo por su madre, pero al mismo tiempo quiere ser ella misma. Incluso cuando interpreta a la mártir del pueblo, violada por los soldados unionistas durante la guerra civil, quiere cambiar la historia. Las mujeres que son el ideal de esa sociedad son mujeres sacrificadas, que sufren la violencia con dignidad y que están orgullosas de haber resistido aunque les haya costado la vida.

Los roles se perpetúan en la actualidad, incluso los de los hombres. John Keene (Taylor John Smith), el adolescente hermano de una de las víctimas es visto como culpable porque está demasiado traumatizado y llora, una actitud vista como femenina. El padre de otra de las víctimas es otro de los sospechosos. Siempre son los padres. Los hombres son siempre los que ejercen la violencia. Camille, en cambio, marca su cuerpo (de ahí el *Sharp Objects* del título original), con los objetos que utiliza para decir con su cuerpo lo que no puede con palabras. La rabia, el dolor, el miedo y la ansiedad que su madre le ha provocado desde que era niña. La razón por la que se marchó de Wind Gap. Es porque no podía ser ella misma, no podía ser diferente. Alcoholizada, se hiere a sí misma. Reportera que no acaba de encontrar su sitio en la profesión ni en la vida. Vuelve al pasado para encontrar un futuro.

Heridas abiertas rebate esa idea de que las mujeres son buenas por naturaleza, que tienen en la sangre lo de cuidar y preocuparse por los demás, así los hombres no tienen que hacerlo y pueden ser libres. Reconocer que una mujer puede ser malvada, puede matar, es reconocerle un poder que no quieren otorgarle. En la serie, se le da a la mujer el derecho a ser complicada, dura, salvaje, antipática e incluso malvada.

La directora ejecutiva de *Heridas abiertas* Marti Noxon no creía que Amy Adams fuera la actriz adecuada para el papel. La veía demasiado luminosa. Camille era un personaje demasiado oscuro. A pesar de ello, fue precisamente eso lo que la atrajo, la capacidad de parecer una cosa y luego ser otra totalmente opuesta.

EN ESPAÑOL

TENEMOS EL DRAMA EN CASA

El drama ha estado plagado de historias femeninas escritas por hombres o llenas de romances imposibles. Buen ejemplo de ello es *Fortunata y Jacinta*, dirigida por Mario Camus en 1980, un melodrama folletinesco basado en la obra cumbre de Benito Pérez Galdós. Dos mujeres que vivían el drama a través de los hombres. En *Proceso a Mariana Pineda* de 1984, Pepa Flores interpretaba a la heroína, idealizada para la ocasión y con un trasfondo romántico que se alejaba de la realidad histórica del personaje.

Pero protagonistas absolutas no ha habido muchas más en décadas posteriores hasta el siglo XXI. La excelente *Raquel busca su sitio* contaba el día a día de los empleados de un centro de asistencia social de Madrid, especialmente el de las protagonistas Raquel (Leonor Watling) y su jefa Quela (Cayetana Guillén Cuervo). La serie acabó emitiéndose a altas horas de la noche, una pena, ya que trataba temas que otras series no mostraban y con el tacto que se merecían.

También tuvimos el exitazo de *Sin tetas no hay paraíso* en 2006. Una Catalina (Amaia Salamanca) acomplejada porque no tiene tetas,

¿en serio?, acababa enamorada de un narcotraficante, El Duque que haría famoso a Miguel Ángel Silvestre y que la llevará al mundo de la prostitución. El título de la serie lo dice todo y que fuera un hit en España también.

Dos años después, Adriana Ugarte era *La señora*, la hija de un empresario que se enamora de un joven de clase baja llamado Ángel (Rodolfo Sancho). Años más tarde volverán a encontrarse, ella como poderosa empresaria y él como cura. Típica historia de amor imposible. De esas hay para parar un carro. En *La princesa de Éboli* conocíamos a Ana Mendoza de la Cerda (Belén Rueda), una aristócrata española del siglo XVI adelantada a su época. No teníamos tanta suerte con *Bandolera* en 2011. Un triángulo amoroso entre una joven inglesa (Marta Hazas) en busca de aventuras en la Andalucía del siglo XIX que se ve entre el amor de un guardia civil y un jornalero. Horror.

Amaia Salamanca se veía en otro amor imposible esta vez en *Gran Hotel*. Ambientada en 1905. Porque de eso se trata, ¿no? De historias de amor y mujeres que viven entre dos hombres. En *El tiempo entre costuras*, adaptación del *best seller* de María Dueñas, Sira Quiroga (Adriana Ugarte) es una joven modista de la capital que tendrá que irse a vivir a Tánger, un lugar hostil, siguiendo al hombre del que se ha enamorado, un tipo sin escrúpulos para variar.

En la miniserie *Rescatando a Sara* de 2014, Carmen Machi es una madre desesperada que intenta recuperar a su hija secuestrada en Irak por su padre musulmán. Basada en la experiencia de Leticia Moracho, es una historia diferente y necesaria. Otra historia de ese año interesante fue la de Megan Montaner en *Sin identidad*, una mujer que descubre que es adoptada y que se ve envuelta en una trama de tráfico de personas.

Entre tanto drama romántico, llega como un soplo de aire fresco *Vis a vis*, la historia de una ingenua Macarena (Maggie Civantos) que acaba en la cárcel por culpa de su jefe y se ve enfrentada a la dura realidad de siete años de condena junto a la prisionera más peligrosa, Zulema (excelente Nawja Nimri). No olvidemos el exitazo de *Las chicas del cable* donde vivimos los romances y las envidias de las primeras teleoperadoras de Telefónica que intentan hacerse un hueco en una sociedad en la que tendrán que luchar por su independencia.

Las mujeres siempre han sido las grandes protagonistas del drama sudamericano. Enamoradas, pobres y desgraciadas, tienen que pasar indecibles calamidades: *Cristal, Topacio, Rosalinda, María Isabel, La dueña* o *Muñeca brava* por poner ejemplos. Cuando no están envueltas en amores imposibles, son criminales. *Rosario Tijeras* fue violada numerosas veces y busca venganza como sicaria y *La viuda negra* es la narcotraficante más famosa del mundo, Griselda Blanco. Mientras la prostitución es protagonista en *Sin tetas no hay paraíso* o *El negocio*. Sin olvidar, *Capadocia*, sobre la primera cárcel de mujeres privada en México.

BIBLIOGRAFÍA

Bloom, K y Vlastnik, F. *Sitcoms. The 101 Greatest TV Comedies of All Time.*
Black Dog & Leventhal Publishers, 2007.

Cascajosa, C. *La caja lista: televisión norteamericana de culto.* Laertes, 2007.

Cascajosa, C. *La cultura de las series.* Laertes, 2017.

D'Acci, J. *Defining Women: Television and the Case of Cagney & Lacey.* University
of North Carolina Press, 1994.

De la Torre, T. *Historia de las series.* Roca Editoria, 2016.

De la Torre, T. *Series de culto: 100 series para tomarse en serio.* Timunmas, 2015.

Douglas, S.J. *The Rise of Enlightened Sexism: How Pop Culture Took Us from Girl
Power to Girls Gone Wild.* Griffin, 2010

Dow. B.J. Prime-Time *Feminism: Television, Media Culture, and the Women's Movement since
1970.* University of Pennsylvania Press, 1996.

Erickson, H. *Encyclopedia of Television Law Shows: Factual and Fictional Series About Judges,
Lawyers and the Courtroom*, 1948-2008. McFarland, 2009.

Keishin Armstrong, J. *Mary And Lou And Rhoda And Ted.* Simon & Schuster, 2013.

Iness, S. *Action Chicks: New Images of Tough Women in Popular Culture.*
Palgrave Macmillan, 2010.

Mendíbil, A. *España en serie.* Punto de Mira, 2013.

O'Dell, C. June *Cleaver Was a Feminist! Reconsidering the Female Characters of Early Television.*
McFarland, 2013

Press, J. *Stealing the Show: How Women Are Revolutionizing Television.* Simon & Schuster 2018

Sepinwall, A. *The Revolution Was Televised.* Gallery Books, 2012

Stuller, J. *Ink-stained Amazons and Cinematic Warriors: Superwomen in Modern Mythology.* I.B.
Tauris, 2010.

Such, M. *Guía del seriefilo galáctico. 50 series imprescindibles de la ciencia ficción.* Dolmen, 2017.

Weitzman, E. *Renegade Women in Film and TV.* Penguin, 2019.

Otros títulos publicados en la colección LOOK
Cultura popular (música, cine, series, videojuegos, cómics)

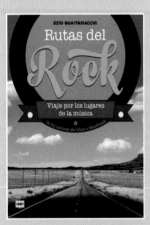

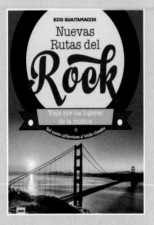

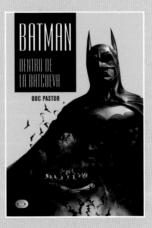